AF567390

Philipp Felsch

DER PHILOSOPH

Propyläen wurde 1919 durch die Verlegerfamilie Ullstein als Verlag für hochwertige Editionen gegründet. Der Verlagsname geht zurück auf den monumentalen Torbau zum heiligen Bezirk der Athener Akropolis aus dem 5. Jh. v. Chr. Heute steht der Propyläen Verlag für anspruchsvolle und fundierte Bücher aus Geschichte, Zeitgeschichte, Politik und Kultur.

PHILIPP FELSCH

DER PHILOSOPH

HABERMAS UND WIR

PROPYLÄEN

Wir verpflichten uns zu Nachhaltigkeit

- Papiere aus nachhaltiger Waldwirtschaft und anderen kontrollierten Quellen
- Druckfarben auf pflanzlicher Basis
- ullstein.de/nachhaltigkeit

Propyläen ist ein Verlag der Ullstein Buchverlage GmbH
www.propylaeen-verlag.de

2. Auflage 2024

ISBN 978-3-549-10070-7

Lektorat: Christian Seeger
Gesetzt aus der Sabon LT Std
Satz: LVD GmbH, Berlin
Druck und Bindearbeiten: GGP Media GmbH, Pößneck

Inhalt

Ein Nachmittag in Starnberg 7
In der verkehrten Welt 19
Täter und Opfer 26
Abschied vom Tiefsinn 31
Das Bewusstsein der Gegenwart 37
The center does not hold 44
Spießrutenlaufen in Frankfurt 50
Raketenwissenschaft für eine bessere Gesellschaft 58
Was wir unterstellen müssen 69
Der Makel des Mündlichen 77
Unheimliches Deutschland 84
Theorie des Sinnverlusts 90
Musste das sein? 96
Taxonomie der Gegenaufklärung 107
Distanz und Thymos 119
J'accuse 123
Zurück aus der Zukunft 135
Geschichte und Gedächtnis 147
Die Stunde der postnationalen Empfindung 156
Primat der Weltinnenpolitik 168

Vom Krieg 175
Der Denker der universellen Provinz 185

Dank 191

Anhang
- Anmerkungen 195
- Literaturverzeichnis 231
- Personenregister 251

Ein Nachmittag in Starnberg

In den vierzig Minuten, die die Fahrt vom Münchner Hauptbahnhof gedauert hat, scheine ich nach Long Island gelangt zu sein. Der modernistische Bungalow, der einen bewaldeten Abhang überblickt, würde besser in die Hamptons als nach Oberbayern passen; in seinen Chinos und fabrikneuen Reeboks kommt mir der Hausherr an der Tür wie ein Amerikaner vor.

Trotz seines Alters macht Jürgen Habermas einen schlanken, beweglichen Eindruck. Ich kann nicht verhehlen, dass ich ihm mit Ehrfurcht gegenübertrete. Der Mann in Sneakers hat Adorno nahegestanden, in New York mit Hannah Arendt und in Paris mit Michel Foucault diskutiert – und ist selbst der Verfasser eines monumentalen philosophischen Werks. Und nicht nur das: Auch jetzt noch, siebzig Jahre nachdem er Anfang der 1950er-Jahre die Bühne der deutschen Öffentlichkeit betrat, scheint er in allen Debatten präsent zu sein. Mit seinen vergangenheitspolitischen Positionen prägt er bis heute die deutsche Erinnerungskultur. Egal, ob er sich zu den digitalen Medien, zum Ukrainekrieg oder zur Krise im Nahen Osten äußert – der landesweiten, selbst internationalen Aufmerksamkeit kann er sich noch immer sicher sein. Mit über neunzig! Wäre Foucault so alt geworden, er hätte die Wahl von Donald Trump gedeutet, Hannah Arendt hätte

Nine Eleven und Adorno das Golden Goal von Oliver Bierhoff bei der Europameisterschaft von 1996 kommentiert. Trotz seines Status als uralter weißer Mann scheint an Habermas noch immer kein Weg vorbeizuführen. Es ist, als laufe unsere »Zeitenwende«, der verstörende Bruch mit lang gehegten Überzeugungen, auf eine Wiedervorlage seines Werks hinaus.

Solange ich zurückdenken kann, war Habermas around – aber als jemand, den ich eher pflichtschuldig zur Kenntnis nahm und dessen Ideen ich zumeist aus zweiter Hand und am liebsten aus der Perspektive seiner Gegner rezipierte. Das kommt mir heute wie ein Versäumnis vor. Ist er nicht auch in meiner eigenen intellektuellen Entwicklung ein unvermeidlicher Bezugspunkt gewesen? Hat er nicht, wie kaum ein anderer, die politischen Debatten der alten Bundesrepublik geprägt? Was bedeutet das Ende der Welt von gestern für sein Vermächtnis? Wird dieses Land ohne ihn ein anderes sein?

Auf meine schriftliche Anfrage, ob es möglich sei, ihn zu sprechen, hatte er, von dem es heißt, er würde kaum noch Besucher empfangen, sofort geantwortet und mich nach Starnberg eingeladen. Da er keine Reisen mehr unternehme, richte er sich, was den Termin angehe, gern nach mir. An diesem Freitagnachmittag Anfang Juni 2022 ist es in Bayern fast schon hochsommerlich heiß. Die gemeinsame Suche nach einer Vase für die Blumen, die ich am Bahnhof gekauft habe, hilft über meine anfängliche Befangenheit hinweg. Während er Tee zubereitet, entschuldigt sich Habermas dafür, dass der Marmorkuchen, den er für unser Treffen besorgt hat, zu dick geschnitten sei.

Der merkwürdige Klang seines Namens ist mir seit meiner Kindheit vertraut. Familie Habermas wohnte schräg gegenüber von meinen Gummersbacher Großeltern, dort, wo die Wohnblocks aus den 1950er-Jahren in eine Siedlung von Einfamilienhäusern mit großzügigen Gärten übergingen. Der Name gehörte zum Wortschatz unserer Gummersbach-Besuche – genau wie die »Bergmanns«, zu denen meine Großeltern zum Fernsehen gingen, bevor sie sich ein eigenes Gerät leisten konnten, wie »Adamek«, die Edeka-Filiale um die Ecke, oder wie der »Magerquark«, den sich mein magenleidender Großvater anstelle von Butter aufs Brot strich. Auch zu den Habermasens gab es losen nachbarschaftlichen Kontakt. Ich erinnere mich, dass meine Großmutter die alte Frau Habermas, deren Mann in den frühen 1970er-Jahren gestorben war, manchmal zum Kaffeetrinken besuchte und bei einer dieser Gelegenheiten – ich glaube, es war eine Geburtstagsfeier – auch deren berühmtem Sohn begegnete.

Auf meine Gummersbacher Reminiszenzen reagiert Habermas reserviert – fast scheint er unangenehm berührt zu sein. Gleich nach dem Abitur habe er die Stadt verlassen; da seine Eltern erst in den 1950er-Jahren in das Haus am Hepel gezogen seien, habe er es nur als sporadischer Besucher kennengelernt. Das distanzierte Verhältnis zur Familie scheint eine allgemeine Eigenschaft westdeutscher Nachkriegsgenerationen gewesen zu sein. Inzwischen hat er mich ins Wohnzimmer geführt, und wir haben in der in hellen Schurwolle-Tönen gehaltenen Couchecke Platz genommen, die als »kommunikatives Epizentrum« des Hauses Habermas längst in die Ikonografie der bundesrepublikanischen Geistesgeschichte eingegangen ist. Auf diesem Sofa, unter den abstrakten Farbflächen eines nach Theodor W. Adorno »Tagtraum Wiesengrund« benannten Gemäldes von Günter Fruhtrunk, das ein ahnungsloser Kritiker in den 1970er-Jahren für eine Landschaftsdarstellung hielt, hat sich der Philosoph der Verständigungsverhältnisse mindestens ebenso häufig wie vor der obligaten Bücherwand fotografieren lassen. Hier haben viele Geistesgrößen, Künstler und prominente Politiker, darunter die halbe Führungsriege der SPD, Herbert Marcuse und Wolf Biermann, mit ihm diskutiert – ein Umstand, der mich das Unprätentiöse der Atmosphäre umso stärker empfinden lässt. Ich male mir aus, mit welchem Zeremoniell ein Besuch bei Jacques Derrida, Umberto Eco oder Peter Sloterdijk verbunden gewesen wäre. Bei Habermas atmet jedenfalls alles gepflegte Normalität. Nach einer Weile gesellt sich seine Frau zu uns. Mit dem nur schwach vernehmbaren oberbergischen Akzent ihres Mannes im Ohr, bei Tee und Marmorkuchen, erlebe ich die zweite Epiphanie dieses Nachmittags: Bei meiner Ankunft war mir Habermas als Amerikaner erschienen; jetzt habe ich für einen Moment das Déjà-vu, bei meinen Großeltern in Gummersbach zu Besuch zu sein.[1]

Freilich wurde das Wohnzimmer meiner Großeltern von Genrebildern in Öl und den dunklen Brauntönen des Gelsenkirchener Barock dominiert. Hier herrscht dagegen die helle Sachlichkeit der Nachkriegsmoderne vor – wenn auch durch die bequeme Sitzgruppe und vereinzelte Antiquitäten ihrer allzu strengen Linien beraubt. Im Neubau an der Ausfallstraße zu wohnen, um sich der brutalen Unwirtlichkeit der wiederaufgebauten Städte auszusetzen, hatte für die Avantgarde der Kritischen Theorie in den 1960er-Jahren noch zur Kultivierung des richtigen Bewusstseins gehört. Dass Habermas sich hier, in diesem Idyll, Anfang der 1970er-Jahre den Traum vom Eigenheim erfüllte, erschien seinen Zeitgenossen auch deshalb als symbolischer Akt, mit dem eine Ära zu Ende ging. »Stil ist gelebte Haltung«, hatte er mit Blick auf Heidegger formuliert, der 1966 in seiner Schwarzwaldhütte eine Fotografin zur Homestory empfing. Zehn Jahre später ließ er sich seinerseits von Barbara Klemm in seinem Bungalow porträtieren. Schlug damals die Stunde der Einfamilienhausphilosophie? »Von Haus zu Haus« pflegte Habermas seine Briefe seit den 1970er-Jahren zu verschicken – an Martin Walser, an Niklas Luhmann, an Freunde und Kollegen, die in anderen Winkeln der Bundesrepublik in ihren Einfamilienhäusern saßen. War diese Wohnform die einzig angemessene Behausung für die Dichter und Denker eines Landes, das den historischen Gegensatz von Metropole und Provinz in seinen Neubaugürteln eingeebnet hat?[2]

Während ich mich beeile, das Gespräch von Gummersbach und meinen Großeltern wegzulenken, um endlich zu meinen eigentlichen Fragen zu kommen, wird die Szene durch das gedämpfte Brummen eines Rasenmähers gestört. Wer in der Zeit, bevor die Leaf Blower kamen, aufgewachsen ist, verbindet mit diesem Geräusch unweigerlich die Atmosphäre träger, ereignisloser Sommernachmittage. Wie der Geschmack der berühmten Madeleine, die Proust in seinen Tee getaucht hatte, lässt es meine Beobachtungen der vergangenen Stunde schlagartig zu einem Gesamteindruck verschmelzen. In den 1990er-Jahren, nach der Wiedervereinigung, als viele seiner Kollegen in Fantasien von Deutschlands neuer Weltgeltung schwelgten, hatte Habermas darauf beharrt, auch in Zukunft der Bürger eines »universell-provinziellen Landes« sein zu wollen.[3] Hier, in seinem nüchtern-behaglichen Wohnzimmer, gewinnt diese Formulierung plötzlich eine unmittelbare Evidenz: Die Mischung aus Weltläufigkeit und Provinzialität, aus Hamptons und Gummersbach, die Konstellation aus Rasenmäher, Mid-Century und Marmorkuchen, gibt ihre geheime Bedeutung zu erkennen – sie ist ein Sinnbild der alten Bundesrepublik.

Dass ich einmal bei Habermas im Wohnzimmer sitzen würde, hätte ich niemals für möglich gehalten. In den 1990er-Jahren, als mir sein Name während meines Studiums zum zweiten Mal begegnete, waren die Fronten klar abgesteckt: Habermas hatte meine damaligen Lieblingsautoren, die französischen Philosophen, als »Jungkonservative« bezeichnet und an die Seite von Leuten wie Arnold Gehlen und Helmut Kohl gestellt – ein Affront, den ihm die Franzosen teils mit Empörung und teils mit Desinteresse vergolten hatten. Bei einem frostigen Abendessen im Frühjahr 1983, als Habermas in Paris am Collège de France unterrichtete, soll Michel Foucault ihn mit charakteristischem Haifischlächeln gefragt haben, ob er ihn für einen Anarchisten halte. Eine positive Antwort hätte er, Ulrich Raulff zufolge, wohl »als Kompliment genommen«. Ich meinerseits hielt Habermas für einen Denker der Haupt- und Staatsaktionen, für mein existenzialistisches Politikverständnis hoffnungslos auf das Gefüge unserer Institutionen und deren Legitimität fixiert. Gilles Deleuzes böses Wort von den »Bürokraten der reinen Vernunft«, den professoralen Verwaltern des Denkens, schien geradewegs auf ihn gemünzt zu sein. Im Byzantinismus seiner Theoriearchitektur sollten das Wahre und das Gute (wenn auch nicht unbedingt das Schöne) – so wie bei Hegel – noch einmal zusammenkommen. Aber wenn schon akademisch, dann lieber im Stil seines innerdeutschen Antipoden Luhmann, der – ohne Verständnis für »nette, hilfsbereite« Theorien mit »Heilungsinteresse« – für ein böseres, härteres Denken stand und im Vergleich zu dessen abgründiger Lakonie die Anflüge von Selbstironie, die sich Habermas hin und wieder erlaubte, schlicht altväterlich wirkten. »Am Ende gewinnt Luhmann« – so hatte es der Luhmann-Anhänger Norbert Bolz nach der Jahrtausendwende gesagt.[4]

Ich habe ihn mir spröder, umständlicher, mandarinhafter vorgestellt. Im Lauf unserer Unterhaltung lehnt er sich mit übereinandergeschlagenen Beinen so weit in seinem Sofa zurück, dass sein linker Sneaker beinah auf Augenhöhe zu liegen kommt. Das Charisma, das er im Gespräch entfaltet, war mir weder aus seinen Büchern noch von seinen öffentlichen Auftritten bekannt. Wie ich inzwischen weiß, haben andere vor mir diese Erfahrung gemacht: Zahlreich die Anekdoten, in denen sich Habermas, der vermeintliche Bürokrat der reinen Vernunft, als zugewandtes, großzügiges, geistreiches Gegenüber erweist. Anfang der 1960er-Jahre, als seine Karriere Fahrt aufnahm, muss seine schnörkellose, fast saloppe Art von einer unwiderstehlichen Modernität gewesen sein. Der Judaist Jacob Taubes, der mit ihm zusammen Berater des Suhrkamp-Verlegers Siegfried Unseld war, hielt ihn für den »hellsten Intellekt der Generation«. Seinem Freund Karl Heinz Bohrer zufolge verkörperte er etwas »einmalig Neues«, nämlich »den Einbruch des Intellektuellen in die Universität«, in der damals noch die Ordinarien alter Schule den Ton angaben: »Witzig und ernst zugleich, temperamentvoll und streng in Einem. Und: er hatte enormen Stil in seiner partiell frustrierend schwierigen Diktion.« Noch die Redakteure der linksalternativen *tageszeitung*, die ihn, nicht ohne »Bammel vor der Autorität« zu verspüren, 1980 in Starnberg besuchten, fanden ihn »schlank, beweglich, sehr freundlich« – einen Eindruck, den ich vier Jahrzehnte später bestätigen kann.[5]

Allerdings fremdelte die *taz*-Delegation dann doch mit seinem bürgerlichen Habitus. Überhaupt änderte sich in den 1980er-Jahren der Ton gegenüber Habermas: Während er außerhalb der Linken konsensfähiger wurde und mit dem hessischen Umweltminister Joschka Fischer ab 1986 in einem informellen Gesprächskreis zusammentraf, gewannen im intellektuellen Milieu und unter Studenten die Vorbehalte, die meine Altersgenossen und ich noch in den 1990er-Jahren hegten, die Oberhand. Im gleichen Atemzug warf man ihm nun vor, das Erbe der Kritischen Theorie verraten zu haben und ein unorigineller Denker zu sein, der Ideen aus zweiter Hand zusammentrage – und das obendrein in einem, wie der ehemalige Suhrkamp-Lektor und *Kursbuch*-Mitherausgeber Karl Markus Michel schrieb, geistlosen »Prof-Jargon«. Ausgerechnet Habermas, der in den 1960er-Jahren gegen den Denkstil der Mandarine angetreten war, galt plötzlich selbst als scholastischer Philosoph – ein Imagewandel, den er ebenso mit Bedauern wie mit Fassung zur Kenntnis genommen zu haben scheint. Die »Rolle eines Hüters der Rationalität« zu spielen, seufzte er 1983, bringe »zunehmend Ärger« ein.[6]

Einen späten Nachhall findet der Affekt gegen Habermas in einer Gewaltfantasie der britischen Autorin Rachel Cusk: In ihrem Roman *Outline* von 2014 lässt sie eine Nebenfigur auftreten, die von ihrer komplizierten Beziehung mit einem Philosophieprofessor erzählt. Der Mann ist Habermas-Experte. Die Bücher und Papiere, die er in der gemeinsamen Wohnung herumliegen lässt, bringen sie zur Verzweiflung, doch fehlt ihr ganz buchstäblich die Kraft, um gegen die Unordnung anzukämpfen: »Die Bücher von Jürgen Habermas sind so schwer wie die Steine, die zum Bau der Pyramiden verwendet wurden.« Erst als sie eines Abends beim Nachhausekommen feststellt, dass ihre Katzen die Initiative übernommen haben, wendet sich das Blatt: »Meine Romane waren unberührt. Nur Habermas war schwer beschädigt, sein Bild von jedem Umschlag abgerissen, der *Strukturwandel der Öffentlichkeit* von tiefen Krallenspuren zerfurcht.« Um weiteren Schaden abzuwenden, hält der Lebensgefährte seine Sachen fortan unter Verschluss.[7]

Mich frappiert nicht nur, dass die Erzählerin ganz unabhängig von ihren Beziehungsproblemen angesichts der Zerstörung von Habermas' Büchern eine tiefe Befriedigung zu empfinden scheint, sondern auch die zweifelhafte Prominenz des Philosophen, die in ihrer Aversion zum Ausdruck kommt. Andererseits: Welchen zeitgenössischen Denker hätte Cusk sonst als Ikone der Scholastik wählen sollen? Die Franzosen stehen – ob zu Recht oder Unrecht – im Ruf, Rebellen gegen die akademische Konvention zu sein. Und die Amerikaner sind außerhalb der Universitäten zu unbekannt. Schon in den 1970er-Jahren bescheinigte der Franzosenverleger Axel Matthes Habermas, ein »Markenzeichen« zu sein. Nicht nur der Mann, schrieb Ronald Dworkin, sondern auch »sein Ruhm« sei berühmt. Vielleicht handelt es sich bei »Habermas« schon lange nicht mehr um einen individuellen Philosophen, sondern um ein global erkennbares Label, das einen bestimmten Denkstil repräsentiert.[8]

Im Laufe des Nachmittags, während die Junisonne

durch die verglasten Erker des Hauses Habermas wandert, unterhalten wir uns über Adorno und Foucault, über New York und Jerusalem, über das, was die Suhrkamp-Kultur und das, was die Wiedervereinigung für ihn bedeutet haben. Erst ganz zuletzt kommen wir auf den Ukrainekrieg zu sprechen, der vier Monate vorher ausgebrochen war. Für seine erste Stellungnahme in der *Süddeutschen Zeitung*, in der er kurz zuvor für die zurückhaltende Politik des Bundeskanzlers geworben hatte, war er scharf kritisiert worden. Ohne seine Bestürzung zu verhehlen, erklärt er, der sich auf sein Gespür für den Zeitgeist immer hatte verlassen können, dass er »zum ersten Mal« in seinem Leben das Gefühl habe, die Reaktionen der deutschen Öffentlichkeit nicht mehr zu verstehen. Es ist spät geworden. Kurz darauf verabschieden wir uns. Auf dem Rückweg nach München habe ich das beinah pathetische Gefühl, das Ende von etwas miterlebt zu haben. Aber von was? Das Ende der siebzigjährigen Beziehungsgeschichte zwischen einem Intellektuellen und seinem Publikum? Das Ende der alten Bundesrepublik, die mir an diesem Nachmittag in Habermas' Wohnzimmer erschienen ist?[9]

Trotz gelinder Zweifel an meinem Vorhaben, ein Buch über ihn zu schreiben, hatte er mir Zugang zu seinem Vorlass gewährt. In den anderthalb Jahren, die seither vergangen sind, habe ich mich im Frankfurter Universitätsarchiv an der Bockenheimer Warte in seine Korrespondenz vertieft. Es ist bezeichnend, dass Habermas seine Papiere nicht ins gediegene Deutsche Literaturarchiv in Marbach, sondern hierhin gegeben hat, wo man sie im fahlen Neonlicht eines aus der Zeit gefallenen Ambientes einsehen kann. Die Loyalität zu seiner alten Wirkungsstätte scheint ihm wichtiger als seine Aufnahme ins Pantheon der deutschen Klassiker zu sein.

Die Lektüre und Relektüre von Habermas' veröffentlichten Schriften erwies sich als zwiespältige Übung: Seine Hauptwerke sind immer noch so entmutigend unzugänglich, wie sie mir in Erinnerung waren. Dafür habe ich den politischen Kommentator, den Kritiker und Polemiker Habermas entdeckt, der in der Kampfzone der Debatten eine stilistische Brillanz entfaltet, die er sich in seinen wissenschaftlichen Texten mit Absicht zu verbieten scheint. Aus den verschiedenen Puzzleteilen hat sich das Bild eines ebenso stringenten wie widersprüchlichen Denkers zusammengesetzt, der als Philosoph wie kaum ein anderer ins Überzeitlich-Allgemeine zielte, während er als öffentlicher Intellektueller – im Grunde mit allen seinen Interventionen – auf die spezifische historische Situation reagierte, die durch das Nachleben des Nationalsozialismus in Deutschland gegeben war. Obwohl er seit den 1980er-Jahren mit ungewöhnlichem Nachdruck darauf drang, diese beiden Rollen kategorisch auseinanderzuhalten, macht gerade ihre Verschränkung – der Wechsel zwischen Distanz und Engagement, die Dialektik von Universalismus und Partikularismus – das Charakteristische seines Gesamtwerks aus. Deshalb ist Habermas eine Figur, an der sich das eigentümliche Verhältnis von Theorie, Geschichte und Gedächtnis, das für das geistige Terrain der Bundesrepublik so charakteristisch ist, beinah auf idealtypische Weise vermessen lässt. Im Lauf seiner unendlichen Karriere haben sich mehrere Kohorten von Leserinnen und Lesern in seinem Werk gespiegelt. Die Art und Weise, wie sie auf ihn reagierten, sagt mindestens ebenso viel über sie selbst wie über den Philosophen aus: Neben allem anderen ist Habermas auch eine Art ideengeschichtlicher Lackmustest. Jedenfalls meinte ich, während ich mich in sein Leben und Werk vertiefte, ex negativo auch die intellektuelle Silhouette meiner eigenen Generation deutlicher hervortreten zu sehen.[10]

In der verkehrten Welt

Wer sich die Frage stellt, warum Habermas die alte und zumindest auch einen Teil der neuen Bundesrepublik zu verkörpern scheint, kommt nicht umhin, von *seiner* Generation zu sprechen. Allein die Vielzahl der Labels, die man ihr angeheftet hat – Flakhelfer, Skeptiker, Neunundzwanziger, Fünfundvierziger, zuletzt noch: Achtundfünfziger –, zeugt von dem Raum, den diese Generation im politischen und kulturellen Gefüge, aber auch im Selbstverständnis Nachkriegsdeutschlands einnimmt. Besonders der Jahrgang 1929 hat so viele große Namen hervorgebracht, dass man leicht den Überblick verliert: Hans Magnus Enzensberger und Dorothee Sölle, Christa Wolf und Heiner Müller, Harald Juhnke und Eduard Zimmermann, Ralf Dahrendorf – und eben Jürgen Habermas. Man könnte versucht sein, an den Einfluss einer glücklichen Sternenkonstellation zu glauben, wenn es nicht historische Gründe gäbe – der Publizist Günter Gaus, ebenfalls 1929 geboren, hat von der »Gnade der späten Geburt« gesprochen –, die helfen, den Erfolg dieses Jahrgangs zu erklären: Zu jung, um ernstlich kompromittiert, aber alt genug, um für den Epochenbruch voll empfänglich zu sein, fanden sich die Fünfundvierziger – das Etikett, das auf Habermas am besten passt – nach dem Krieg in bester Ausgangslage wieder. Habermas wäre der Letzte, der diesen Startvorteil leugnen würde. An den zwei Jahre älteren Martin Walser schrieb er nach der Jahrtausendwende, er habe sich »und uns alle, Dich eingeschlossen, stets als die objektiv, also unverdient Begünstigten einer uns im Nachkriegsdeutschland zugefallenen historischen Konstellation« gesehen.[1]

Man hat die politischen Tugenden – den Realitätssinn, Optimismus und Erfindungsreichtum – der Fünfundvierziger gerühmt. Dem Publizisten Florian Illies zufolge macht der »Glaube an die Möglichkeit eines zweiten, besseren Lebens« die »geistige Existenzgrundlage« des Jahrgangs 1929 aus – ein Glaube, der diesen Jahrgang zwar nicht mit Illies und meiner Generation, aber mit unseren Altersgenossen von der anderen Seite des Eisernen Vorhangs verbindet. Auf einem der Bücherstapel in Habermas' Wohnzimmer sah ich die Memoiren der albanischen Politikwissenschaftlerin Lea Ypi liegen, in denen sie ihr Leben vor und nach dem Ende des real existierenden Sozialismus rekapituliert. »Wenn man einmal erlebt hat, wie ein System sich verändert, ist es nicht so schwer zu glauben, dass es wieder passieren kann«, schreibt sie über die bleibende Prägung dieser Jahre – ein Satz, der ihrem Starnberger Leser ohne Weiteres eingeleuchtet haben muss.[2]

Auch Habermas, der bei verschiedenen Gelegenheiten beschrieben hat, wie ihm die Radioberichterstattung über die Nürnberger Prozesse und die Bergen-Belsen-Dokumentation der Alliierten die Augen über die wahre Natur des Nationalsozialismus geöffnet haben, glaubte an den politischen Neuanfang. »Wir haben eine geistig-moralische Erneuerung für notwendig, für selbstverständlich gehalten«, erinnerte er sich dreißig Jahre später. An diese Erneuerung waren große Erwartungen geknüpft. Er habe das Bedürfnis nach einem »spontanen Aufräumen«, nach »irgendeinem explosiven Akt« verspürt, »der dann auch für die Bildung einer politischen Identität ein Anfang hätte sein können«.[3] Anstatt des reformistischen Temperaments, das man ihm später nachsagte, kommt hier eine Sehnsucht nach Reinigung, nach Umwälzung und Erlösung zum Ausdruck, die schwärmerische, ja chiliastische Züge trägt.

Pünktlich zur Gründung der Bundesrepublik fing er im Wintersemester 1949, mit zwanzig, in meiner Heimatstadt Göttingen zu studieren an. Schon mit der Bildung der ersten Bonner Regierung, der zwei nationalkonservative Minister angehörten, begann die Serie der Enttäuschungen, und sie nahm mit der Wiederbewaffnung, dem Antikommunismus und der gescheiterten Entnazifizierung ihren Lauf. Die »Politik der Normalisierung eines alten Mannes mit beschränktem Wortschatz«, wie Habermas den ersten Kanzler bezeichnet hat, strafte den erhofften Aufbruch Lügen. Folgt man Ralf Dahrendorf, dann ist er der wahre »Enkel Adenauers«, doch während er später für die Bindung an einen idealen Westen eintrat, hing der junge Habermas der Idee eines demilitarisierten, neutralen Deutschlands an und wählte 1953 die Gesamtdeutsche Volkspartei des abtrünnigen CDU-Mitglieds Gustav Heinemann. Die Überzeugung, eine historische Chance verpasst zu haben, hat sein Verhältnis zur Bonner und selbst noch zur Berliner Republik geprägt, die in seinen Augen aus einer weiteren korrumpierten Gründung hervorgegangen war. Das Gefälle zwischen Anspruch und Realität, zwischen Möglichkeit und Wirklichkeit, wurde zum Motor, der seine kritische Gesellschaftstheorie antrieb.[4]

Es gehört zu den Paradoxien seiner Bildungsgeschichte, dass Habermas, der schon als Schüler mit ausgedehnten philosophischen Lektüren begonnen hatte, seine Opposition zur neuen Normalität ausgerechnet unter Rekurs auf Martin Heidegger formulierte – Heidegger, der, wie wir spätestens seit der Veröffentlichung der *Schwarzen Hefte* wissen, in diesen Jahren an Larmoyanz und Selbstgerechtigkeit kaum zu überbieten war. Die Rezensionen, Theaterkritiken und zeitdiagnostischen Essays, die Habermas seit Anfang der 1950er-Jahre für die *Frankfurter Allgemeine* und andere Zeitungen schrieb, sind unüberhörbar im Heidegger-Sound verfasst. Wenn er der Philosophie auftrug, »sich dem Geschick des Seins vernehmend aufzuschließen«, wenn er gegen die »Existenz der Selbstbehauptung, der Verfügbarmachung, des planenden Durchsetzens« plädierte oder wenn er davon sprach, »daß wir das rechte Verhältniß zu den ›Dingen‹ verloren haben«, dann übersetzte er sein Unbehagen an den Zeitläuften in den Dualismus von eigentlicher und uneigentlicher Existenz, der für Kulturkritiker jeglicher politischer Couleur damals beinah unvermeidlich gewesen zu sein scheint. Die älteren Professoren, »die immer noch das Profil der Hochschulen bestimmen«, rief er dazu auf, ihren Lektürerückstand aufzuholen und endlich »in eine sachliche Diskussion« mit Heidegger einzutreten, während er seine Zeitgenossen generell auf einen »Akt der Umkehr« einstimmte: »Der Mensch muß sich in eine vernehmende Haltung zu den Dingen bringen und lernen, sie sein zu lassen, statt sie zu beherrschen.«[5]

Die Idee der »Umkehr« und der Dualismus von »Verfügung« und »Vernehmen« spielen auch in seiner 1954 eingereichten Dissertation über die »Weltalter«-Fragmente von Friedrich Wilhelm Joseph Schelling eine zentrale Rolle. In diesen Schriften hatte Schelling mit der Subjektphilosophie des Deutschen Idealismus gebrochen und sich stattdessen einer mystischen Tradition zugewandt, die, über den Pietismus bis zu den Geheimlehren der jüdischen Kabbala und der spätantiken Gnosis zurückreichend, die Welt als Korruptionszusammenhang interpretierte, der auf den Funken der Bekehrung wartete, seitdem die göttliche Hierarchie von Liebe und Hass, von Licht und Dunkelheit, von Gut und Böse in ihr Gegenteil verkehrt worden war.[6]

Gibt es auch in der Philosophie des allzu nüchternen, allzu vernünftigen Habermas einen gnostischen Verfallsgedanken und einen Glutkern mystischer Erlösungssehnsucht, die man bis in seine früheste intellektuelle Prägung zurückverfolgen kann? In dem vielleicht freimütigsten Interview, das er jemals gegeben hat, sprach er davon, »daß etwas zutiefst schief« in unserer Gesellschaft sei. Dagegen liege seiner Philosophie eine fundamentale Intuition zugrunde, die sich aus religiösen Quellen speise, nämlich eine Ahnung von »geglückten« Formen menschlichen Zusammenlebens, »in denen wirklich Autonomie und Abhängigkeit in ein befriedetes Verhältnis treten«. Hat Habermas den Dualismus von verkehrter Welt und Erlösungshoffnung, den er hier andeutet, in den sukzessiven Begriffspaaren von Ideologie und Selbstreflexion, von instrumenteller und kommunikativer Vernunft, von System und Lebenswelt durchdekliniert? Lässt er sich noch in seiner Vorstellung von einem ganz anderen, »postnationalen« Deutschland wiederfinden? Es leuchtet ein, dass er sich angesichts der Erschütterungen und Erwartungen des Jahres 1945 von Heidegger und Schelling, von dem

Mystiker Jakob Böhme und dem Kabbalisten Isaak Luria faszinieren ließ und dass ihm diese Denker Mittel an die Hand gaben, um sich gegen die Enttäuschungen, die auf ihn warteten, zu immunisieren.[7]

Zu seiner größten Enttäuschung wurde die Entdeckung, dass ausgerechnet Heidegger sich weigerte, seine politische Vergangenheit einer Neubewertung zu unterziehen. Die Tatsache, dass er noch im Jahr 1953 in der Buchpublikation seiner ursprünglich 1935 gehaltenen Vorlesung zur *Einführung in die Metaphysik* daran festhielt, von der »inneren Wahrheit und Größe« des Nationalsozialismus zu sprechen, veranlasste Habermas dazu, den für ihn maßgeblichen Denker in der *FAZ* zur Rede zu stellen. »Läßt sich auch der planmäßige Mord an Millionen Menschen, um den wir heute alle wissen, als schicksalhafte Irre seinsgeschichtlich verständlich machen?« lautete die Frage, mit der er im selben Jahr als glänzender Polemiker die Bühne der westdeutschen Öffentlichkeit betrat. Zu sagen, er habe mit Heidegger gebrochen, ginge zu weit, bestand die Pointe seiner Kritik doch gerade in dem Argument, mit der hartnäckigen Rechtfertigung seines Irrtums, in der sich die Pathologie einer ganzen Gesellschaft zu manifestieren schien, bleibe Heidegger hinter seinem eigenen bahnbrechenden Verständnis von Zeitlichkeit zurück, das es erfordere, die Vergangenheit »als ein noch Bevorstehendes« von Mal zu Mal infrage zu stellen. Ganz generell verteidigte Habermas den Gehalt gegen den Stil, die Kategorien, die Heidegger in *Sein und Zeit* entwickelt hatte, gegen die Vulgarität ihrer politischen Inanspruchnahme. Es sei an der Zeit, lautete seine dialektisch raffinierte Schlussfolgerung, »mit Heidegger gegen Heidegger« zu denken.[8]

Der bereits erwähnte Jacob Taubes wollte in dieser Wendung später schon »den ganzen Habermas« erkennen – eine Behauptung, für die es durchaus gute Gründe gibt. Mit seiner Daseinsanalyse, die das isolierte Subjekt der cartesischen Tradition durch das immer schon involvierte In-der-Welt-Sein ablöste, hatte Heidegger den Weg ins nachmetaphysische Denken gewiesen. Doch er war nicht weit genug gegangen. Er hatte die menschliche Existenz zwar als Bewandtnis-, aber nicht als Kommunikationszusammenhang gedeutet. Da die Verständigung mit anderen aus der Perspektive seines heroischen Nihilismus auf den beklagenswerten Zustand der »Verfallenheit an das Man« hinauslief, hatte er die interaktive Dimension des Daseins nicht erkennen können. Es blieb seinem Leser Habermas vorbehalten, dieses Versäumnis nachzuholen.[9]

Und Heidegger selbst? Der Leser der *Frankfurter Allgemeinen*, dem die Attacke nicht entgangen war, nahm ungläubig zur Kenntnis, dass es sich bei »Habermaas« (sic) um einen unbekannten vierundzwanzigjährigen Studenten handelte. Zu einer Antwort ließ er sich nicht hinreißen – im Gegenteil: Er habe seither »absichtlich keine Zeitung mehr in die Hand genommen«, schrieb er im August 1953 an seine Frau.[10]

Täter und Opfer

Auch Heideggers Antipode Adorno wurde auf den Studenten aufmerksam. 1956 stellte er ihn als Assistenten am Institut für Sozialforschung in Frankfurt ein. »Ich kam mir vor wie in einem Balzacschen Roman«, hat Habermas sich erinnert, »der unbeholfen-ungebildete Junge aus der Provinz, dem die Großstadt die Augen öffnet.« Das Milieu der jüdischen Remigranten, zu dem auch Besucher wie Herbert Marcuse und Gershom Scholem gehörten, muss für ihn ungeheuer faszinierend gewesen sein. Der Junge aus der Provinz, dem gerade aufgegangen war, dass nicht nur Heidegger, sondern auch die Professoren, die seine Dissertation betreut hatten, Nazis gewesen waren, gelangte 1956 ja nicht nur in die Großstadt, sondern auch in den Umkreis jenes Mannes, der – dem Sozialpsychologen Christian Schneider zufolge – im Land der Täter mit der Stimme der Opfer sprach. Er habe Adorno »in gewisser Weise« geliebt, hat Habermas in einem der seltenen Einblicke in seine Gefühlswelt eingestanden. Darf man Ralf Dahrendorf glauben, der zwei Jahre zuvor als Assistent von Max Horkheimer ans Institut gekommen war, es nach zwei Monaten aber fluchtartig wieder verlassen hatte, dann gingen die beiden Direktoren mit neuen Mitarbeitern nicht gerade fürsorglich um. Wegen seiner Sprachbehinderung könne er nicht lehren und sei »nur für die Forschung gut«, soll das über Habermas kursierende Wort gewesen sein. Auch er scheint anfangs an Flucht gedacht zu haben. Doch während ihn Horkheimer wegen seiner politischen Ansichten bald seinerseits wieder loswerden wollte, erkor ihn Adorno zum intellektuellen Gesprächspartner und begann ihn mit seinen neuesten Ideen zu konfrontieren. Während Habermas das Glück hatte, die »Lava des Gedankens im Fluß« zu erleben, wurde er für die Älteren zum intellektuellen Hoffnungsträger. In Reminiszenzen an diese Jahre stößt man auf das merkwürdige Detail, dass er – lange bevor die Benjamin-Mimikry unter Westberliner Achtundsechzigern in Mode kam – nicht nur Gretel Adorno, sondern auch Gershom Scholem an den jungen Walter Benjamin erinnerte – Benjamin, an dessen hoher Stirn Scholem die metaphysische Veranlagung abgelesen hatte, während Adorno ihn schon früh von »einer Art von Nimbus« umgeben fand.[1]

Verspürte Habermas, der dreißig Jahre jüngere Sohn regimekonformer deutscher Eltern, im Paralleluniversum der Frankfurter Schule die Versuchung, sich mit der anderen Seite zu identifizieren? Es fällt auf, dass sein ältester, noch vor der Anstellung am Institut geborener Sohn Tilmann heißt, während seine beiden jüngeren Töchter die alttestamentarischen Namen Rebekka und Judith tragen. Für einen Radiovortrag setzte sich Habermas 1961 mit der langen Reihe jüdischer Protagonisten der deutschen Geistesgeschichte auseinander – von Moses Mendelssohn bis Georg Simmel, von Isaak Luria bis Horkheimer und Adorno. Wie er seinen Hörern mitteilte, sah er dies als überfälligen, für seine eigene intellektuelle Existenz notwendigen Akt der Selbstvergewisserung an. War ihm als Schüler Adornos nicht die Aufgabe übertragen, diese Tradition, auf deren physische Vernichtung es die Nazis abgesehen hatten, fortzusetzen und mit neuem Leben zu erfüllen? Ich meine, ein Echo dieses Gefühls einer schicksalhaften Verbundenheit zu hören, wenn er Ende der 1980er-Jahre, kurz nach dem Historikerstreit, in seinen Überlegungen zu einer postnationalen Identität der Deutschen auch auf das zuerst an Holocaust-Überlebenden beobachtete Phänomen der Überlebensschuld zu sprechen kommt. »Aber liegt nicht seit jener moralischen Katastrophe«, fragte er sich und seine deutschen Leser, »in abgeschwächter Weise, auf unser aller Überleben der Fluch des bloßen Davongekommenseins?«[2]

Auf der anderen Seite hat sich Habermas erinnert, wie schockierend es für ihn gewesen sei, von Gershom Scholem darüber belehrt zu werden, dass zwischen den Völkern der Opfer und der Täter ein unüberbrückbarer Abgrund klaffe, der durch keine vorschnelle Wiederannäherung geschlossen werden könne. In unmissverständlichen Worten hatte Scholem auf einer Sitzung des Jüdischen Weltkongresses 1966 in Brüssel klargestellt, dass gerade die deutsch-jüdische Symbiose, die Habermas im Norddeutschen Rundfunk – wie auch immer gebrochen – als Voraussetzung seines eigenen Denkens reklamiert hatte, von jeher asymmetrisch und daher ein Irrweg, ja sogar eine der Ursachen für die Katastrophe gewesen sei. Habermas erinnert sich an die Abwehrreaktion, die diese Worte bei ihm ausgelöst hatten: »Hatten wir nicht soeben in den besten Traditionen, den einzigen, die die Korruption überdauerten, Ströme jüdischer Produktivität erkannt? Standen wir nicht unter dem intellektuell beherrschenden Einfluß eines Marx, Freud, Kafka? Waren wir nicht von denen als Schüler akzeptiert worden, die wie

Bloch, Horkheimer, Adorno, Plessner und Löwith aus der Emigration zurückgekehrt waren?«[3]

Wenn nicht auf die Forderung eines kompletten Rückzugs der Juden aus dem deutschen Geistesleben, so lief Scholems Kritik der jüdischen »Selbstaufgabe« doch auf eine schroffe Distanzierung hinaus. Dagegen hatte Habermas nicht nur seine eigene Zukunft mit derjenigen des deutsch-jüdischen Denkens verknüpft – er hielt die Stunde für ein solches Denken im Grunde überhaupt jetzt erst, nach der Katastrophe, für gekommen. Freilich – und das dürfte ihm Scholems Wohlwollen eingetragen haben – kehrte er den Vektor der Identifizierung um: Es sei nicht länger Sache der Juden, durch Assimilation ein Recht auf gesellschaftliche Existenz, sondern der Deutschen, »auch und gerade nach Auschwitz«, ein Recht auf die jüdische Tradition zu erwerben, indem sie sich die Perspektive der dem Unheil Entronnenen zu eigen machten. Alles komme darauf an, erklärte er, »daß wir den an Marx, an Freud, an Kafka geschulten Blick der Exilierten auf uns selber richten, um die entfremdeten, die verdrängten, die erstarrten Anteile als etwas vom Leben Abgespaltenes zu identifizieren«.[4] In diesem Gedanken, den er 1977 in seiner Festrede zu Scholems achtzigstem Geburtstag in Jerusalem ausführte, lässt sich die rückwirkende Legitimierung seiner eigenen Sprecherposition erkennen.

In seinem Radioessay von 1961 hatte er nicht ohne eine gewisse Bestürzung eingeräumt, dass ihm »nicht bei der Hälfte der genannten Gelehrten« bewusst gewesen sei, dass es sich um Juden gehandelt habe. Eine solche Ignoranz durfte, Scholem zufolge, in Deutschland künftig nicht mehr möglich sein. Wenn überhaupt jemals wieder – oder besser: zum ersten Mal – ein wahrhaftiges deutsch-jüdisches Gespräch in Gang kommen solle, dann nur auf der Grundlage, dass Juden *als Juden* zu Deutschen sprächen und *als Juden* Gehör und Anerkennung fänden. Die Entwicklung in der Bundesrepublik muss Scholem bei aller Skepsis hoffnungsvoll gestimmt haben. Während man die Geschichte der jüdischen Assimilation oder, um einen Begriff des polnisch-jüdischen Historikers Isaac Deutscher ins Spiel zu bringen, der »nicht-jüdischen Juden« hinsichtlich der DDR um ein letztes Kapitel verlängern könnte – man denke an die jüdischen Kommunisten, die aus der Emigration zurückkehrten, um sich für den neuen ostdeutschen Staat zu engagieren –, kam sie in Westdeutschland, von Ausnahmen abgesehen, an ihr Ende. Die jüdischen Remigranten, die in der Bundesrepublik das öffentliche Wort ergriffen, taten dies im Namen der Opfer. Statt der Figur des »nicht-jüdischen Juden« hat der australische Historiker Dirk Moses, dessen Kritik am »Katechismus« der deutschen Erinnerungspolitik vor einigen Jahren hohe Wellen schlug, hierzulande – in Anlehnung an Deutscher – die Gestalt des »nicht-deutschen Deutschen« ausgemacht. Um Absolution für die Sünden der Vergangenheit zu erlangen, strebe der »nicht-deutsche Deutsche« danach, eine universalistischen Prinzipien verpflichtete, von Tradition und Geschichte entkoppelte kollektive Identität anzunehmen. Moses, der dem westdeutschen »Erlösungsrepublikanismus« messianische Züge attestiert, sieht Habermas als dessen idealtypischen Repräsentanten an.[5]

Abschied vom Tiefsinn

In einem seiner schönsten Texte, dem Vorwort zu einer 1978 bei Reclam erschienenen kleinen Sammlung von Essays über Adorno, Hannah Arendt, Ernst Bloch und andere deutsch-jüdische Intellektuelle, hat Habermas ein Lob der Essayistik verfasst. Der »geringere Grad an Stringenz«, den der Essay im Vergleich zur systematisch-philosophischen Darstellung aufweise, werde durch seine »Nähe zur Aktualität«, seine »größere publizistische Wirksamkeit« und die Möglichkeit zu »ungeschützterer Parteinahme« und »beweglicheren Assoziationen« wettgemacht. Bei den Gelehrten, denen seine Essays galten, sah er zudem eine »hohe Empfindlichkeit für das untergründig Anarchische« und ein Gespür für »unscharfe Konstellationsänderungen von großer historischer Tragweite« am Werk. Gerade in gesellschaftlich-kulturellen Umbruchsituationen lasse sich »mehr von denen lernen, die in der Wahrnehmung von Symptomen geübter sind«.[1]

Nach landläufigem Urteil gehört er selber nicht in diese Kategorie. So sehr ihn Adorno von der Aktualität einer an Marx geschulten Kritik überzeugte, so wenig hielt er Adornos Art zu philosophieren noch für zeitgemäß. Nicht nur, dass der Chef das expandierende Universum der Sekundärliteratur ignorierte, vielmehr hatte er, wie Habermas bald erkannte, im Grunde schon vor dem Krieg zu lesen aufgehört und sich, illuminiert von »letzten Evidenzen«, auf den Umgang mit einer Handvoll Klassiker beschränkt. Gegen diesen Snobismus der literarischen Intelligenz eignete er selbst sich einen »systematischeren Zugriff« an. Gut möglich, dass Adorno seinem Mitarbeiter nur allzu gern das niedere Geschäft des Bibliografierens überließ. Jedenfalls zeichnet die Verarbeitung großer Mengen von Forschungsliteratur seither dessen Denk- und Schreibstil aus. Schon seine Habilitationsschrift über den *Strukturwandel der Öffentlichkeit* – bis heute sein meistverkauftes Buch – verdanke sich, wie es im Vorwort zur Neuauflage heißt, der »Synthese einer kaum zu bändigenden Fülle von Beiträgen mehrerer Disziplinen«. Das gilt erst recht für die zweibändige *Theorie des kommunikativen Handelns*, die 1981 die Bilanz aus zehn Jahren interdisziplinärer Forschung zog. Und man darf Habermas ohne Zweifel Koketterie nachsagen, wenn er sein Spätwerk, die zweitausendseitige Histoire croisée von Philosophie und Religion mit dem Titel *Auch eine Geschichte der Philosophie*, die er sich und seinen Lesern 2019 zu seinem neunzigsten Geburtstag schenkte, mit der Bemerkung einleitet, er habe die für das Thema relevanten »Bibliotheken von Sekundärliteratur« aus Altersgründen kaum noch berücksichtigen können.[2]

Er bevorzugt die Metaphorik des Botanisierens, um seine Schreibweise zu charakterisieren: »Wenn ich eine interessante Blume oder ein Kraut gefunden habe, schaue ich, wie sie mit anderen zusammenpassen, ob es daraus einen Strauß, ein Muster geben kann.« Axel Honneth zufolge, der in den 1970er-Jahren eine Apologie der Habermas'schen Arrangierkunst im *Merkur* veröffentlicht hat, ging diese Schreibweise zwingend aus dem Inhalt seiner

Philosophie hervor. So wie Adorno seine Kritik der instrumentellen Vernunft, um nicht in den fatalen Gestus der Gegenstands*bemächtigung* zurückzufallen, nur noch in unsystematisch-essayistischer Form habe durchführen können, so lasse sich Habermas' Kommunikationstheorie der Gesellschaft konsequenterweise nur dialogisch darstellen: »Der formale Aufbau von Habermas' Theorie ist orientiert an intersubjektiver Verständigung, nicht am stilistischen Widerstand gegen Zweckrationalität: ihre Darstellungsform und ihr Konstruktionsprinzip entwirft sie auf Diskussionen hin, die Wissenschaft ermöglichen. So begründet sich die Theorie selbst in der Form von Diskussionen.«[3]

War er der Sokrates der Bundesrepublik? Das nicht – mit der mäeutischen Gesprächsführung hat die von Habermas praktizierte Form der Auseinandersetzung, die er selbst einmal als »brutale« Aneignung bezeichnet hat, wenig zu tun. Lässt sich am bibliografischen Hunger seines Œuvres nicht vielmehr die Mentalität der Wiederaufbaujahre erkennen – als habe der für die »Generation Herzinfarkt« so charakteristische Hang zur Überanstrengung auch auf deren Geistesarbeiter abgefärbt? Symptomatisch ein Brief seines Gummersbacher Schulfreundes, des späteren Bielefelder Sozialhistorikers Hans-Ulrich Wehler, aus dem Jahr 1964, in dem Wehler schildert, wie er »ziemlich groggy« von einem Forschungsaufenthalt in den USA zurückgekehrt sei. Er habe mehrere Wochen »von morgens 8 bis abends 12« in Archiven in New York und Chicago gearbeitet, um die für seine Habilitationsschrift über den amerikanischen Imperialismus relevanten Quellen zu sichten – so lange, bis er mit seinen Kräften am Ende gewesen sei. Die Ärzte hätten »schwere Erschöpfung« diagnostiziert. Nur seinem »Sportherz« habe er es zu verdanken, schreibt Wehler, bis in die 1950er-Jahre ein ehrgeiziger Mittelstreckenläufer, dass nicht noch Schlimmeres geschehen sei.[4]

Habermas hat die »Abschaffung von Tiefsinn« einmal als Aufgabe seiner Generation bezeichnet. Transformierten die Fünfundvierziger den Heroismus des raunenden Denkens, den er bei Heidegger kritisiert hatte, in ein Heldentum des Lektürepensums? In seinen Tagebüchern aus den späten 1970er-Jahren hat Martin Walser, auch er ein Angehöriger dieser Generation, eine Begegnung festgehalten, bei der Habermas, mit dem er damals befreundet war, auf die »Anforderungen der Wissenschaftlichkeit in der Philosophie« zu sprechen gekommen sei: »Man muss immer noch ein Buch lesen, ein einschlägiges. Offenbar erwürgen die Wissenschaftler einander dadurch, dass sie einander zwingen, alles zu lesen, was jeder von ihnen schreibt. Wer schneller publiziert, zwingt den anderen mehr als der ihn. Der kann ihn erst fürs nächste Buch zwingen.« Die ironische, an Sarkasmus grenzende Distanz zu den Standards universitärer Forschung, die aus diesen Sätzen spricht, dürfte Walsers Zutat sein. Aber wer weiß: Vielleicht hat Habermas, dessen Interesse am Umgang mit Literaten durchaus auf antiakademische Vorbehalte schließen lässt, gegenüber Walser selbst seinem Herzen Luft gemacht.[5]

Hinter dem, was Peter Sloterdijk verächtlich als »Genie der Paraphrase« bezeichnet, steckt aber mehr als akademische Pedanterie oder sportlicher Ehrgeiz. In seiner Abrechnung mit Heidegger hatte Habermas das »Geniale«, den Gestus des Originaldenkens, für »zwielichtig« erklärt. »Der Denker als Lebensform, als Vision, als expressive

Selbstdarstellung«, schreibt er in den 1980er-Jahren, »das geht nicht mehr.« Er sei kein »Weltanschauungsproduzent«, lautet sein Abstinenzprinzip. Mit beinah unerbittlicher Konsequenz scheint er das Erbe der ästhetischen Avantgarden auszuschlagen: keine raunenden Thesen, keine suggestiven Bilder, keine Prophetien langer oder kurzer Dauer. Solch unlauterer Mittel bedienen sich in seinen Augen nur unverantwortliche Geister, zu denen er spätestens seit 1968 seinen Altersgenossen Hans Magnus Enzensberger rechnet. Im Gegensatz zu Enzensberger sei er ein »bedauernswert seriöser« Mensch, hat Habermas mit kaustischer Ironie geschrieben, und überdies nur »ganz selten euphorisch« – eine geistige Betriebstemperatur, die sich mitunter in ernüchternder Weise auf die Leser seiner Bücher überträgt.[6]

Dem Soziologen Heinz Bude, der Anfang der 1990er-Jahre die stilbildenden Soziologen der Bundesrepublik porträtierte, kam es so vor, »als hätte sich diese Generation [der Fünfundvierziger, P. F.] bewußt dazu entschieden, keinen geistigen Glanz zu liefern«. Man kann Habermas' Devise, gegen Heidegger zu denken, auch in dieser Hinsicht verstehen. Um seinem Fach das »rhetorische Element« auszutreiben und der Vermischung von Theorie und Literatur vorzubeugen, die er in den 1980ern als Unart seiner heideggernden französischen Gegenspieler tadelte, scheint er sich mit Absicht einen spröden Nominalstil verordnet zu haben – weshalb viele Leser in ihm zwar eine Autorität und einen eminenten Wissenschaftler, aber beim besten Willen keinen Autor erblicken konnten. »Habermas' eigene Stimme?«, fragte der Westberliner Soziologieprofessor Urs Jaeggi 1981. »Sie versteckt sich hinter anderen. Sie erläutert, ergänzt, weitet aus. Die Urheberschaft wird unwichtig.« Doch kann man das nicht auch ganz anders wenden? Im Grunde ist Habermas der Einzige, in dessen Werk der »Tod des Autors«, den Roland Barthes 1967 verkündete, wirklich stattgefunden hat. Mit seiner unpersönlichen Diktion und seinem paraphrasierenden Schreibstil ist er viel konsequenter als die Schönschreiber aus Frankreich darin gewesen, das Subjekt im Rauschen der Diskurse verschwinden zu lassen.[7]

Das Bewusstsein der Gegenwart

Es gehört zu den ironischen Volten von Habermas' Wirkungsgeschichte, dass er gerade aufgrund seiner Materialverarbeitungsfreude, die ihm spätere Leser als Mangel an Originalität auslegten, einmal der Mann der Stunde war. Für die Kritik der »ganz undurchsichtig gewordenen Gesellschaft«, schrieb Siegfried Kracauer Mitte der 1960er-Jahre an den Suhrkamp-Lektor Karl Markus Michel, seien mehr als »nur halbbegründete Meinungen« verlangt. »Vielleicht fordert die schwierige Gegenwart, dass an die Stelle der alten Intellektuellen Forscher zu treten haben, die auch ›Intellektuelle‹ sind – ich denke etwa an Habermas.« Auch konservative Beobachter wie Arnold Gehlen stellten die Überforderung der literarischen Intelligenz in der komplexen Gesellschaft fest. Man muss sich Habermas, der das »illuminierende Exerzitium« von Adornos negativer Dialektik durch den Tateifer wissenschaftlicher Arbeit überwinden wollte, als Antwort der Frankfurter Schule auf dieses Defizit vorstellen.[1]

Der Forscher und der Intellektuelle – die beiden Rollen, die Habermas im Lauf seiner Karriere in einem spannungsreichen Balanceakt übernommen hat, schienen in den 1960er-Jahren in eins zu fallen. Das hat viel mit dem Zauberwort der »Theorie« zu tun – jener Chiffre für ein neues Denken, das den Bruch mit dem Bildungsideal der

Humboldtschen Universität vollzog. Während die Philosophie, das alte Zentralgestirn der Geisteswissenschaften, den Sinn des Seins oder die immer gleichen Klassiker auslegte, verstand sich Theorie, wie Jacob Taubes im Anklang an Hegel formulierte, als »Bewusstsein der Gegenwart«. Sucht man nach einem Gesicht, das dieses Bewusstsein verkörpert hätte, dann landet man unweigerlich bei Habermas. »Von Habermas kommt ein neuer Zug in die Philosophie«, schrieb ihm Taubes 1964, der vor solchen Anbiederungen offenbar keine Scheu empfand. Aber er hatte recht – scheute der Geschmeichelte doch seinerseits nicht davor zurück, der gesamten deutschen Nachkriegsphilosophie, Plessners Topos der »verspäteten Nation« variierend, ihren hoffnungslosen Rückstand zu attestieren. Nur hier, im Land der Dichter und Denker, werde »eine eigentümliche, andernorts schon zerfallene Gestalt des Geistes« konserviert.[2]

Dagegen trat er dafür ein, die Philosophie sowohl mit der Forschungsagenda der Einzelwissenschaften als auch mit der politischen Praxis kurzzuschließen. Seine Auftritte als junger Professor können als Versuche gelesen werden, den neuen Denkstil zu definieren. In seiner Antrittsvorlesung als Marburger Privatdozent verwarf er 1961 sowohl die klassisch-aristotelischen als auch die modernen, auf Hobbes zurückgehenden Spielarten politischer Philosophie, um stattdessen für eine »dialektische Theorie der Gesellschaft« einzutreten, die »bei jedem Schritt vom Selbstbewusstsein ihres eigenen Verhältnisses zur Praxis geleitet und durchdrungen ist«. Noch deutlicher tritt dieses Motiv vier Jahre später in seiner Frankfurter Antrittsvorlesung über »Erkenntnis und Interesse« hervor. Habermas, den die Anwesenheit seines Vaters stärker als die seiner renommierten Kollegen angespannt zu haben scheint, begann seinen Vortrag mit einer Kritik an der antiken Vorstellung von *theoria*, die in der kontemplativen, von allen Leidenschaften gereinigten »Anschauung des Kosmos« zugleich ein Ideal der Erkenntnis und der Lebensführung gefunden habe – eine Haltung, die seit dem 19. Jahrhundert fatal mit dem Positivismus verschwistert sei. Die Theorie, für die er stattdessen eintrat, dementierte diese Haltung stoischer Gelassenheit – eine Haltung, die er in der theoretischen Einstellung der Phänomenologie, der sogenannten Epoché, erneuert fand, die deren Begründer, der jüdische Gelehrte Edmund Husserl, selbst noch in den 1930er-Jahren aufrechterhalten hatte, als seine akademische Existenz bereits von den Nazis zerstört worden war. Schon Heidegger, der konservative Revolutionär, hatte die kontemplative Enthaltsamkeit seines Lehrers mit dem Gestus der Entschlossenheit konterkariert. Dem heroischen Denkstil Heideggers wiederum hatte Adorno nach dem Krieg das Pathos der Betroffenheit entgegengesetzt. Trotz all seiner Nüchternheit lassen sich im Duktus des jungen Habermas beide Attitüden wiederfinden – Attitüden, die dem philosophischen Diskurs des 20. Jahrhunderts einen höheren Tonus verliehen haben. Es sei »diese Reizbarkeit«, die Gelehrte zu Intellektuellen mache, hat er im Hinblick auf die bewunderten deutsch-jüdischen Essayisten erklärt. Man kann davon ausgehen, dass er damit auch sich selbst meinte.[3]

Es scheint mehr oder weniger unvermeidlich gewesen zu sein, dass ihn der Suhrkamp-Verleger Siegfried Unseld, der ihn schon vorher als Autor umworben hatte, 1963 als Berater für seine neue Theorie-Reihe engagierte. Für Unseld und seinen Lektor Karl Markus Michel stand außer Frage, dass die Reihe auf Habermas zugeschnitten war. Als der sich wegen anhaltender Querelen mit den übrigen Verlagsberatern, zu denen Taubes und Dieter Henrich gehörten, schon 1966 wieder aus seiner Funktion zurückziehen wollte, intervenierte Michel stehenden Fußes. »Ich habe ihm sehr deutlich gesagt, daß die Reihe im Hinblick auf seine Mitarbeit konzipiert worden sei«, berichtete er Unseld, »und daß wir das Interesse an ihr verlören, wenn er sich zurückzöge.« Auch Enzensberger, der Mitte der 1960er-Jahre das *Kursbuch* auf den Markt brachte, ließ Habermas wissen, »daß die zeitschrift, die ich angezettelt habe, ohne sie nicht bleiben kann, und für sie gedacht ist«. Man hat den Eindruck, sämtliche Medienunternehmen der Republik, die sich in irgendeiner Weise als progressiv oder zumindest als zeitgemäß verstanden, hätten um seine Mitarbeit gebuhlt. Selbst von der Springer-Presse, die nicht zuletzt dank seiner Untersuchung über den *Strukturwandel der Öffentlichkeit* zur Zielscheibe der protestierenden Studenten werden sollte, bekam er ein Angebot.[4]

Zum sechzigsten Geburtstag des Suhrkamp-Lektors Günther Busch hat Habermas dem Theorie-Taschenbuch 1989, kurz vor dem Mauerfall, ein sentimentales Denkmal gesetzt. Es gebe Bücher, die unlösbar mit ihrem historischen Erscheinungskontext verbunden seien: »Man kann sich des Textes nicht erinnern, ohne sich das Titelblatt vorzustellen, ohne Farbe und Format des Bandes vor Augen zu haben, auf dem uns der Titel zum ersten Mal begegnet ist, ohne die Schrifttype zu sehen, in der der Titel gesetzt war, ohne den Geruch, das Geräusch einer vergilbten Aktualität zu spüren, der der Titel einmal seine Symptomatik verdankt, in der er seine Durchschlagskraft entfaltet hat.« Das sei bei Suhrkamp-Klassikern wie *Jargon der Eigentlichkeit*, *Konterrevolution und Revolte* oder *Die Unwirtlichkeit unserer Städte* der Fall. Er hätte ebenso gut seine eigenen Bücher – *Erkenntnis und Interesse*, *Technik und Wissenschaft als »Ideologie«* oder *Legitimationsprobleme im Spätkapitalismus* – nennen können, die Anfang der 1970er-Jahre zu den besonders auratischen Titeln gehörten. Das Taschenbuch, von Adorno und Enzensberger in den späten 1950er-Jahren noch als Vehikel der Kulturindustrie angesehen, wurde im Lauf des folgenden Jahrzehnts zum Träger subversiver Botschaften. Und anders als Enzensberger, der in seiner im Hessischen Rundfunk gesendeten »Analyse der Taschenbuch-Produktion« 1958 noch das Schreckbild einer Degeneration von Bildung zu Ware und einer Verflachung von Lesen zu Konsum ausgemalt hatte, erkannte der Taschenbuch-Autor Habermas schon Anfang der 1960er-Jahre, dass der Buchmarkt in diesem Fall »die emanzipatorische Funktion einer ausschließlich ökonomischen Erleichterung des Zugangs« ausübe. Mit anderen Worten: Der Inhalt der Taschenbücher bleibe »von Gesetzen des Massenumsatzes, dem sie ihre Verbreitung verdanken«, unberührt.[5]

Gerade schwieriges Denken, sollte das heißen, finde zwischen Taschenbuchdeckeln Verbreitung. Der spätere Journalist Gunter Hofmann, der Habermas in den frühen 1960er-Jahren in Heidelberg hörte, hat sich daran erinnert, »wie dunkel, fremd und hochkompliziert« die Ausführungen des jungen Professors auf ihn wirkten. Im abstraktionsfreudigen Klima der Nachkriegsmoderne übte diese schwierige Diktion jedoch eine eigentümliche Anziehungskraft aus. Heute, wo sich Gedanken, die nicht auf Anhieb nachvollziehbar sind, schnell einem Bullshit-Verdacht ausgesetzt sehen, ist uns die Vorstellung fremd geworden, dass gerade vom Un- und Halbverständlichen, vom Unzugänglichen und Hermetischen einmal eine besondere Faszination ausging. »Wahr sind nur die Gedanken«, heißt es in Adornos *Minima Moralia*, »die sich selber nicht verstehen.«[6]

Das Tempo, mit dem die neue, dunkle Theoriesprache damals durch die westdeutsche Gesellschaft diffundierte, lässt sich am Sinneswandel des *Merkur*-Chefredakteurs Hans Paeschke ablesen, der das Manuskript von »Erkenntnis und Interesse« 1965 zunächst zurückgewiesen hatte. »Den Fehler werde ich nicht mehr machen«, schrieb er drei Jahre später an Habermas, »mit Zweifeln an dem Bildungs- und Verständigungsgrad des Durchschnittslesers des *Merkur* zu kommen. Wenn der mittlerweile die Begriffe, mit denen die Studenten, auf die es ankommt, heute ebenso argumentieren wie Sie, nicht gelernt hat, ist er als intellektueller Zeitgenosse quasi uninteressant.« Selbst ein so erfolgreicher Autor wie Max Frisch hatte das Bedürfnis, der Theorie seinen Respekt zu zollen. Nachdem er sich durch *Erkenntnis und Interesse*, die umfangreiche Buchversion von Habermas' Frankfurter Antrittsvorlesung, gearbeitet hatte, wandte er sich an den Autor, den er bei Unseld kennengelernt hatte, um ihn seiner Hochachtung zu versichern. Die »Sprache der Soziologie« werde er in seinem Alter wohl nicht mehr beherrschen lernen. »So verfolge ich denn Ihr Denken mehr wie einer, der über den Zaun lehnt, ohne die Arena der Diskussion betreten zu können, schweigsam, fasziniert und nicht immer ganz im Bild, immerhin in seiner eigenen Sprache gründlich verunsichert; irgendetwas muss er also doch verstanden haben.«[7]

Zu Habermas' Nimbus trug schließlich bei, dass er wie wenige andere in der Lage schien, die deutschen Geisteswissenschaften aus ihrer Provinzialität zu befreien und an den internationalen Forschungsstand heranzuführen. Mit der neuen Theorie-Reihe, die sie gemeinsam bei Suhrkamp herausgaben, verband Jacob Taubes die Hoffnung, »Impulse des Auslands in die deutsche Diskussion zu bringen, um in zwanzig Jahren das Niveau des Auslands zu erreichen«. Dem Springer-Redakteur Georg Ramseger, der ihn als Rezensenten für die Mitte der 1960er-Jahre nach dem Vorbild des *Times Literary Supplement* lancierte *Literarische Welt* gewinnen wollte, antwortete Habermas, die »philosophischen und soziologischen Neuerscheinungen deutscher Herkunft« seien wenig ergiebig. »Man müßte also schon aus diesem Grunde die Literatur des (westlichen) Auslandes einbeziehen.«[8]

The center does not hold

Im Abstand von zehn Jahren hat mein Vater dasselbe Gummersbacher Gymnasium wie Habermas besucht. Zum prägenden Bildungserlebnis wurde für ihn ein Französischlehrer, der im Unterricht rauchte und meinen Vater in den späten 1950er-Jahren auf eine Parisreise mitnahm, von der er als Frankophiler nach Hause zurückkehrte. Bis heute bekommt er leuchtende Augen, wenn er Gelegenheit hat, Französisch zu sprechen, und obwohl er später auch für eine Weile in den USA gelebt hat, sind ihm dieses Land, seine Sprache und Kultur immer fremd geblieben.

Bei Habermas scheint es umgekehrt zu sein. Auf meine Frage, welches Ausland für ihn nach dem Krieg am wichtigsten gewesen sei, antwortet er, ohne auch nur eine Sekunde zu zögern: »Amerika!« Von dort sei schließlich alles Neue gekommen. Zwar radelte auch er als Student bis an die französische Mittelmeerküste und fuhr auch er später in den Sommerferien mit den Kindern am liebsten in die Bretagne, doch seine Erkenntnisinteressen waren transatlantischer Natur. Frankreich oder die USA – das scheint für junge Westdeutsche damals eine geradezu existenzielle Entscheidung gewesen zu sein. Während sich der französische Philosoph Lucien Goldmann vergeblich bemühte, Habermas für ein Pariser Colloquium zu gewinnen, unternahm dieser im Frühjahr 1965 seine erste

Grand Tour über den Atlantik. Man hat nicht oft Gelegenheit, den Nachwuchsstar der Frankfurter Schule so demütig zu erleben: Seinem New Yorker Gastgeber, dem Mediensoziologen Rolf Meyersohn, gestand er die »Beklemmungen eines provinziellen Europäers, der zum ersten Mal in die neue Welt kommt«. Die Aussicht, unter New Yorker Intellektuellen reüssieren zu müssen, scheint ihn in Angst und Schrecken versetzt zu haben. Er reiste nach Boston, Chicago und Santa Barbara weiter, traf mit den Emigranten Bruno Bettelheim und Leo Löwenthal zusammen, nahm in Ann Arbor an einem Teach-in teil und saß zum ersten Mal vor einem Fernsehgerät, dessen fatalen politischen Effekten er zuvor schon in seiner Habilitationsschrift nachgegangen war. Vor allem aber scheint er im New Yorker Geistesleben eine gute Figur gemacht zu haben. Wie groß muss seine Genugtuung gewesen sein, als Meyersohn ihm nach der Rückkehr die gelungene Assimilation bescheinigte: »Ich weiß nicht, warum Du jemals so getan hast, als ob Du kein echter Amerikaner wärst!« Seinem amerikanischen Outfit nach zu urteilen, sollte er das nie wieder tun.[1]

Zwei Jahre später, im Spätsommer 1967, als die westdeutsche Studentenbewegung nach dem Tod von Benno Ohnesorg in ihre heiße Phase eintrat, flog er, diesmal mit der ganzen Familie, von Neuem nach New York, um ein Semester an der New School for Social Research zu unterrichten. Bei diesem Aufenthalt lernte er den Soziologen Daniel Bell und Hannah Arendt kennen, die ihn in ihre Entourage aus männlichen Bewunderern aufnahm, zu der auch W.H. Auden und Uwe Johnson gehörten. Die Protagonisten der Suhrkamp-Kultur scheinen im New York der späten 1960er-Jahre allgegenwärtig gewesen zu sein:

Auf der Straße kam ihm Enzensberger entgegen, der gerade ein Stipendium an der Wesleyan University in Connecticut absaß, bevor er im Januar 1968 nach Havanna weiterreiste.[2]

Die Habermasens wohnten wieder bei den Meyersohns, die sich ihrerseits in London aufhielten. Die beiden älteren Kinder gingen auf die Rudolf Steiner School, die an der Upper East Side lag, und die Studenten an der New School imponierten dem Gastprofessor durch ihr kritisch-politisches Bewusstsein, das ihm im Vergleich zu den deutschen »Radauhelden« ideologisch unvoreingenommen erschien. Besonders muss ihn das ungezwungene Verhältnis zu den amerikanischen Juden beeindruckt haben. »Wir haben das jüdische Neujahrsfest im Park mitgefeiert, als gehörten wir dazu«, berichtete er den in der Heimat verbliebenen Mitscherlichs. Allerdings räumte er auch »weniger beruhigende Aspekte« des amerikanischen Alltagslebens ein. In seinem Brief schilderte er ein Manhattan, das ihm schlichtweg ungeheuer war: »Mein Interesse richtet sich vorerst ganz darauf, die politische Bühne unterhalb der Parteien zu verstehen: black power, new Left, hippies. Obwohl es einem schwer fällt, dieses Land überhaupt noch zu verstehen: das reichste und mächtigste Land dieser Welt lebt, zumindest in seiner grössten Stadt, mit einem Ausmass an Verrottung, an Gewaltsamkeit, an schlichter Krankheit, Verrücktheit, an extremen Varianten auf allen Ebenen, dass man oft keinen Atem mehr bekommt.«[3]

Ob Habermas sich *Chelsea Girls*, Andy Warhols sechsstündigen Experimentalfilm über die Drogenexzesse der Bewohner des Chelsea Hotels, angesehen hat? Ob er Joan Didions Reportage über die kalifornischen Hippies in der

Saturday Evening Post las, die schon im Eingangssatz bestätigte, dass die schlimmsten Befürchtungen des Dichters William Butler Yeats, in der dunklen Stunde des Jahres 1919 geäußert, zur neuen amerikanischen Wirklichkeit geworden waren: »The center was not holding«? Es steht außer Frage, dass er sich für die Bürgerrechtsbewegung interessierte, die sich damals, kurz vor dem Mord an Martin Luther King, auf ihrem Höhepunkt befand. Wie er einem Kollegen vor seiner Abreise nach New York berichtet hatte, gehörte zu dem Apartment, das ihnen die Meyersohns überließen, »sogar« eine »schwarze Haushaltshilfe«. Ob die Existenz dieser Haushaltshilfe, so wie für andere Angehörige des liberalen New Yorker Bürgertums, die afroamerikanisches Dienstpersonal beschäftigten, auch für Familie Habermas den Charakter eines moralischen Problems annahm? Man kann darüber nur spekulieren. Den »Rassenkonflikt« in den USA hat Habermas im Jahr darauf bei einem akademischen Kongress auf der jugoslawischen Insel Korčula aus marxistischer Perspektive analysiert. Da »unterprivilegierte Gruppen« keine »sozialen Klassen« darstellten, auf deren Ausbeutung die kapitalistische Gesellschaft angewiesen sei, könne ihr Protest zwar bürgerkriegsähnliche Zustände herbeiführen, habe aber kein revolutionäres Potenzial.[4]

Sicher ist, dass Habermas von der Popkultur, die ihrem Chronisten Warhol zufolge in jenem Jahr in New York ihren Höhepunkt erlebte, wenig mitbekam. Darin folgte er ganz seinem Lehrer Adorno. Selbst das neue Beatles-Album *Sgt. Pepper*, das Manhattan im Sommer 1967 elektrisierte, ging offenbar spurlos an ihm vorbei. Als Peter Handke Jahre später auf einer Party bei Siegfried Unseld von ihm wissen wollte, was er von den Beatles halte, musste er passen: Die Beatles kenne er nicht. Woraufhin der Beatles-Fan Handke auf ihn eingeprügelt haben soll. Im Grunde gibt selbst noch die Handgreiflichkeit des popkulturell versierten Schriftstellers die Rückständigkeit des deutschen Kulturbetriebs zu erkennen. Darf man Warhol glauben, dann waren die Abstrakten Expressionisten die letzten New Yorker Bohèmiens gewesen, die ihre Meinungsverschiedenheiten mit Fäusten austrugen: »They were always exploding and having fist fights about their work and their love lives.« Doch in den 1960er-Jahren kamen Camp und Pop und mit ihnen eine queere, verspielte Sensibilität, die für die neuen Avantgarden tonangebend war. Anders in der virilen Suhrkamp-Kultur, in der sich ständig irgendwer mit irgendwem geprügelt zu haben scheint. Ute Habermas zufolge, die unwillkürlich die Augen verdreht, als wir über dieses Thema sprechen, hörte das erst in den 1980er-Jahren auf.[5]

Frankfurt, das einst die große Welt bedeutet hatte, kam dem Ehepaar nach der Rückkehr wie eine Provinzmetropole vor. Auch deshalb wurden die Vortragsreisen, Gastprofessuren und Stipendien, die Habermas von nun an beinah im Jahresrhythmus wahrnahm, zu einem festen Bestandteil seines Lebens. 1975 versuchte Hannah Arendt, ihn als ihren Nachfolger an die New School zu holen; Anfang der 1980er-Jahre wollte man ihn an der University of California in Berkeley haben. Wie er bei verschiedenen Gelegenheiten hat durchblicken lassen, fühlte er sich von den Amerikanern höher wertgeschätzt als von seinen Landsleuten. Bleibt die Frage, warum er trotzdem keines der verlockenden Angebote angenommen hat. Dafür kommen viele Gründe infrage: das Institut in Starnberg, die Rücksicht auf die Familie, das gesellschaftliche Leben im

Umfeld der Suhrkamp-Kultur. Eine Ivy-League-Professur wäre sicherlich die Krönung seiner wissenschaftlichen Karriere gewesen. In einer Zeit, als physische Orte im geistigen Leben noch einen Unterschied machten, hätte er dafür aber seine Rolle als *public intellectual* aufgeben müssen, für die der Zugang zur deutschen Öffentlichkeit unabdingbar war. Brauchte Habermas, trotz aller gegenteiligen Beteuerungen, das Rampenlicht, oder hielt ihn das Gefühl der Verantwortung für die politische Kultur in seinem Land zurück? Der Journalist Arno Widmann jedenfalls, der ihn über viele Jahre beobachtet hat, nimmt an, »dass er glaubte, ja wusste, hier nötiger zu sein«.[6]

Spießrutenlaufen in Frankfurt

Im Jahr 1968 wartete man in Frankfurt tatsächlich auf seine Stimme. Er hätte »der charismatische Anführer der Studentenbewegung« sein können, hat sein Kollege Dieter Henrich über Habermas gesagt. Joschka Fischer, der ab dem Wintersemester 1968/69 sporadisch zu seinen Lehrveranstaltungen ging, hat sich an die überfüllten Habermas-Seminare erinnert, in denen die »ganze SDS-Prominenz« gesessen habe, obwohl das Verhältnis zwischen den Aktivisten und dem Professor zu diesem Zeitpunkt bereits ein angespanntes war. Nachdem sich gezeigt hatte, dass Adorno vor der politischen Praxis zurückschreckte, hatten sich die Erwartungen seinem jüngeren Kollegen zugewandt, der gegen den Vietnamkrieg, die Bildung der Großen Koalition und die Verabschiedung der Notstandsgesetze protestierte. Doch auch er, dessen Sympathien weniger den antiautoritären Radikalen als den moderaten Kräften galten, konnte diese Erwartungen nicht erfüllen. Er habe »eher an die Reformierbarkeit von Schule und Hochschule als an die totale Umwälzung oder, was auf dasselbe hinauslief, an die totale Unbeweglichkeit eines erstarrten Ganzen« geglaubt, hat Habermas im Rückblick formuliert. Sollte er jemals ein Gnostiker gewesen sein – spätestens seit den 1960er-Jahren sah er seine Aufgabe darin, die Bundesrepublik von innen zu kritisieren.[1]

Schon im Frühjahr 1967 deutete Jacob Taubes in einem Brief an den Konstanzer Romanisten Hans Robert Jauß an, dass Habermas darunter leide, Hoffnungsträger der Rebellen zu sein: »Das Spießrutenlaufen in Frankfurt, wo die Soziologie-Studenten, radikalisiert durch die Adornosche Theorie und enttäuscht durch die Adornosche Praxis, von den Jüngeren nun mit Zinseszinsen das abfordern, was Horkheimer und Adorno immer versprochen, aber nie gehalten haben, greift auch die stärksten Nerven an.« Zwei Wochen später, auf dem Kongress über »Hochschule und Demokratie«, der unmittelbar im Anschluss an die Beisetzung von Benno Ohnesorg in Hannover stattfand, warf Habermas Rudi Dutschke, der dem »Staatsterror« mit einer Strategie der direkten Aktion begegnen wollte, »linken Faschismus« vor. Trotz seiner anschließenden Rechtfertigung – nicht die Nazis, sondern die italienischen Linksfaschisten der 1920er-Jahre seien gemeint gewesen – wurde er seither den Ruf, ein »Scheißliberaler« zu sein, nicht mehr los. Während Oskar Negt, sein Assistent, die Degeneration seines linksliberalen Bewusstseins analysierte, bat ihn der nach London emigrierte Lyriker Erich Fried, sein Verdikt zurückzunehmen, da es dem Gegner in die Hände spiele: »Ich glaube, jedem Einzelnen von uns ist es schon geschehen, dass wir im Zorn irgendetwas gesagt haben, was deshalb schief ankam, weil es in ein gesellschaftlich vorgeformtes Vokabular passt, gegen das wir sonst ankämpfen.« Zehn Jahre später, im Deutschen Herbst, hat Habermas seine Formulierung selbst als »Überreaktion« bezeichnet.[2]

Im Lauf des folgenden Jahres, während sowohl die demonstrierenden Studenten als auch die Springer-Presse ihren Ton verschärften, verfestigte sich die wechselseitige

Entfremdung zwischen Habermas und den Rebellen. Im September 1967 trat Dutschke zusammen mit Hans-Jürgen Krahl auf der Delegiertenkonferenz des SDS zum ersten Mal für die Bildung einer Stadtguerilla ein. Ein halbes Jahr später, am Gründonnerstag 1968, wurde er von dem bekennenden Antikommunisten und *National-Zeitung*-Leser Josef Bachmann angeschossen. Anfang Juni, nachdem während der vorangegangenen Universitätsbesetzung Aktenschränke aufgebrochen worden waren, trug Habermas, der im Februar aus New York zurückgekehrt war, in der Frankfurter Mensa seine Thesen über die »Scheinrevolution und ihre Kinder« vor. Während er die »neuen Demonstrationstechniken«, die Happenings, Teach-ins und Provokationen, die er in den USA aus erster Hand kennengelernt hatte, für »vorzüglich geeignet« hielt, in die »Nischen« des »bürokratischen Herrschaftsapparates« einzudringen und der »funktionsnotwendigen Entpolitisierung breiter Bevölkerungsschichten« durch massenhafte Aufklärung entgegenzuwirken, stellte er den theoretischen Waffen der Studenten ein miserables Zeugnis aus. Auf das »handliche Format von Binsenweisheiten« heruntergebrochen, hätte die Marx'sche Theorie, die selbst der weiteren Diskussion bedürfe, revolutionäre Erwartungen geweckt. Doch diese Erwartungen seien illusorisch. »Jedes, aber auch jedes der bisher allgemein akzeptierten Anzeichen für eine revolutionäre Lage fehlt.« Wer sich unter diesen Bedingungen als Revolutionär geriere, falle schlichtweg einem »Wahn« anheim. Stattdessen empfahl er den Studenten, die Situation realistisch einzuschätzen und die Unterstützung von medienerfahrenen Intellektuellen und Gewerkschaftsvertretern zu suchen.[3]

Sosehr er sie im Prinzip begrüßte, so wenig scheint Habermas die neuen Protestformen für seine eigenen Lehrveranstaltungen, deren Atmosphäre seit dem Faschismusvorwurf konfrontativer geworden war, geeignet gehalten zu haben. Schon in seiner Antrittsvorlesung hatte er zwar, seine spätere Kommunikationstheorie vorwegnehmend, das Ideal eines »herrschaftsfreien Dialoges aller mit allen« ausgemalt, das als »Antizipation des gelungenen Lebens« in jedem Sprechakt implizit gegeben sei. Studenten, die das als Einladung missverstanden, ihn in seiner Autorität als Seminarleiter herauszufordern, mussten aber feststellen, dass er für kulturrevolutionäre Experimente nicht zu haben war. »Naiv setzte ich voraus, daß Sie bereit sein würden, mit dem Abbau Ihrer Autorität einverstanden zu sein«, rechtfertigte sich Gerhard Stamer, ein Doktorand, der Habermas' Hegel- und Marx-Interpretation offenbar mit unbotmäßiger Kritik begegnet war. Mit seiner Provokation habe er das Ziel verfolgt, »erstarrte Diskussionsformen zu durchbrechen und eine lebendige, angstfreie Kommunikation herzustellen«. In dieser Weise auf Habermas' »Generosität« zu setzen, erwies sich jedoch als Fehleinschätzung. Noch vierzig Jahre später konnte sich Joschka Fischer, der dasselbe Seminar besucht hatte, an die »wissenschaftliche Hinrichtung« erinnern, die darin bestand, dass Habermas die Argumente des Kommilitonen »Satz für Satz« auseinandernahm: »Da war nichts mehr von Freundlichkeit.« Allerdings war Fischer auch der Meinung, es sei die höchste Form der Anerkennung, von seinem Professor auf derartige Weise ernst genommen zu werden.[4]

Das schon: Habermas' Unfähigkeit zur Beiläufigkeit, sein Hang, die Position seines Gegenübers in all ihrer Tragweite und all ihren Konsequenzen – oft über dessen eigene Absichten hinaus – beim Wort zu nehmen, ist tatsächlich bemerkenswert. Wer mit ihm eine Argumentation ausfechten will, dem wird, wie Oskar Negt aus eigener Erfahrung zu berichten weiß, »ein ungeheuerliches Maß an Begründungsanstrengung« abverlangt. Doch kann man sich ebenso wenig des Eindrucks erwehren, dass seine grenzenlose Auseinandersetzungsbereitschaft eine Kehrseite hat, dass sie mit einem Mangel an Largesse, mit einem Misstrauen und einer Empfindlichkeit einhergeht, die sie zuweilen auf irritierende Weise konterkarieren. »Ein erstaunlich hohes Maß an Konflikten für einen so ruhig arbeitenden Gelehrten«, schrieb der bereits zitierte Urs Jaeggi Anfang der 1980er-Jahre. »Er ist, seine Reaktionen zeigen es, leicht irritierbar, reagiert verletzt und neigt dazu, sich als stigmatisiert zu sehen. Macht ihn dies einsam, zum wirklichen Gespräch fähig nur mit wenigen?«[5]

Vielleicht beruhen Beobachtungen wie diese aber auch auf dem Missverständnis, Habermas wäre am Diskutieren um des Diskutierens willen interessiert. Wie sich an den unzähligen öffentlichen Auseinandersetzungen ablesen lässt, in die er im Lauf seines Lebens verwickelt war, diskutiert er, um seinen Positionen Geltung zu verschaffen. Damit geht eine ausgeprägte Feindwahrnehmung einher. Unter »Gegnerschaftsunfähigkeit«, wie sie Arnold Gehlen seinen modernen Zeitgenossen attestierte, hat er jedenfalls nie gelitten – schon eher, mit einem Wort von Odo Marquard, unter »Verfeindungszwang«. Wie Gehlen am eigenen Leib feststellen musste, ging der Theoretiker des herrschaftsfreien Diskurses mit seinen Gegnern nicht eben zimperlich um. Nachdem er *Moral und Hypermoral*, Gehlens Streitschrift gegen Achtundsechzig, im *Merkur* als

»politischen Stammtisch eines aus dem Tritt geratenen Rechtsintellektuellen« verrissen hatte, brachte der Betroffene in dieser Zeitschrift nie wieder ein Wort zu Papier. Dem Soziologen Heinz Bude zufolge agiert Habermas, der den Theoretiker der Feindschaft Carl Schmitt als Verkörperung deutschen Ungeistes ansieht, in seiner eigenen kommunikativen Praxis wie ein »Schmittianer«. Seinem Hang zu Konfrontation und Polemik ist er bis heute treu geblieben. Anders als man meinen könnte, fiel Habermas zum Beispiel nie dadurch auf, »mit Rechten reden« zu wollen – im Gegenteil: Die öffentliche Sphäre müsse »robuste Manifestationen«, ja »wüste Formen des Konflikts« aushalten, hat er 2020 im Interview erklärt. »Ich habe überhaupt kein Verständnis dafür, Wutbürger in Watte zu packen.«[6]

»Der Suhrkamp Verlag hat seit fast einem Jahrzehnt kleine Zeitbomben gelegt, die jetzt an den Universitäten ›platzen‹« – so beschrieb Jacob Taubes die Rolle des stilbildenden Verlagshauses gegen Ende der 1960er-Jahre. Im Herbst 1968 wurde das Unternehmen selbst von einer lautlosen Detonation erschüttert. Die versammelten Lektoren übergaben Siegfried Unseld ein Papier, das ihm seine verlegerische Entscheidungsgewalt entziehen und ihnen gleiche Mitspracherechte einräumen sollte. Es hieß, das sei nur als erster Schritt auf dem Weg zu einer Enteignung der literarischen Produktionsmittel gedacht. Unseld, der sich nicht nur persönlich gekränkt fühlte, sondern sein unternehmerisches Lebenswerk gefährdet sah, suchte Beistand bei seinen Autoren, von denen er schon deshalb Rückendeckung erwarten durfte, weil ihnen in der neuen Verlagsverfassung keine irgendwie maßgebliche Rolle zugedacht war. Martin Walser hielt die Initiative schlicht für lächerlich. Adorno, der dem Verleger unter Rekurs auf Marx versicherte, dass die Ansprüche der Lektoren unrechtmäßig seien, zog es vor, im Hintergrund zu bleiben. In der entscheidenden Sitzung mit den Insurgenten, die sich bis weit nach Mitternacht hinzog, sprang daher Habermas für seinen Verleger in die Bresche. »Er holte sehr weit aus«, schreibt Unseld in seiner *Chronik*, »und legte mit all seinem theoretischen Rüstzeug die These vor, daß es unsinnig sei, einen Verlag, der die richtige progressive Literatur brächte, der alles in allem gut funktioniere, in dem die Autoren als Produktivkräfte im ganzen wie im einzelnen zufrieden seien, einem Experiment auszusetzen, das die Wirkung, die der Verlag jetzt habe, in Frage stelle.«[7]

Muss man Habermas' Auftritt als Fall von kommunikativem oder strategischem Handeln ansehen? Für Unseld handelte es sich im Wesentlichen um ein pragmatisches Argument: Bevor die Besitzverhältnisse der Gesamtgesellschaft nicht verändert seien, mache es keinen Sinn, ausgerechnet jenen Verlag aus seiner Bahn zu werfen, der dieser Veränderung mit seinem Programm wie kein anderer verpflichtet sei. Auf die Lektoren übte Habermas' »erschöpfende Vorlesung«, wie möglicherweise beabsichtigt, eine lähmende Wirkung aus. »Wir hatten verstanden«, erinnerte sich einer von ihnen, »unsere ›gerechte Sache‹ war nicht gerecht, unser Versuch, innerhalb des Verlages mehr Demokratie zu wagen, war offensichtlich unvereinbar mit der freiheitlich-kapitalistischen Grundordnung und war – gar nicht einmal mit Aplomb – gescheitert; schweigend ging man auseinander.« Die Stimmung war so schlecht, dass man sich nicht einmal mehr auf eine gemeinsame Zigarette zusammenfand.[8]

Wie sich auch in Unselds *Chronik* nachlesen lässt, streckten die Lektoren ohne große Gegenwehr die Waffen. Während einige, darunter zu Habermas' Bedauern auch Karl Markus Michel, die Kündigung einreichten, erklärten sich die übrigen bereit, weiter für den kapitalistischen Suhrkamp Verlag zu arbeiten. Für den Verleger, der spätestens ab jetzt einen »telefonischen Dauerkontakt« zu Habermas aufrechterhielt, muss der Philosoph durch diese Episode zu einem noch wichtigeren Verbündeten geworden sein.[9]

Raketenwissenschaft für eine bessere Gesellschaft

Man kann die Denkbewegungen, die Habermas bis an die Schwelle der 1970er-Jahre vollführte, als Suche nach einem Ausweg aus der Subjektphilosophie verstehen, die ihn von der Idee des »Vernehmens«, wie er sie bei Heidegger und Schelling vorgefunden hatte, zur Idee der »Verständigung« führte, die er später in seiner Kommunikationstheorie entfaltete. Getrieben von unersättlichem Lesehunger, durchquerte er in diesen Jahren ein weites, unübersichtliches Feld, das selbst für zeitgenössische Beobachter schwierig zu überblicken war. Leo Strauss, der politische Theoretiker aus Chicago, dem er 1964 seine Aufsatzsammlung *Theorie und Praxis* zur Kenntnisnahme geschickt hatte, äußerte sich voller Anerkennung über den Scharfsinn des jungen Kollegen, bemerkte zugleich aber gegenüber Karl Löwith, die Grundlagen von Habermas' philosophischem Standpunkt seien ihm »völlig rätselhaft«. Auf der einen Seite war er ohne Zweifel dem westlichen Marxismus zuzurechnen und gelangte, wie andere westliche Marxisten, über eine subtile Kritik an Marx zu Positionen des frühen Hegel, wodurch die Perspektive der Arbeit um die Perspektive der Interaktion und die Frage der materiellen Ausbeutung um die Frage der wechselseitigen Anerkennung von Rechtssubjekten in einer bürgerlichen Gesellschaft erweitert wurde. Auf der anderen Seite setzte er sich aber auch mit so unterschiedlichen Ansätzen wie dem amerikanischen Pragmatismus, der deutschen Staatsrechtslehre, der Psychoanalyse und der philosophischen Anthropologie Arnold Gehlens und seines Doktorvaters Erich Rothacker auseinander. Seit Mitte der 1960er-Jahre arbeitete er nämlich daran, die normativen Ansprüche der Kritischen Theorie durch eine Anthropologie der menschlichen Erkenntnisinteressen auf ein stabiles wissenschaftliches Fundament zu stellen.[1]

In *Erkenntnis und Interesse*, dem aus seiner Frankfurter Antrittsvorlesung hervorgegangenen Buch, das 1968 in Suhrkamps weißer Theorie-Reihe erschien, unterschied Habermas drei Gesichtspunkte, oder genauer: drei erkenntnisleitende Interessen, »unter denen wir die Realität als solche erst auffassen können«: das Interesse an technischer »Verfügung« über die Naturkräfte, das den experimentellen Naturwissenschaften zugrunde liege; das Interesse an lebenspraktischer »Verständigung« mit anderen Menschen, aus dem die hermeneutischen Geisteswissenschaften hervorgegangen seien; und schließlich, als ebenso tief in der Conditio humana verankerte Weise möglicher Welterkenntnis, das Interesse an »Emanzipation von naturwüchsigem Zwang«, dem er die »kritischen Wissenschaften« zuordnete, deren Funktion darin bestehe, das Subjekt durch einen Prozess der Selbstreflexion »aus der Abhängigkeit von hypostasierten Gewalten« zu lösen. Befreiung als methodisch kontrollierter Erkenntnisprozess: Obwohl eine fundamentale Kritik am Positivismus, muss man *Erkenntnis und Interesse* selbst noch als Dokument für den zeittypischen Glauben an das ansehen, was Habermas als »wichtigste Produktivkraft«

der modernen Gesellschaft bezeichnete, nämlich die Wissenschaft.[2]

Als Blaupause für die kritischen Wissenschaften schwebte ihm, der selbst nie auf der Couch gelegen hat, die Psychoanalyse vor, der er zum ersten Mal 1956, kurz nach seinem Eintritt ins Institut für Sozialforschung, während eines Kongresses zu Sigmund Freuds hundertstem Geburtstag begegnet war. 1967 schlug er Hans Magnus Enzensberger, der ihn seit Längerem als »idealen« *Kursbuch*-Autor (»von den voraussetzungen wie von der schreibweise aus betrachtet«) umwarb, eine Ausgabe über Psychoanalyse vor: »Da insbesondere auch in Amerika die Psychoanalyse von den strikten Wissenschaften hart bedrängt wird und mehr und mehr in die obskure Rolle einer Heilkunst gedrängt wird, scheint es mir sinnvoll zu sein, an diesem Exempel zu demonstrieren, was eine kritische Wissenschaft sein könnte.« Habermas' Fehler bestand darin, mit professoraler Gründlichkeit gleich ein komplettes Inhaltsverzeichnis des geplanten Heftes mitsamt den vorgesehenen Autoren beizulegen. In einer Zeit, in der sämtliche Zeitschriften des Landes um seine Mitarbeit buhlten, scheute Enzensberger nicht davor zurück, ihm eine sanfte Abfuhr zu erteilen. Sowohl in inhaltlicher als auch in formaler Hinsicht sei das Exposé zu homogen und durchkomponiert – ein wissenschaftlicher Sammelband, aber keine Zeitschrift. Zudem habe Habermas die Unvorsichtigkeit begangen, am Rande seines Briefes die Alternative eines Heftes über »Planung« anzudeuten: »diese alternative, das gestehe ich ganz offen, besticht mich sofort. ich hielte das thema zwar nicht für wichtiger, aber für dringlicher.«[3]

Auch wenn Habermas' Antwort etwas dünnlippig ausfiel, scheint er dem Dichter die Zurückweisung nicht übel genommen zu haben. Schon wegen seiner »verdrängten eigenen journalistischen Vergangenheit« wolle er in Zukunft gern mit einem neuen Vorschlag kommen. Doch kurz darauf eskalierte die Rebellion der Studenten, das *Kursbuch* setzte sich an ihre Spitze, und Enzensberger schlüpfte in die Rolle des »Harlekins am Hof der Scheinrevolutionäre«, der sich darin gefiel, das unverantwortliche Sandkastenspiel der Revolution zu befeuern – jedenfalls wenn man Habermas folgen will, der seinen Altersgenossen fortan als unsteten Seismografen des Zeitgeistes beargwöhnte. Was auch immer die Gründe gewesen sein mögen: Obwohl Enzensberger auch später noch Annäherungsversuche unternahm, hat Habermas nie einen Beitrag im *Kursbuch* publiziert.[4]

Die Demonstration des kritischen Potenzials der Psychoanalyse, die er der Zeitschrift angeboten hatte, behielt er sich für den abschließenden Teil von *Erkenntnis und Interesse* vor, das im Jahr darauf rasch in die Riege der ikonischen Suhrkamp-Titel aufstieg. Im Gegensatz zur Hermeneutik, die den verschütteten Sinn historischer Dokumente freilege, ziele die therapeutische Praxis darauf ab, bei den Patienten einen Prozess der Selbstreflexion auszulösen, der sie in die Lage versetzen solle, »ein Stück verlorengegangener Lebensgeschichte« wiederzugewinnen. Habermas sprach in diesem Zusammenhang auch von der »durch reflexive Einsicht ermöglichten Fortsetzung eines unterbrochenen, neurotisch gehemmten Bildungsprozesses«. Vom neurotischen Individuum auf die Gesellschaft als Ganze übertragen, empfahl er die so verstandene therapeutische Praxis als Modell für eine epistemologisch fundierte Ideologiekritik.[5]

Doch was konnte es für eine Gesellschaft, zumal für die deutsche nach dem Nationalsozialismus, bedeuten, sich ihre verdrängte Geschichte anzueignen? Unmöglich, diese Frage in der Bundesrepublik des Jahres 1968 ohne Bezug auf Alexander und Margarete Mitscherlich und ihre im Jahr zuvor erschienene Untersuchung *Die Unfähigkeit zu trauern* zu beantworten. Die Pointe des Buches, nach der die im Titel diagnostizierte Verdrängung der Deutschen gerade nicht die ermordeten Opfer, sondern die Identifikation mit dem geliebten »Führer« betraf, ist vielfach überlesen worden. Umso erfolgreicher waren die Mitscherlichs damit, den Freudschen Terminus der »Trauerarbeit« als Paradigma und die Psychoanalyse als Leitdisziplin der sogenannten Vergangenheitsbewältigung zu etablieren – eine Konjunktur, die auch der Rezeption von *Erkenntnis und Interesse* zugutekam. Im Vorwort seines Buches erwies Habermas Alexander Mitscherlich, mit dem er seit seiner Zeit in Heidelberg befreundet war, seine Reverenz. Alle Bezüge zur »verlorengegangenen Lebensgeschichte« der Deutschen bleiben in seinem Buch aber implizit.[6]

Als Virtuose des Understatements gibt sich Habermas bei unserer Begegnung alle Mühe, den Verdacht einer besonderen, gar geniehaften Begabung zu zerstreuen. So will er die immerhin elf Rufe auf Professuren, die er im Lauf seiner Karriere erhalten hat, weniger auf irgendein persönliches Verdienst als auf den Wachstumsschub der Universitäten im Zuge der Bildungsoffensive der 1960er-Jahre zurückgeführt wissen – gerade als er mit seiner Habilitation fertig gewesen sei, habe man sich »vor Rufen kaum retten« können. Dem Eindruck, er sei stets zur richtigen Zeit am richtigen Ort gewesen, dem merkwürdigen Gefühl einer prästabilierten Harmonie zwischen Lebenszeit und Weltzeit, kann man sich in seinem Fall in der Tat kaum entziehen: 1964, dem Jahr, in dem die Studentenbewegung Fahrt aufnahm, war er als Horkheimer-Nachfolger zurück nach Frankfurt gekommen – aber nur, um sieben Jahre später als Direktor des Max-Planck-Instituts zur Erforschung der Lebensbedingungen der wissenschaftlich-technischen Welt genau im richtigen Moment wieder in der Provinz abzutauchen. Im Frankfurt des Jahres 1971 war seine Entscheidung für Starnberg ein Politikum. Während der *Spiegel* berichtete, Habermas würde sich »in eine Art deutsches Jugendstil-Oxford« zurückziehen, um ungestört von Lehrverpflichtungen an seiner Theorie arbeiten zu können – eine Anspielung auf die noble Immobilie, in der die Max-Planck-Gesellschaft Räumlichkeiten angemietet hatte –, warf ihm eine Frankfurter Studentenzeitung vor, das Projekt der kritischen Universität zu verraten, dem er durch seine Mitwirkung am neuen Hessischen Hochschulgesetz überhaupt erst institutionelle Konturen verliehen habe. Herbert Marcuse brachte für Habermas' Fortgang zwar größeres Verständnis auf, war aber der Meinung, es handele sich um einen »symbolischen Akt, der zum Ende der Frankfurter Schule gehört«.[7]

Die Kunst, die die 1970er-Jahre den Linken und Intellektuellen abverlangten, bestand darin, die Dekade an Leumund, an Unversehrtheit, überhaupt an geistiger Freshness unbeschadet zu überstehen. Habermas ist das um einiges besser als vielen seiner Zeitgenossen geglückt. Während die Protestbewegung in den Manierismus der Subkulturen überging, während sich mit dem Ende der

Trente Glorieuses die Zukunftsaussichten verdüsterten und die Gegner von Achtundsechzig die »Tendenzwende« ausriefen, verschwand er von der Bildfläche, um aus der sicheren Distanz von Oberbayern die Krise des Spätkapitalismus zu analysieren und seine große Gesellschaftstheorie zu schreiben. Unter den Mitarbeitern kursierte die Erwartung, am Institut solle aus dem Vermächtnis der Studentenbewegung »das akademisch Brauchbare« destilliert werden. Der Soziologiestudent Heinz Bude hegte die Vorstellung, in Starnberg würde eine deutsche RAND Corporation nach kalifornischem Vorbild aufgebaut. Man kann tatsächlich sagen, dass das Institut mit dem langen Namen, schon in den 1980er-Jahren Fossil einer fernen Vergangenheit, den Höhepunkt des Unternehmens darstellt, aus der Summe der Forschungsergebnisse der einzelnen Wissenschaftszweige noch einmal zu einer universalen politisch-normativen Orientierung zu gelangen – ein Thinktank für linke Grundlagenforschung, für die große interdisziplinäre Synthese, Raketenwissenschaft für eine bessere Gesellschaft.[8]

Mit dem idiosynkratischen Spektrum seiner Erkenntnisinteressen, das von der Kriegsverhütung über die Wissenschaftsforschung bis zur Quantentheorie reichte, stellte der Gründungsdirektor Carl Friedrich von Weizsäcker die Inkarnation dieser Programmatik dar. Im Sinne des »Harnack-Prinzips« der Max-Planck-Gesellschaft, das vorsieht, die Forschungsprofile der Institute an ihren jeweiligen Direktoren auszurichten, war das bewusst intendiert. Doch wurde dadurch nicht der Figur des Meisterdenkers zu neuer Legitimation verholfen, einer Figur, die Weizsäckers neuer Co-Direktor spätestens seit seinem Bruch mit Heidegger für ebenso atavistisch wie politisch bedenklich hielt? Jedenfalls fällt auf, dass Habermas in seiner Bestandsaufnahme der deutschen Nachkriegsphilosophie von 1971 – »Wozu noch Philosophie?« – dafür eintrat, sein Fach zu »depersonalisieren« und der Logik wissenschaftlicher Arbeitsteilung zu unterwerfen. Die Ära charismatischer Lehrer neige sich auch in der rückständigen deutschen Wissenschaftslandschaft ihrem Ende zu – eine Auffassung, mit der er im Grunde schon die anonyme Verbundforschung der Drittmitteluniversität vorwegnahm.[9]

Die Untersuchungen, die Weizsäcker in seiner Abteilung verantwortete, gehörten in den Kontext der »Zukunftsforschung«, einer Disziplin, die er, eine Art westdeutscher Oppenheimer, in den 1960er-Jahren zusammen mit Robert Jungk und anderen kritischen Naturwissenschaftlern und Zeitdiagnostikern begründet hatte, um auf die Bedrohung des Atomkriegs zu reagieren. Sein Interesse, Habermas ans Institut zu holen, dürfte von daher durch den Umstand verstärkt worden sein, dass auch dessen Theorieverständnis futuristische Züge trug. Mit der Theorie des Spätkapitalismus, an der er damals arbeitete, verfolgte Habermas das Ziel, die künftigen Krisen der westlichen Wohlfahrtsstaaten zu prognostizieren. In seiner *Rekonstruktion des Historischen Materialismus*, einer Evolutionstheorie der modernen Gesellschaft, formulierte er Mitte der 1970er-Jahre den prinzipiellen Anspruch, zu »bedingten Voraussagen über künftig eintretende Ereignisse« in der Lage zu sein. Insofern scheint ihn die Redaktion des deutschen *Playboy*, seit 1972 in München ansässig, beim Wort genommen zu haben, als sie 1974 mit der Frage an ihn herantrat, was er für das beherrschende Thema »der nächsten 25 Jahre« halte – eine

Zeitspanne für sozialwissenschaftliche Prognosen, die heute, abgesehen vom Klimawandel, astronomisch lang erscheint.[10]

Man müsste an dieser Stelle prinzipielle Überlegungen über den Erwartungshorizont der erdölbasierten Carbon Democracies der Nachkriegsjahrzehnte anstellen. In der Geräumigkeit der offenen Zukunft ließen sich die grellsten Widersprüche der fortgeschrittenen kapitalistischen Gesellschaften vermitteln: ob Avantgarde und Kulturindustrie, schnelle Autos und Sozialstaat oder gehobene Unterhaltung und Theorie der modernen Gesellschaft – das Versprechen künftiger Teilhabe, das den westlichen Gesellschaften ihre Legitimität verlieh, vermochte auch der schönen neuen Welt, die der *Playboy* seinen Lesern in Aussicht stellte, einen fortschrittlichen, ja emanzipatorischen Touch zu verleihen. Nicht ohne Grund hatte das Wappentier des Magazins, das *Playboy*-Bunny, seine Augen nach links gerichtet: In der amerikanischen Ausgabe wurden Muhammad Ali, Malcolm X und John Lennon gefeatured. Marshall McLuhan sagte hier das Ende der Gutenberg-Galaxis, Leslie Fiedler wenig später die Postmoderne voraus. Sogar dem »siebzigjährigen Superstar der Revolutionäre«, Habermas' Freund Herbert Marcuse, widmete der *Playboy* 1970 ein sechsseitiges Porträt.[11]

Habermas' Weigerung, auf die Anfrage zu antworten, mag abgesehen von grundsätzlichen Vorbehalten auch damit zu tun gehabt haben, dass die Zeitschrift einen entscheidenden Moment zu spät gekommen war. Im Gefolge von Ölkrise und »Stagflation«, in dem Maß, wie die Ratlosigkeit der planungsoptimistischen Keynesianer zunahm, veränderte sich das Zeitgefühl der westlichen Gesellschaften. Wie sich bald herausstellte, bestand eines der gravierendsten Symptome der Krise, deren Analyse sich Habermas vorgenommen hatte, in der Schrumpfung des Erwartungshorizonts. Es leuchtet ein, dass das auch auf die Theoriebildung selbst zurückwirken musste. Noch behauptete sich der Glaube an die prognostische Kraft des spekulativen Denkens, doch wie Habermas einige Jahre später feststellte, brachen für »zukunftsgerichtete Orientierungsversuche« damals schlechte Zeiten an. Auch Weizsäckers Zukunftsforschung verlor im Lauf der 1970er-Jahre ihre Anziehungskraft. Und selbst der enthusiastische Marcuse hatte auf die Frage des *Playboy*-Reporters, was seine Pläne für die Zukunft seien, resigniert geantwortet: »Wer kann heute schon noch irgendetwas planen?«[12]

Aus den Erinnerungen der ehemaligen Starnberger Mitarbeiter geht ein widersprüchliches Bild hervor. Einerseits scheint Habermas ein geselliger Chef gewesen zu sein, der keinem Trinkgelage aus dem Weg ging, doch andererseits schrieb er lieber an seinen eigenen Büchern, als an den Diskussionen seiner Forschungsgruppen teilzunehmen. In Wirklichkeit sei er »der altmodische Typ des für sich arbeitenden Gelehrten«, gab er einem Kollegen gegenüber zu. Dass er die Personalverantwortung als Zumutung empfand, könnte erklären, warum man von lähmender Rivalität und demütigenden Zurechtweisungen in seiner Abteilung lesen kann. Während Weizsäcker – vielleicht tatsächlich nach dem Vorbild der RAND Corporation – mit flexiblen Arbeitsformen experimentierte, drang Habermas auf Nine-to-five. Er habe sich um ihn bemüht, erklärte Weizsäcker später, um den militanten Linken in seinem Institut einen »wohlausgewiesenen linken Direktor« vorzusetzen, »der sie endlich zu law and order nötigen würde«. Offenbar wusste er seinen Kollegen besser als dessen Frankfurter Studenten einzuschätzen, die ihn zur Kulturrevolution im Seminar hatten anstiften wollen, aber, genau wie die Suhrkamp-Lektoren, feststellen mussten, dass er keiner war, der sich, wie er selbst einmal gesagt hat, »auf Abenteuer einläßt«.[13]

Was wir unterstellen müssen

Sich über einen längeren Zeitraum in Habermas' Œuvre zu vertiefen bedeutet, mit einem spröden Vokabular vertraut zu werden, das sich, verschiedene Rochaden und Innovationen eingerechnet, wie ein roter Faden durch seine Schriften zieht. Dazu gehören relativ unspezifische Begriffe wie »Rationalisierung«, »Lernprozesse« und »Öffentlichkeit«, charakteristische Verben wie »entbinden«, »verflüssigen« und »nachrekonstruieren« – und nicht zuletzt die diskursiven Duftmarken der Habermas'schen Welt, zu denen das »Erkenntnisinteresse«, die »Kolonisierung der Lebenswelt« und der »Verfassungspatriotismus« gehören. Seine bekanntesten Wortschöpfungen dürften aber bis heute – zumindest außerhalb der philosophischen Fachwelt – die Begriffe des »herrschaftsfreien Diskurses« und der »idealen Sprechsituation« sein, die sich Ende der 1960er-Jahre in den Vordergrund seiner Texte schoben, als er, auf der Suche nach einem soliden wissenschaftlichen Fundament für seine Vision eines »freundlichen Zusammenlebens«, nach seinen Ausflügen zu Marx und zur Psychoanalyse schließlich die Sprache – oder genauer: die Kommunikation – als archimedischen Punkt entdeckte. Um überhaupt sinnvoll miteinander sprechen zu können, so seine ebenso grundlegende wie weitreichende Erkenntnis, müssen wir, wie kontrafaktisch auch immer, davon ausgehen, dass Verständigung – und all das, was mit ihr zusammenhängt, nämlich Wahrheit, Wahrhaftigkeit und Gerechtigkeit – mit sprachlichen Mitteln prinzipiell erzielt werden kann. Wir müssen, zumindest wenn wir aus unseren alltäglichen Interaktionen in eine klärende Argumentation eintreten, so tun, als hätten wir es mit ebenbürtigen, ernsthaften, vernünftigen, sich selbst mehr oder weniger transparenten Gesprächspartnern zu tun, die ihre Positionen und Präferenzen jederzeit begründen können und ebenso bereit sind, auf unsere Gründe zu hören. Die Sprache selbst zwingt uns dazu, einen »herrschaftsfreien Diskurs« oder, wie Habermas damals im Anschluss an die angloamerikanische Sprechakttheorie formulierte, eine »ideale Sprechsituation« zu unterstellen, in der Faktoren wie Macht und Einfluss ausgeschaltet sind, während allein der »eigentümlich zwanglose Zwang des besseren Arguments« regiert.[1]

Ob er sich jemals gewünscht hat, diesen Begriff niemals in die Welt gesetzt zu haben? In Metzlers *Habermas-Handbuch* hat es die »ideale Sprechsituation« jedenfalls zu keinem eigenen Eintrag gebracht, und in einem Interview von 2018 legte der Philosoph Wert darauf, den »irreführenden Ausdruck« seit 1972 nicht mehr benutzt zu haben – vermutlich, weil ihm schon damals klar geworden war, dass er seinen Kritikern eine offene Flanke bot. Die »ideale Sprechsituation« atmete nämlich den alten linken Geist der Utopie. Wenn Habermas von einer »Antizipation des gelungenen Lebens« oder, noch expliziter, von einer »in Zukunft zu realisierenden Lebensform« sprach, dann schien er, wie seine liberalkonservativen Kritiker meinten, eine erlöste Menschheit im Blick zu haben – nur dass an die Stelle der klassenlosen Gesellschaft marxistischer Tradition eine ideale Kommunikationsgemeinschaft getreten war.[2]

Der katholische Philosoph Robert Spaemann, der ihm seit ihrer gemeinsamen Zeit in Heidelberg kollegial verbunden war, entlarvte den »anarchistischen« Kern von Habermas' Theorie des kommunikativen Handelns. Die Legitimität eines politischen Gemeinwesens an einen zwanglosen, universellen Konsens binden zu wollen bedeute, die Natur des Politischen zu verkennen, das nicht durch akademische Diskussionen, sondern durch Interessenkonflikte, strategisches Kalkül und Entscheidungszwang, kurzum: durch das Phänomen der Herrschaft gekennzeichnet sei. Mit der für Intellektuelle charakteristischen Selbstüberschätzung begehe Habermas den scholastischen Fehlschluss, die Interaktionssituation seiner Seminare mit der Gesamtgesellschaft zu verwechseln: »Ein Raum zwangsfreien Diskurses ist für die Gesellschaft lebenswichtig. Aber dieser Raum ist die ›Schule‹, nicht die ›Stadt‹ im Sinne der Polis.«[3]

Auch Ralf Dahrendorf, der in seiner eigenen Theorie die gesellschaftsbildende Kraft politischer Konflikte betonte, erkannte im Ideal des ungezwungenen Konsenses den bis zu Rousseau zurückreichenden »Traum einer besseren Welt«, der mit einer liberalen politischen Ordnung unvereinbar sei. Für Dieter Henrich äußerte sich in Habermas' »sprachtrunkener Vereinigungsphilosophie« gar die utopische Hoffnung, das entfremdete Subjekt in einer kommunikativen Gemeinschaft zu erlösen. Dagegen hatte Niklas Luhmann, der in den 1970er-Jahren eine konkurrierende Kommunikationstheorie der Gesellschaft entwarf, weniger die politischen Implikationen als die Beschreibungsgenauigkeit des Habermas'schen Ansatzes im

Blick. Gehe die Vorstellung eines verständigungsorientierten Austauschs vernünftiger Argumente, so lautete seine rhetorische Frage, nicht an der Dynamik tatsächlich beobachtbarer Diskussionen mit ihrer Zeitknappheit, ihren »Einschüchterungsvokabeln« und sonstigen »irdischen« Mängeln vorbei? Michel Foucault, der Theoretiker der Machtbeziehungen, erhob ähnliche Einwände. »Die Vorstellung, dass es einen Zustand der Kommunikation geben kann, worin die Wahrheitsspiele ohne Hindernisse, Beschränkungen und Zwangseffekte zirkulieren können, scheint mir zur Ordnung der Utopie zu gehören«, erklärte er kurz vor seinem Tod im Interview.[4]

Das war die Linie der Kritik, die auch ich mir in den 1990er-Jahren zu eigen machte: Einer Theorie, die einen Großteil dessen, was sich auf der Welt de facto als Kommunikation ereignete, als defizitär, ungenügend, »verzerrt« disqualifizierte, mangelte es ganz offensichtlich an Realitätsgehalt. Doch ich scheine Habermas nicht besonders genau gelesen zu haben, sonst hätte mir auffallen müssen, dass er sich schon seit Langem darum bemühte, sein »Vokabular des Als ob« in immer neuen Anläufen zu präzisieren. »Der Vorgriff auf die ideale Sprechsituation hat für jede mögliche Kommunikation die Bedeutung eines konstitutiven Scheins, der zugleich Vorschein einer Lebensform ist«, heißt es in dem Seminarpapier von 1969, in dem der Begriff zum ersten Mal auftaucht – ein Satz, der unter der Hand einen gewichtigen Unterschied verwischt. Versteht man die ideale Sprechsituation nämlich als »konstitutiven Schein«, dann handelt es sich um eine notwendige Unterstellung, also um etwas, das, wenn wir sprechen, ohnehin andauernd geschieht; versteht man sie dagegen als »Vorschein einer Lebensform«, hat man es plötzlich mit der Chiffre einer in Zukunft zu realisierenden Gesellschaft zu tun. In philosophischer Terminologie könnte man von einer transzendentalen, auf Kant zurückgehenden, und einer dialektischen, hegelianisch-marxistischen Begriffsverwendung sprechen. Der Vorwurf, den Robert Spaemann gegenüber Habermas erhob, lautete im Kern, dass er die beiden Bedeutungen nicht genau genug auseinanderhielt – und vielleicht auch, dass er sich in beiden Richtungen Möglichkeiten offenhalten wollte.[5]

Seither hat sich Habermas unmissverständlich auf die transzendentale Lesart festgelegt. »Der Ausdruck ›ideale Sprechsituation‹ führt, soweit er eine konkrete Gestalt des Lebens suggeriert, in die Irre«, schrieb er 1984, als er den theoretischen Bezugsrahmen des Marxismus endgültig hinter sich gelassen hatte. Noch einmal zehn Jahre später bezeichnete er den Ausdruck als »fallacy of misplaced concreteness«, und zwar, weil er »einen in der Zeit erreichbaren Endzustand« suggeriere, »der nicht gemeint sein kann«. Das bedeutet nicht, dass er den komplizierten Gedanken der kontrafaktischen Unterstellung, man könnte auch sagen: der sozialen Wirksamkeit subjektiver Geltungsansprüche, als solchen aufgegeben hätte – er sah ihn nach wie vor als »Nervpunkt« seines theoretischen Unternehmens an. Doch tat er alles, um ihn von seinen diffusen utopischen Überschüssen zu befreien. »Es ist ganz simpel«, erklärte er Anfang der 1990er-Jahre: »Immer wenn wir meinen, was wir sagen, erheben wir für das Gesagte einen Anspruch, daß es wahr oder richtig oder wahrhaftig ist; damit bricht ein Stück Idealität in unseren Alltag ein.« Von den Begriffen der »idealen Sprechsituation« und des »herrschaftsfreien Diskurses« hatte er sich zu diesem Zeitpunkt längst verabschiedet.

Stattdessen sprach er, zurückhaltender, von »idealisierenden« oder »kontrafaktischen Unterstellungen« – und generell von »Deliberation«. Mit der Abrüstung seiner Begriffe ging die Begrenzung seines Arbeitsvorhabens einher. Nachdem er von Starnberg an die Frankfurter Universität zurückgekehrt war, schraubte er den Anspruch, die Grundlagen gesellschaftlicher Ordnung zu erklären, auf eine Philosophie des demokratischen Rechtsstaats zurück. Man meint, eine gewisse Genugtuung aus der Bemerkung des Soziologen Dahrendorf herauszuhören, dass Habermas mit seinem »größten Projekt« gescheitert sei.[6]

Als fleißiger Botaniker hat er in seiner Theorie des kommunikativen Handelns viele Blumen arrangiert: die Sprechakttheorie von J. L. Austin, die Hermeneutik von Gadamer, die Systemtheorie von Luhmann – und natürlich die Idee der *talking cure*, die er von Karl Jaspers und aus der Psychoanalyse übernahm. Doch hätte er wohl kaum ein so starkes Echo ausgelöst, wenn nicht auch der außerakademische Zeitgeist in sein Denken eingegangen wäre. Er selbst hat einmal bemerkt, die Philosophie verdanke ihre Problemstellungen »dem, womit sie auch in die Breite wirkt«. Man muss sich Habermas, der Hegels Ausspruch vom »realistischen Morgensegen« der Zeitungslektüre zustimmend zitiert, als leidenschaftlichen Zeitgenossen vorstellen.[7]

Jedenfalls scheint seine Theorie der Bonner Republik wie auf den Leib geschrieben. Die Deutschen haben die Kulturtechnik des Diskutierens erst nach dem Zusammenbruch von 1945 schätzen gelernt. Während sich die Westeuropäer über Jahrhunderte immer zivilere Umgangsformen angewöhnten, hatten sie nicht aufgehört, die autoritären Tugenden des Obrigkeitsstaats zu kultivieren. »Kompromiss« – bis 1945 ein deutsches Schimpfwort, eigentlich immer schon »faul«. Es brauchte die bedingungslose Kapitulation und die amerikanische Reeducation, um die Errungenschaften diskursiver Verständigung auch hierzulande heimisch werden zu lassen. Man kann die Gesprächsrunden und Diskussionsformate, die für das kulturelle Leben in der frühen Bundesrepublik so charakteristisch sind, als Schule des kommunikativen Handelns ansehen. So leitete der Moderator Eugen Kogon ein Radiogespräch mit Horkheimer und Adorno im Jahr 1950 mit der selbstreflexiven Bemerkung ein, das Leben in der »verwalteten Welt« – das für die Sendung vorgesehene Thema – kranke daran, unter permanentem Zeitdruck zu stehen. Schon in fünfzehn Minuten müsse Horkheimer nämlich eigentlich in Bad Nauheim sein! »Und da sitzen wir also: zitternd, nervös, weil andere Termine auf uns warten.« Unter diesen Bedingungen sei es unmöglich, sich »ruhig, ausgiebig und vernünftig« zu unterhalten. »Ich für meine Person werde also jedenfalls bei unserem Gespräch jetzt so tun, als ob ich beliebig Zeit hätte. Und ich denke, dass aus diesem Als-ob eine Wirklichkeit werden kann.« Man könnte meinen, Kogon habe Habermas gelesen und dessen entscheidenden Gedanken für seine Hörer zusammengefasst. Doch das ist auszuschließen, denn damals, Anfang der 1950er-Jahre, bewegte sich Habermas noch in Heideggers Gedankenwelt.[8]

Auch der Neologismus des »Ausdiskutierens«, den die rebellierenden Studenten eine gute Dekade später erfanden, macht im Grunde eine kontrafaktische Unterstellung explizit. In den Landkommunen, Basisgruppen und Kollektiven der Alternativkultur wurde die Praxis des »drüber Redens« zum Selbstzweck überhöht. Habermas, der sich verschiedentlich als »Produkt der Reeducation« bezeichnet hat, machte den zwanglosen Zwang des besseren Arguments unterdessen zum Dreh- und Angelpunkt seiner monumentalen Gesellschaftstheorie. Schon Adorno, für den es eigentlich kein Richtiges im Falschen geben konnte, hatte den westdeutschen Staat als historische »Atempause« gepriesen, in der er die dringend benötigte Zeit zum Denken finde. Über diese vorsichtige Diagnose ging sein Schüler, der den älteren Vertretern der Kritischen Theorie vorwarf, die Errungenschaften der liberalen Demokratie »nie so recht ernst« genommen zu haben, weit hinaus. Mit zunehmendem Alter war Habermas geneigt, in der Bundesrepublik eine epochale Erfolgsgeschichte zu sehen. »Zum ersten Mal seit Jahrhunderten« sei es den Deutschen gelungen, zu »Zeitgenossen des westlichen Europas« zu werden, eine »große intellektuelle Leistung«, die er durchaus als Verdienst seiner Generation ansah. Tatsächlich fiel ihm in diesem Prozess die Rolle des Meisterdenkers zu, der der verspäteten Zivilisierung seiner Landsleute die Weihen eines philosophischen Systems verlieh.[9]

Der Makel des Mündlichen

In ihrem 1967 im *New Yorker* publizierten Essay über »Wahrheit und Politik« schreibt Hannah Arendt, die abstrakten Wahrheiten der Philosophie seien in der Moderne, nach dem Verlust der großen metaphysischen Gewissheiten, darauf angewiesen, von ihren Urhebern in irgendeiner Weise existenziell beglaubigt zu werden. Auch Habermas hat einmal bemerkt, jede Philosophie habe eine »offene Seite, an der sie durch das tatsächliche und alltägliche Dasein des Philosophen gleichsam ergänzt und bewährt werden muss«.[1] Man braucht sich nur in der jüngeren Ideengeschichte umzuschauen: Die besondere Faszination, die von Figuren wie Nietzsche, Wittgenstein oder Arendt ausgeht, hat in der Tat viel damit zu tun, dass zwischen ihrem Denken und ihrem Leben ein untrennbarer Zusammenhang zu bestehen scheint. Hingegen stehen Philosophie*professoren* – immerhin, seitdem sich die Philosophie an der Wende vom 18. zum 19. Jahrhundert in eine akademische Disziplin verwandelt hat, deren offizielle Repräsentanten – zumindest außerhalb des Elfenbeinturms unter Verdacht, ein irrelevantes, bürokratisches, uneigentliches Denken zu praktizieren. Kaum jemand war und ist diesem Verdacht stärker ausgesetzt als Habermas. Als Familienvater, Eigenheimbesitzer und Karriereakademiker, der anders als andere Philosophieprofessoren wie Heidegger oder Foucault nicht nur auf jede antiakademische Distanzgeste verzichtet, sondern die Verwissenschaftlichung seines Faches sogar noch programmatisch vorangetrieben hat, scheint er ein Universitätsphilosoph par excellence zu sein – und seine Philosophie ein professionelles Unternehmen, dem es an persönlicher Bewährung mangelt. Sicher, es gibt die existenzielle Zäsur von 1945, auf die er immer wieder Bezug genommen hat, aber dabei handelt es sich erstens nicht um eine individuelle, sondern um eine Generationserzählung, und zweitens um eine, die gerade von der glücklichen *Verschonung* von den Zeitläuften handelt.

Hat diese Ungreifbarkeit dazu beigetragen, dass sich um Habermas' Geburtsgebrechen eine verstohlene Exegese rankt? Auch wenn er das Risiko kruder küchenpsychologischer Spekulationen mit sich bringt, lockt der Gedanke, seine Philosophie in einen Zusammenhang mit seiner Sprachbehinderung zu bringen. In einer frühen Version seiner Kommunikationstheorie, 1970 in den bereits erwähnten Verriss von Arnold Gehlens Theorie der Moral eingeschmuggelt, schreibt er, »Humanität« sei die »Kühnheit, die uns am Ende übrigbleibt, nachdem wir eingesehen haben, daß den Gefährdungen einer universellen Zerbrechlichkeit allein das gefahrvolle Mittel zerbrechlicher Kommunikation selber widerstehen kann«.[2] Dass Kommunikation »zerbrechlich«, ihr Gelingen mithin alles andere als selbstverständlich sei – hat er das am eigenen Leib erfahren müssen? Haben seine Schwierigkeiten, sich verständlich zu machen, Verständigung für ihn zum Problem gemacht?

Habermas' eigene Anmerkungen zu diesem Thema sind rar gesät. Wenn überhaupt, dann deutete er die Existenz

»sehr persönlicher Erfahrungen« an, die seinem Vertrauen in die gesellschaftlichen Verhältnisse eine »zutiefst ambivalente« Färbung verliehen hätten. Nur einmal, bei der Entgegennahme des Kyoto-Preises im Jahr 2004, hat er sich ausdrücklich zu seiner Gaumenspalte geäußert. Der Bitte an die Preisträger, ihre Biografie zum Thema zu machen, kam er in seiner Dankesrede mit spürbarem Widerwillen nach. Das Leben von Philosophen eigne sich nicht zu Heiligenlegenden. Überdies habe die Art von Öffentlichkeit, für die er sich interessiere, den »Austausch von Gründen« und nicht die »persönliche Selbstdarstellung« von Prominenten zum Zweck. Nach diesen einschränkenden Präliminarien fand sich der Geehrte aber dennoch dazu bereit, auf die »lebensgeschichtlichen Wurzeln« seines Lebensthemas, der »Obsession« für kommunikative Verständigung in der öffentlichen Sphäre, einzugehen. Er deutete sogar die These an, die Gedanken der Philosophen, zumindest die »weniger originellen«, seien oft kaum mehr »als ein Ausdruck der Lebensgeschichte, der sie entspringen« – für seine Verhältnisse ein erstaunlicher Biografismus, in dem man zugleich aber auch das typisch Habermas'sche Understatement, etwaige Unterstellungen von Genialität zurückzuweisen, erkennen kann.[3]

Dass er mit seiner Rede lediglich eine Pflicht erfüllte, geht aus der Abstraktheit seiner anschließenden Schilderungen hervor. Welche schmerzhaften Erfahrungen hinter den Operationen, die er in der Kindheit über sich ergehen lassen musste, und hinter den »Schwierigkeiten auf dem Schulhof«, die er erwähnt, gestanden haben mögen – und welche existenzielle Bedrohung von diesen Erfahrungen im Klima eines politischen Systems ausgegangen sein muss, in dem der »Wolfsrachen« genau wie der »Klumpfuß« und der »Irrsinn« auf dem Index der für die Volksgesundheit gefährlichen Erbkrankheiten stand –, all das kann man nur erahnen. Habermas kommt schnell auf sein eigentliches Thema zu sprechen, die Prägung seiner philosophischen Interessen durch sein Handicap, wobei er, um den spekulativen Charakter solcher Ableitungen zu markieren, durchweg im Konjunktiv formuliert. Es könne gut sein, dass die medizinischen Eingriffe seine Sensibilität für die wechselseitige Abhängigkeit der Menschen, dass die Erfahrung, sich aufgrund seines Sprachfehlers nicht verständlich machen zu können, sein Interesse an Verständigung und dass die Kränkungen und Diskriminierungen durch die Mitschüler seinen Sinn für »die besondere Verletzbarkeit von kommunikativ vergesellschafteten Individuen« geweckt hätten. »Erst im Misslingen drängt sich das Medium der sprachlichen Kommunikation als Schicht einer Gemeinsamkeit auf, ohne die wir auch als Einzelne nicht existieren können.« Nur wo die Kommunikation verzerrt ist, kann, mit anderen Worten, die Utopie einer idealen Sprechsituation entstehen.[4]

Haben sich Habermas' »weniger originelle« Gedanken mithin wie ein Kristall um einen idiosynkratischen Kern herum abgelagert? Muss man sie als Rationalisierung seiner Sprachbehinderung verstehen? Beinah scheint er so etwas anzudeuten, wenn er im weiteren Verlauf seiner Rede auf seine Vorliebe für die schriftliche Form zu sprechen kommt. Zeit seines Lebens sei er »von der Überlegenheit des geschriebenen Wortes« überzeugt gewesen, denn wer schreibe, versetze sich in die Lage, den »Makel des Mündlichen« zu »verschleiern«. Tatsächlich gehört die Präferenz fürs Schreiben zu den Leitmotiven seiner Biografie. Schon als Student soll Habermas weniger durch originelle Redebeiträge in Seminaren als durch sein Talent zum Schreiben aufgefallen sein. Mit dem Glück, zur richtigen Zeit am richtigen Ort zu sein, gelang es ihm scheinbar mühelos, sich als freier Mitarbeiter in der rasch expandierenden westdeutschen Presselandschaft zu etablieren. Das gilt auch für viele andere ambitionierte junge Männer (und wenige junge Frauen) seiner Generation. Unter den »Medien-Intellektuellen« der frühen Bundesrepublik nimmt er in einer Hinsicht aber eine Sonderrolle ein. Anders als Altersgenossen wie Enzensberger oder Walser, die sich in den nahrungsreichen Gewässern des öffentlich-rechtlichen Rundfunks tummelten, hat sich Habermas so gut wie nie ins Radio und schon gar nicht ins Fernsehen gewagt. Trotz seiner Auftritte in den Hörsälen von Achtundsechzig war er auch als linker Professor nicht das, was man als Rampensau bezeichnen würde. Vor den Kameras und Mikrofonen der Massenmedien zurückscheuend, zog er sich, wann immer möglich, »in die Präzisionsform des schriftlichen Ausdrucks« zurück. Er brauche »Papier, leeres Papier« vor sich, um auf die Höhe des Gedankens zu kommen. Selbst als ihn ein Londoner Produzent 1973 dafür gewinnen wollte, im englischen Fernsehen mit seiner berühmten New Yorker Bekannten Hannah Arendt zu diskutieren, lehnte er ab. Er sei in seinem Leben überhaupt nur ein einziges Mal »vor dem Fernsehen« aufgetreten. »Betrachten Sie es als meine persönliche Idiosynkrasie, vor dem Bildschirm Hemmungen zu haben.«[5]

Doch zurück zu Habermas' dreißig Jahre später in Kyoto gehaltener Rede, in der er einen Bogen von seiner Abneigung gegenüber dem Mündlichen ins Zentrum seines Theorieunternehmens schlug. Es könne sein, gab er seinen Zuhörern zu bedenken, dass ihn seine Vorliebe für schriftliche Äußerungen »zu einer wichtigen theoretischen Unterscheidung« angeregt habe, nämlich der zwischen alltäglicher Interaktion auf der einen und »Diskurs« auf der anderen Seite, also jener Form der Kommunikation, in die die Teilnehmer eines Gesprächs – der Theorie zufolge – immer dann überwechseln, wenn es darum geht, ihre problematisch gewordenen Geltungsansprüche einer argumentativen Überprüfung zu unterziehen. Die kommunikative Welt des Jürgen Habermas ist zweigeteilt: Unser alltäglicher sprachlicher Umgang wird weitgehend intuitiv gesteuert; erst im Diskurs kommen jene kontrafaktischen Unterstellungen zum Tragen, denen zufolge alle Faktoren außer der kommunikativen Vernunft ausgeschaltet sind. Insofern jedoch auch unser gewöhnlicher Austausch auf der Möglichkeit beruht, jederzeit in eine solche klärende Argumentation einzutreten, erweist sich der Diskurs als Fluchtpunkt, in dem der normative Charakter unserer Verständigungsverhältnisse erkennbar wird.[6]

Umso erstaunlicher daher Habermas' späte Selbstdemystifikation, legte er in seiner Rede in Kyoto doch nicht weniger nah, als dass es sich bei diesem Diskurs um eine Projektion seines Handicaps handeln könne. Hinter der Unterscheidung von alltäglicher Interaktion und Diskurs stünde demnach der Unterschied von mündlicher und schriftlicher Kommunikation. Die Einwände der Luhmannianer, die die Idee des konsensorientierten Austauschs vernünftiger Argumente mit den »irdischen« Mängeln von Diskussionen unter Anwesenden kontrastierten, würden auf einem Missverständnis beruhen: In Wirklichkeit hatte Habermas gar nicht die ewigen Gespräche linker Basisgruppen, sondern jene in der westdeutschen Provinz verstreuten »publikumsbezogenen« Privatleute im Sinn, die in der Zurückgezogenheit ihrer Einfamilienhäuser an ihren Zeitungsartikeln feilten – so, wie sie uns, als Idealtyp aus dem 18. Jahrhundert, im *Strukturwandel der Öffentlichkeit* begegnen.

Anders als in seinen späteren Schriften tritt das Faible fürs Lesen und Schreiben in diesem frühen Buch noch ganz deutlich hervor. Zwar spielt die Urszene der bürgerlichen Öffentlichkeit in den Londoner Kaffeehäusern der Glorious Revolution, zur politischen Kraft wird die Praxis des kollektiven Räsonnements aber erst in dem Maß, wie sie sich im Lauf des folgenden Jahrhunderts in die Journale und Gazetten der neuen Printkultur verlagert. So wie das mündige Individuum seine Reflexion durch Lesen und Schreiben bildet, so ist die aufgeklärte Öffentlichkeit ihrer Natur nach eine Schriftkultur. Das zeigt sich spiegelbildlich an ihrem Niedergang. Im letzten Teil seines Buches zeichnet Habermas nach, wie aus Roman- und Zeitungslesern unmündige Kinogeher, Radiohörer und Fernsehzuschauer werden und eine Gesellschaft entsteht, »die nicht mehr der Kraft des Buchstabens vertraut«.[7]

Unheimliches Deutschland

Wahrscheinlich hat Habermas seine publizistischen Aktivitäten nie wieder so weitgehend eingestellt wie als Max-Planck-Direktor. Seit Langem verspüre er keine Lust mehr, sich an öffentlichen Debatten zu beteiligen, bekam Fritz Raddatz, der Chef des *ZEIT*-Feuilletons, noch Anfang 1977 zu hören, als er ihn zum Schreiben animieren wollte.[1] Erst einige Monate später, im September, sah sich der Philosoph genötigt, aus dem Elfenbeinturm der Forschung in die Öffentlichkeit zurückzukehren.

Um etwas von der Stimmung zu erahnen, die damals in der westdeutschen Linken herrschte, muss man sich *Deutschland im Herbst* anschauen, den Episodenfilm, der den Ereignissen rund um die Entführung des Arbeitgeberpräsidenten Hanns Martin Schleyer und der Lufthansa-Maschine »Landshut« nachträglich ihren Namen gegeben hat. Die Paranoia, mit der Rainer Werner Fassbinder verschwitzt und ketterauchend und meist nackt durch seine in Nikotintönen tapezierte Münchner Wohnung irrt, seinen Liebhaber demütigt und seine Kokainvorräte im Klo hinunterspült, weil er befürchtet, als »Sympathisant« in eine Polizeikontrolle zu geraten, vergisst man ebenso wenig wie das von Volker Schlöndorff gefilmte Defilee der langhaarigen westdeutschen Linken an den Gräbern der Terroristen Baader, Ensslin und Raspe und Alexander

Kluges sanftes Voiceover, das die Bilder wie ein Wasserzeichen prägt. Wenn Fassbinder mit seiner Mutter darüber streitet, ob für jede tote Geisel in Mogadischu einer der Häftlinge in Stammheim erschossen werden solle, wenn Bundespräsident Walter Scheel auf der Gedenkveranstaltung für Schleyer die Prinzipien des liberalen Rechtsstaats beschwört oder wenn die Trauergäste der Terroristen, die Arme zum Hitlergruß erhoben, der berittenen Polizei »Sieg Heil!« entgegenbrüllen, dann stellt sich – aus der Distanz eines halben Jahrhunderts – jedes Mal das gleiche Erstaunen ein: Knapp dreißig Jahre nach Gründung der westdeutschen Demokratie schien kaum jemand daran zu zweifeln, dass der Rückfall in den Faschismus jederzeit möglich war.[2]

Habermas sah sich *Deutschland im Herbst* gleich nach dem Kinostart im Frühjahr 1978 an. In seiner Theorie der modernen Gesellschaft hat er der Kunst die Aufgabe zugewiesen, dem individuellen Subjekt und seinem Anspruch auf Authentizität zum Ausdruck zu verhelfen. Man ist erleichtert, festzustellen, dass sich seine eigenen ästhetischen Erfahrungen nicht auf diesen Schematismus beschränkten. »Lieber Herr Kluge«, schrieb er nach dem Kinobesuch an seinen langjährigen Freund, »ohne Ihre verblüffenden Dokumentarszenen, ohne Ihre beharrlich intervenierende und kommentierende Stimme, ohne Ihre bis an die Grenzen der Niedertracht gehenden Schnitte, ohne die Klugesche Fixierung an Geschichte und Militär, an fiktive Zitate, ans Nebensächliche, wäre dieser Film doch wohl auseinander gefallen und nicht zu einer Sache geworden, die eine ungeheuere, ambivalente und komplexe Reaktion hervorruft und sich nachhaltig im Gedächtnis festsetzt.«[3]

Dass Habermas seinerseits das Wort ergriff, lag nicht an der Schärfe, mit der konservative Politiker wie Franz Josef Strauß oder der spätere CDU-Fraktionsvorsitzende Alfred Dregger die Terroristen verurteilten, sondern daran, dass ihre Invektiven auch gegen den »Wortradikalismus« der Intellektuellen gerichtet waren. Selbst ein liberaler Ordinarius wie der Münchner Politologe Kurt Sontheimer hatte »linke Theorie« kurzerhand zur Keimzelle politischer Gewalt erklärt. Kein Wunder, dass Habermas sich angesprochen fühlte: Es galt, zwischen Starnberg und Stammheim eine kategorische Grenze zu ziehen. In seinen diversen Entgegnungen kann man ihn, der später von einem »pogromartigen Spannungszustand« gesprochen hat, auf der Höhe seines polemischen Talents erleben. Im *Spiegel* unterstellte er Strauß, die Bundesrepublik »francoisieren« zu wollen. In einem offenen Brief an Sontheimer, den Heinrich Böll im November 1977 in seiner Sammlung von *Briefen zur Verteidigung der Republik* publizierte, nahm er sodann die »Renegaten der Mitte« aufs Korn. Den Politikern, die die Anstrengung des Begriffs als verfassungswidrig stilisierten, biete der Terrorismus willkommene Gelegenheit, die linke Intelligenz zum »inneren Feind« zu erklären. In dem populistischen Ressentiment, das von den »abgefackten Leitartikeln der FAZ« zusätzlich angeheizt werde, erblickte Habermas einen Backlash in autoritäre Muster, der auf den »faschistischen Zerfall« der politischen Kultur in der Bundesrepublik zuzusteuern schien. Wie könne sich er, Sontheimer, als »erklärter Liberaler« in diese Kampagne hineinziehen lassen?[4]

Genau wie der *FAZ*-Herausgeber Joachim Fest, wie Robert Spaemann, Ernst Nolte und andere, mit denen sich

Habermas seine großen öffentlichen Auseinandersetzungen lieferte, war Sontheimer ein Angehöriger seiner eigenen Alterskohorte, die einige der erbittertsten ideenpolitischen Kontroversen der westdeutschen Geschichte in ihren Reihen ausgetragen hat. Unter den liberalen und republikanisch gesinnten Fünfundvierzigern kursierten durchaus unterschiedliche Ideen über die Voraussetzungen für eine stabile deutsche Demokratie, was Habermas bei einer späteren Gelegenheit auf weitreichende, durch geringfügige Altersunterschiede verursachte Erfahrungsdifferenzen zurückgeführt hat: »Der unglückliche Name der ›Flakhelfergeneration‹ verschleiert die mentalitätsprägende Bruchlinie, die sich quer durch diese Generation hinzieht. Die Kriegsteilnehmer hatten noch ihren Kopf für Führer und Vaterland hinhalten müssen und existentielle Erfahrungen gemacht, während die weißen Jahrgänge nichts Existentielles auf dem Buckel hatten, mit dem sie sich nach 1945 hätten auseinandersetzen müssen.« Die Rebellion der Achtundsechziger wirkte wie ein Keil, der die verschiedenen Dispositionen auseinandertrieb und linksliberale und liberalkonservative Intellektuelle in gegnerische Lager polarisierte. Im Frühjahr 1977 äußerte Ernst Nolte, prominentes Mitglied des Bundes Freiheit der Wissenschaft, in einem Brief an Habermas die Hoffnung, »die ernstzunehmenden Hochschullehrer, die ab 1968 unter dem Druck schwer bestimmbarer Ereignisse in einen ›linken‹ und einen ›rechten‹ Flügel auseinandergegangen sind, könnten sich heute in einer neuen Situation einander wieder nähern«. Die Hoffnung war verfrüht. Im Deutschen Herbst erreichte der »Bürgerkrieg« der Fünfundvierziger seinen nächsten Höhepunkt.[5]

In einem Punkt stimmte Habermas allerdings mit den

Konservativen überein: Er hätte niemals bestritten, dass sich die westdeutsche Gesellschaft in einer schweren Krise befand. Aufgrund der verhältnismäßig stabilen Konjunktur und der sozialstaatlichen Leistungen sei sie im Vergleich zu Italien oder den USA zwar noch hochgradig »integriert«, doch die Ruhe im Land erschien ihm trügerisch. »Unter der Oberfläche« machte er beunruhigende Gärungsprozesse aus: die wachsende Politikverdrossenheit, die Zunahme »ins Private und Psychische verschobener Konflikte« und insgesamt eine »schwer greifbare Reizbarkeit im sozialen und politischen Umgang«, für die der Terrorismus nur der sinnfälligste Ausdruck sei. In seinen Texten aus dieser Zeit kommt er immer wieder auf die Erniedrigten und Beleidigten, die Apathischen und Gewalttätigen zurück, die aus dem sozialen Zusammenhang herausgefallen waren. In seinem Brief an Sontheimer verglich er die westdeutschen Verhältnisse gar mit »jener pathologischen Stabilität, die wir aus der Untersuchung kranker Familien kennen«. Von seiner späteren Genugtuung über das Gesamtkunstwerk Bundesrepublik war er 1977 weiter denn je entfernt. »Ich bin auf einer intuitiven Ebene eigentlich davon überzeugt«, erklärte er im Interview, »daß etwas in diesem System falsch angelegt ist.«[6]

Was Habermas hier artikuliert, ist ein Gefühl, dem man in den zeitgenössischen *Spiegel*-Reportagen von Marie-Luise Scherer wiederbegegnen kann. Sie sind von Berliner Junkies, niedersächsischen Dauercampern und anderen Dropouts der nivellierten Mittelstandsgesellschaft bevölkert. Sie schildern ein Land, das aus diskreten Abgründen besteht.[7] Ich kann mich an die Fahndungsplakate mit den schwarz-weißen Terroristengesichtern und an den Schauder, den Eduard Zimmermanns True-Crime-

Serie *Aktenzeichen XY* auslöste, erinnern – und daran, dass ich einen bewaffneten Überfall auf die Sparkassenfiliale von Göttingen-Nikolausberg, wo ich wohnte, für ein jederzeit erwartbares Ereignis hielt. Alexander Kluge hat die Atmosphäre auf eine einprägsame Formel gebracht: *Unheimlichkeit der Zeit* lautet der Titel des Erzählungsbandes, den er im Herbst 1977 bei Suhrkamp veröffentlichte – ein labyrinthischer Parcours durch die Katastrophengebiete der deutschen Geschichte, der zwischen Drittem Reich und Bundesrepublik verstörende Parallelen zieht.

Wenn er Geschichten schreibe, erklärte Kluge im Vorwort, verzichte er bewusst darauf, gesellschaftliche Zusammenhänge analysieren zu wollen. Damit spielte er auf seine Doppelrolle als Schriftsteller und Theoretiker an.[8] Man kann die Bemerkung aber auch als Hinweis auf die Arbeitsteilung verstehen, die ihn bis heute mit seinem Alter Ego Habermas verbindet. In den 1950er-Jahren waren sie sich im Fluidum von Adornos Intellekt am Institut für Sozialforschung begegnet. Vielleicht hat es mit den glücklichen Genen ihrer Generation zu tun, dass aus ihnen die beiden unverbrüchlichen Optimisten der Frankfurter Schule wurden. Doch seitdem der eine 1962 mit den *Lebensläufen* und der andere im selben Jahr mit dem *Strukturwandel der Öffentlichkeit* debütierte, haben die Söhne das väterliche Erbe auf vielen Tausenden von Seiten unter sich aufgeteilt: Während es Kluge übernahm, Adornos in sich verwickeltes Denken mit poetischen Mitteln fortzusetzen, ging Habermas daran, die Prosa der Theorie von allen avantgardistischen Schlacken zu reinigen.

Theorie des Sinnverlusts

Schon Anfang der 1970er-Jahre hatte Habermas angekündigt, seine Hinwendung zur Sprache in systematischer Weise darzustellen. Doch erst die Krise des Deutschen Herbstes sorgte für die Dringlichkeit, die er benötigte, um die *Theorie des kommunikativen Handelns* zum Abschluss bringen zu können. Sein Opus magnum ist nicht nur eine Theorie der modernen Gesellschaft, sondern auch der Versuch, den Konservativen die Deutungshoheit zu entwinden – und zwar mit den Mitteln jenes kritischen Denkens, von dem angeblich eine Gefahr für die freiheitlich-demokratische Grundordnung ausging. Es handelt unter anderem von den Bürgerkindern, die sich in die »Fluchtburgen des Dogmatismus und der Lebensreform« zurückgezogen hatten, anstatt sich in den demokratischen Institutionen zu engagieren. Es unternimmt den Versuch, die Bruchlinie zu lokalisieren, an der sich die unheimlichen Phänomene manifestierten, denen seine große Sorge galt. »Wenn man eine diffuse Situation, die niemand so recht auf den Begriff bringt, beleuchten kann, dann muß das das Verständnis, sogar das Selbstverständnis von breiteren sozialen Gruppen berühren«, erklärte er einem Journalisten, um den praktischen Anspruch zu untermauern, der mit seinem theoretischen Unternehmen verbunden war.[1]

Dem Werk, das vier Jahre später, im Herbst 1981, erschien, merkt man diesen Anspruch kaum an. Mit ihren 1167 Seiten ragen die beiden Bände wie ein zerklüftetes Bergmassiv vor dem Leser auf. Im Exemplar der Berliner Staatsbibliothek fallen die Spuren ins Auge, die mehrere Generationen von Benutzern hinterlassen haben. Allerdings sieht man auch, dass nicht alle Routen gleichermaßen begangen worden sind. Durch die zweihundertseitige Einleitung zieht sich genau wie durch das Kapitel zu Max Webers Theorie der Rationalisierung ein Trampelpfad aus Anstreichungen. Dagegen sind die Geröllfelder von Talcott Parsons' Systemtheorie nahezu unberührt. Erst im letzten Kapitel, in dem Habermas einen flüchtigen Ausblick auf die empirischen Anwendungsfelder seiner Theorie gewährt, nehmen die Bleistiftmarkierungen wieder zu.

Angesichts sinkender Absatzzahlen hatte er seinem Verleger Siegfried Unseld zwar schon Mitte der 1970er-Jahre geraten, die »politische Soziologie« in der edition suhrkamp herunterzufahren und künftig stärker auf die »Beschreibung von konkreten Zuständen, Biographien, Lebensläufen« zu setzen, doch wie sich der *Theorie des kommunikativen Handelns* entnehmen lässt, schlug er diesen Ratschlag für seine eigene Arbeit in den Wind. Konkrete Beschreibungen oder aktuelle Diagnosen wird man in seinem Opus vergeblich suchen. Im Gegenteil: Es handelt weniger von der zeitgenössischen Gesellschaft als von den Klassikern der Soziologie. »Ich habe dieses Buch für diejenigen geschrieben, die ein fachliches Interesse an den Grundlagen der Gesellschaftstheorie nehmen«, schickt der Autor im Vorwort voraus – und er scheint sich bewusst gewesen zu sein, dass das dem früher geäußerten Anspruch, die Betroffenen selbst zu adressieren, widersprach. Noch vor Erscheinen räumte er ein, sein Buch sei »hoffnungslos akademisch«, ja, er habe ein »Monstrum« in die Welt gesetzt. Wer sich jemals in das Labyrinth der Begriffscluster, Lemmata und Kreuztabellen hineinbegeben hat, weiß, was er damit meinte. Es überrascht nicht, zu erfahren, dass er mehrere Anläufe benötigte, um die verschiedenen Stränge, von denen jeder locker einen eigenen Suhrkamp-Band gefüllt hätte, irgendwie unter einen Hut zu bringen.[2]

Das »Monstrum« enthält eine Verteidigung der kommunikativen Vernunft, von deren Analyse sich Habermas seit den späten 1960er-Jahren die Fundierung seiner kritischen Gesellschaftstheorie versprach. Ausgehend von den in unserer Interaktion implizierten Normen unternimmt er es, die Grundlagen sozialer Ordnung zu erklären. Dazu entfaltet er ein großes Panorama der modernen westlichen Gesellschaft, die er – an die Klassiker der Soziologie anschließend – als Ergebnis sich überlagernder Ausdifferenzierungsprozesse auffasst. Am Anfang steht die Vorstellung einer Lebensform, die dadurch immer rationaler, das heißt effizienter und leistungsfähiger, aber auch gerechter und humaner geworden sei, dass sie gelernt habe, unterschiedlichen Aspekten der menschlichen Koexistenz unterschiedliche Ausdrucksformen, Rollen, Institutionen etc. zuzuweisen. Im Ziehen einer Ackerfurche hatten sich einst kultische, politische und wirtschaftliche Momente überlagert, die in modernen Gesellschaften auseinandergetreten waren. Die Klassiker hatten diesen Prozess der Entmischung lediglich zu eindimensional gedacht. Habermas' brutales Aneignungsverfahren bestand darin, die Theorien seiner Vorgänger auszuschlachten und aus den brauchbaren Teilen ein neues Gedankengebäude von entmutigender Komplexität zu errichten, auf das hundert Jahre europäische Geistesgeschichte beinah stromlinienförmig zuzulaufen scheinen.[3]

In der Habermas'schen Variante setzt der Prozess der »Rationalisierung« in der »Lebenswelt« ein. Darunter versteht er den geteilten Horizont des kommunikativen Handelns, innerhalb dessen Ego im Zusammenspiel mit Alter ein Verhältnis zu den Dingen, zu den anderen und zu sich selbst gewinnen kann. Die intersubjektive Verständigung, die sich andauernd in der Lebenswelt vollzieht, wird nun in dem Maß rationaler, wie kognitive, moralisch-praktische und ästhetische Aspekte auseinandertreten, wie also nach Erkenntnis-, Gerechtigkeits- und Geschmacksfragen unterschieden wird. Perspektivisch führt das zur Institutionalisierung von Wissenschaft, Moral und Kunst – kulturellen »Wertsphären«, in denen kumulative Lerneffekte stattfinden, dank derer immer spezielleres Wissen und immer speziellere Fertigkeiten entstehen. Ab einem bestimmten Grad der durch die Rationalisierung der Lebenswelt ermöglichten Komplexität ereignet sich jedoch ein Bruch, oder besser: eine »Entkoppelung«, die Habermas' Theorie ihre charakteristische Gestalt verleiht: Die Wertsphären verselbstständigen und verfestigen sich nämlich zu autonomen »Systemen«, die den Kontakt zum kommunikativen Handeln der Lebenswelt verlieren. Das hat im Wesentlichen damit zu tun, dass sie von der Umgangssprache menschlicher Verständigung auf Spezialsprachen umschalten, die nur noch für Experten verständlich sind – und zwar besonders dort, wo es, wie in den Subsystemen der Wirtschaft und der Politik, nicht um die symbolische, sondern um die materielle Reproduktion der Gesellschaft geht. Wo die Spezialsprachen – Habermas sagt auch: die »Medien« – der Macht und des Geldes regieren, sind die Mechanismen der kommunikativen Vernunft suspendiert. Im modernen Wohlfahrtsstaat kann der »bürokratisch-monetäre Komplex« nicht zuletzt deshalb seine fatale Effizienz entfalten, weil er auf das riskante Unterfangen der Verständigung nicht mehr angewiesen ist.[4]

Die Diagnose fortschreitender Bürokratisierung folgt dem von Max Weber vorgegebenen Modell. Mit der Melancholie des Realisten hatte Weber das Leben im »stahlharten Gehäuse« der Apparate als Schicksal des modernen Menschen akzeptiert. In der »verwalteten Welt« blieb diesem Menschen, Adorno zufolge, nichts weiter übrig, als über seine Ohnmacht zu meditieren. Systemtheoretiker wie Luhmann und Parsons gingen sogar so weit, über die unwahrscheinliche Komplexität zu staunen, die in den Funktionssystemen der modernen Gesellschaft im Zuge ihrer Evolution entstanden war. Dagegen bricht bei Habermas an dieser Stelle das marxistische Erbe durch: Während Weber die unerbittliche Rationalität und Fugenlosigkeit des Status quo betont, begegnet man bei Marx einer bürgerlichen Gesellschaft, die – vom irrationalen Fetisch der Ware besessen – durch explosive innere Widersprüche gekennzeichnet ist. In die Sprache der Soziologie übersetzt, könnte man sagen, dass der Prozess der Ausdifferenzierung in dieser Gesellschaft nicht glatt aufgegangen ist. Ihrer astronomischen Produktivität und ihrer reibungslosen Effizienz stehen dysfunktionale Effekte, »Pathologien« gegenüber, die ihre Krise unausweichlich machen.

Womit wir in die Bundesrepublik der frühen 1980er-Jahre zurückkehren können. Nachdem er hundert Jahre Theoriegeschichte rekapituliert und Tausende von

Versatzstücken zu einem monumentalen Puzzle zusammengefügt hat, lässt Habermas die *Theorie des kommunikativen Handelns* auf eine zitierfähige – und viel zitierte – Ätiologie hinauslaufen: Nicht der Widerspruch zwischen Produktionsverhältnissen und Produktivkräften, wie die Marxisten mit ihren veralteten Denkwerkzeugen annahmen, und auch nicht die der modernen Kultur eigene Dekadenz, wie die Neokonservativen behaupteten, sondern die »Kolonisierung der Lebenswelt« durch das System war für die Krise der westdeutschen Gesellschaft verantwortlich. Dem keynesianischen Sozialstaat sei es zwar gelungen, die Klassenkämpfe zu befrieden, dafür zehre die Expansion seiner Bürokratien jedoch die Sinnressourcen der Wohlstandsgesellschaft auf: »Heute dringen die über die Medien Macht und Geld vermittelten Imperative von Wirtschaft und Verwaltung in Bereiche ein, die irgendwie kaputt gehen, wenn man sie vom verständigungsorientierten Handeln abkoppelt und auf solche mediengesteuerten Interaktionen umstellt.«[5]

Es war die sinnbedürftige, ihren Eltern entfremdete Jugend der Mittelschichten, die auf diese Kaputtheit mit seismografischer Empfindlichkeit reagierte. Wie sich Alexander Kluges verstörenden Dokumentaraufnahmen aus dem Herbst 1977 entnehmen lässt, herrschte in den Montagehallen von Daimler-Benz, wo türkische und italienische Gastarbeiter an den Bändern standen, gespenstische Ruhe. Nur an den Gräbern der Terroristen war die Hölle los.

Musste das sein?

Aus heutiger Sicht ist es schwer zu entscheiden, ob die *Theorie des kommunikativen Handelns* ein Triumph oder eine Niederlage war. Im Herbst 1981 kam Siegfried Unseld nach München, um Habermas die druckfrischen Bände persönlich zu überreichen – ein Privileg, das er nur seinen besonders wichtigen Autoren gewährte. Schon im Winter 1981/82 wurden die zweite und dritte Auflage ausgeliefert, was allerdings auch damit zu tun hatte, dass die erste mit viertausend Exemplaren deutlich unter den Zahlen der fetten Suhrkamp-Jahre lag. »Seit langem angekündigt, immer wieder verschoben und fast nicht mehr erwartet«, vermerkte der Essayist Michael Rutschky in seinem Tagebuch über die wichtigste theoretische Neuerscheinung des Jahres, bevor er sich selbst an die Lektüre machte. Schon wegen der langen Vorlaufzeit stellte die Veröffentlichung von Habermas' Hauptwerk ein intellektuelles Ereignis dar. »Seit einigen Monaten geht in unserem Lande etwas vor, was nur als kollektiver Lernschritt zu bezeichnen ist«, schrieb Karl Markus Michel in seiner *Spiegel*-Rezension: »Fast 10.000 Menschen (und es kommen täglich zwei Dutzend dazu) beugen sich über ein dickes Buch, das sie nicht ignorieren dürfen.«[1]

Es stand außer Frage, dass der gelehrte Autor sich mit seinem neuen Werk noch einmal selbst überboten hatte:

Die Vielfalt der berührten Probleme, die Fülle des verarbeiteten Materials und die Reichweite des systematischen Anspruchs waren beispiellos. Neben der titelgebenden Theorie des kommunikativen Handelns enthält das Buch auch eine Theorie der Rationalität und eine der Rationalisierung, eine Theorie der sozialen Evolution und eine der Moderne. Trotz dieser monumentalen Anlage bleibe die »deutliche Gedankenführung« aber immer erkennbar, stellte der Philosoph Rüdiger Bubner in seiner *Merkur*-Besprechung fest. Für den *FAZ*-Kritiker Jürgen Busche entfaltete Habermas' Aneignung der Theoriegeschichte eine »auratische Faszination«. Der Soziologe Hauke Brunkhorst schrieb, es gelinge ihm, den Weg zurück zu Marx zu weisen, »indem er sich von Marx entfernt«. Doch auf das Lob folgten bei den meisten Rezensenten Vorbehalte – insgesamt fiel das Echo enttäuschend aus.[2]

Für Konservative und Liberale lieferte er mit der Vorstellung eines unverstellten, in der Lebenswelt geborgenen Kommunikationszusammenhangs einen erneuten Beweis für seine sprachgläubige Erlösungstheologie. »Habermas lesen ist genau wie Luther lesen, nur dass der Letztere so wunderbare Prosa schrieb«, erklärte der Begründer der Cambridge School Quentin Skinner in einer Besprechung, die Habermas' Ruf in England nachhaltig beschädigt hat. »Wir haben gewiss etwas Besseres von unseren Sozialphilosophen als eine Fortsetzung des Protestantismus mit anderen Mitteln verdient.« Dem hätten, wenngleich aus anderen Gründen, vermutlich auch viele Linke zugestimmt. Für die Marxisten kam die Ablösung des Klassenkonflikts durch die »Kolonisierung der Lebenswelt« einem Verrat am marxistischen Erbe gleich; für die Anhänger der Frankfurter Schule äußerte sich in Habermas'

Apologie der modernen Gesellschaft eine »Depotenzierung« der Kritischen Theorie. Schon von den enttäuschten Achtundsechzigern hatte er sich anhören müssen, Teil des Establishments zu sein, erst jetzt aber, in den 1980er-Jahren, bürgerte sich das Motiv vom staatstragenden Denker ein.[3]

In einer merkwürdig raunenden, heideggerschen Variante kann man diesem Motiv bei dem bereits erwähnten *FAZ*-Kritiker Jürgen Busche begegnen. Den Ausgangspunkt seiner Besprechung bildete die Diagnose vom posttragischen Charakter der Bundesrepublik: »In dem Land, in dem die Leichenwagen nur nachts fahren, in dem alte Menschen sich bis zu einer gewissen Grenze als jung, dynamisch, vital aufspielen, um jenseits der Grenze ins Abseits zu sinken: in diesem Land wird der Tod verdrängt.« Aus der Beobachtung, dass die Faktizität des Todes auch in der *Theorie des kommunikativen Handelns* ausgeblendet sei, zog Busche den Schluss, der Philosoph habe vor dem westdeutschen Zeitgeist kapituliert. Auch wenn das, um es vorsichtig zu formulieren, weit hergeholt ist, mündet seine Kritik in einen Satz, der seither nichts von seiner Zitierfähigkeit verloren hat: »Wenn es ein Experiment Bundesrepublik gab und gibt, dann verhält sich das Denken von Habermas affirmativ zu ihm.«[4]

Erstmalig wurde jetzt auch der Vorwurf des Eurozentrismus laut. Skinner fragte sich, ob Habermas davon ausgehe, die Universalien der kommunikativen Vernunft auch bei »prädynastischen Ägyptern, französischen Leibeigenen aus dem 9. Jahrhundert und Stammesmitgliedern der Yanomami« anzutreffen. Aber auch abgesehen von der Frage kultureller Differenz schien seine Theorie an der Vielfalt der unter Menschen beobachtbaren Kommunikationsformen vorbeizugehen. Er mochte noch so sehr abwiegeln und darauf verweisen, dass es sich beim herrschaftsfreien Diskurs um eine kontrafaktische Unterstellung handele, ohne die wir nicht sinnvoll miteinander sprechen könnten – steckte darin nicht selbst eine Unterstellung, die Kommunikation auf Verständigung und Verständigung auf Konsens reduzierte? »Wo bleiben Witz, Humor, Ironie, Zynismus, wo metaphorische und metonymische Rede, wo Fiktion und Finten, das ganze Arsenal der guten alten Rhetorik«, fragte Michel. In einer Welt, in der nur noch »straight«, also mit den Geltungsansprüchen auf Wahrheit, Richtigkeit und Authentizität kommuniziert werde, könne nicht einmal Habermas selbst existieren wollen.[5]

Viele Kritiker waren der Meinung, sein scholastischer Kommunikationsbegriff spiegele sich in seinem Schreibstil wider. Jürgen Busche hatte den Eindruck, sich durch »Gutachten und Referentenentwürfe, Rezensionen und Exzerpte« hindurcharbeiten zu müssen. Rüdiger Bubner sprach von »Versatzstücken bekannter Theorien, wissenschaftlichen Forschungsprogrammen und referierten Ansätzen«, die der Autor – zudem in »selektivem Verfahren« – zu einer Collage montiert habe. Arno Widmann, Redakteur der *Frankfurter Rundschau*, fragte Habermas im Interview, warum er »diese Gerüste, dieses Sprechen in anderen Zungen, diese ungeheure Rezeptionsbereitschaft« brauche, um seine eigenen Ideen zu artikulieren. Die Fülle der verarbeiteten Literatur hatte lange als Ausweis seiner Modernität gegolten; dagegen gewann jetzt, an der Schwelle der 1980er-Jahre, das Bild vom unoriginellen Denker Kontur.[6]

Auch jenem merkwürdigen Affekt, den wir Nachgeborenen zum Teil noch in den 1990er-Jahren kultivierten und der – noch später – in Rachel Cusks eingangs erwähnter Buchzerstörungsfantasie zum Ausdruck kam, begegnet man in den Reaktionen auf die *Theorie des kommunikativen Handelns*, zumindest in dieser Deutlichkeit, zum ersten Mal. Der Text gehe »in einer Art Schneefall« auf ihn nieder, notierte Michael Rutschky in seinem Tagebuch, eine Empfindung, der er nur dann eine gewisse »Schönheit« abgewinnen könne, wenn er aufhöre, sich gegen sie zu sträuben. Dem Germanisten und späteren Romancier Hanns-Josef Ortheil wollte das nicht gelingen. Wie er in einer jener intellektuellen Selbsterforschungen verriet, die damals kurzzeitig in Mode kamen, lösten die »Sätze des Sozialwissenschaftlers Habermas« nichts als »Widerwillen« in ihm aus. Karl Markus Michel scheint es ähnlich ergangen zu sein, auch wenn er sich mit Lakonie begnügte. »Lieber Jürgen Habermas, mußte das sein?« lautete das böse Fazit seiner *Spiegel*-Rezension.[7]

Urs Jaeggi, der das Buch für die *ZEIT* besprach, kam Habermas' Versuch, soziale Wirklichkeit auf den Begriff zu bringen, »altväterlich, alteuropäisch, unsensibel« vor: »Ich will darüber in meiner Sprache reden können, und ich will darüber in der Sprache reden, in der die Betroffenen miteinander umgehen.« Dagegen gebärde sich Habermas wie ein »Oberlehrer«, der seinen Zeitgenossen vorschreiben wolle, wie sie über ihr Unbehagen in der Gesellschaft zu denken hätten. Michel, als Mastermind der Suhrkamp-Theorie-Reihe und Herausgeber der zwanzigbändigen Hegel-Taschenbuchausgabe immerhin ein Veteran des schwierigen Denkens, äußerte sogar den Verdacht, mit seiner akademischen Schreibweise und seinem hypertrophen Begriffsapparat habe es der Philosoph auf die »Demütigung seiner Leser« abgesehen. Es griffe zu kurz, festzustellen, dass der kategorische Unterschied zum Common Sense, aus dem die Gattung der Theorie ihre Autorität und ihren Nimbus bezogen hatte, für die Rezensenten nicht mehr selbstverständlich war – er war zum eigentlichen Problem geworden. Zwischen Botschaft und Gestus von Habermas' Krisendiagnose schien nämlich ein eklatanter Widerspruch zu bestehen. Die Versöhnung der mit sich selbst zerfallenen Moderne, für die er so vehement eintrat, sollte schließlich davon abhängen, dass es gelänge, das Wissen der Experten nicht in den Gängen der Akademien und Institute verhallen zu lassen, sondern – wie vermittelt auch immer – für die »Probleme des guten Lebens« in Anspruch zu nehmen. Doch war die Theorie des kommunikativen Handelns für solche Probleme überhaupt noch anschlussfähig? Hatte sie sich im Starnberger Institut nicht selbst von der Lebenswelt entkoppelt? »Wird nicht beim Versuch, Alltagspraxis auf eine theoretisch-systematische Basis zu stellen«, fragte Jaeggi, »dieser erst recht das Mark aus den Knochen gesogen?«[8]

Man kann sich des Eindrucks nicht erwehren, dass Habermas ausgerechnet mit seinem Hauptwerk zwischen alle Stühle geriet. Verzweifelten die einen an der Entrücktheit seiner Sprache, ging sie den anderen nicht weit genug. Anders als in der soziologischen Konzeptkunst, mit der sein Gegenspieler Luhmann die vertrautesten zwischenmenschlichen Situationen bis zur Unkenntlichkeit verfremdete, leuchtete der Abstraktionsgewinn seines begrifflichen Aufwands nämlich nicht mehr ein. Durch den Anspruch, Grundlagenforschung und Gegenwartsdiagnostik, Beobachter- und Teilnehmerperspektive, System- und Handlungstheorie zu verbinden, bekam seine Theorie auf der einen Seite eine eklektisch verschachtelte Architektur, ohne dass es ihr auf der anderen Seite gelungen wäre, sich von den kulturkritischen Gemeinplätzen der frühen 1980er-Jahre zu lösen. Es half nichts, immer wieder darauf hinzuweisen, dass hinter die Errungenschaften der Moderne, hinter die Lernprozesse, die durch die Ausdifferenzierung von Expertenkulturen in Gang gekommen waren, kein Weg zurückführe. Die Dialektik des spätkapitalistischen Sinnverlusts, die Habermas in seinem Buch entfaltete, die Kritik am »System« und seinem Raubbau an den »knappen Ressourcen« der Lebenswelt – und selbst noch die nur knapp ausgeführte Skizze einer ästhetischen Theorie, nach der Kunst dazu da sei, dem Subjekt zu authentischem Ausdruck zu verhelfen – sahen der Zivilisationskritik der Alternativen bisweilen zum Verwechseln ähnlich.[9]

Es sieht so aus, als habe Habermas, der bis dato stets im Einklang mit den Zeitläuften zu agieren schien, diesmal den rechten Moment verpasst und sein Buch nach Jahren harter Begriffsarbeit in eine Welt entlassen, die für dessen Geltungsansprüche nicht mehr empfänglich war. »Ohne Dialektik denken wir auf Anhieb dümmer; aber es muß sein: ohne sie!«, schrieb der Autor Botho Strauß im Jahr, in dem die *Theorie des kommunikativen Handelns* erschien. Diagnosen von der Theoriemüdigkeit der Studenten und der neuen politischen Bewegungen beherrschten an der Schwelle der 1980er-Jahre das westdeutsche Feuilleton. In seinen Versuchen, die Lage zu bestimmen, kam Habermas selbst immer wieder auf den intellektuellen Klimawandel zurück. Er konstatierte den Überdruss an allem, was den progressiven Geist der Nachkriegsmoderne ausgezeichnet hatte: an Abstraktion, an Ambition, an Zukunftsvertrauen, an Universalismus – und natürlich an den »großen Theorien«. Stattdessen »Kult der Unmittelbarkeit, Deflationierung der Hochformen, Seelenanarchismus, Feier des Konkreten auf ganzer Linie«, wie man in seiner Einleitung zu den *Stichworten zur geistigen Situation der Zeit* nachlesen kann, die er als Jubiläumsband 1000 der edition suhrkamp 1979 herausgegeben hatte. Auf seine Bitte hatte auch Michel einen Beitrag beigesteuert. In dessen »Grundwortschatz des wissenschaftlichen Gesamtarbeiters seit der szientifischen Wende« findet sich neben Einträgen wie »Begründungszusammenhang«, »Herangehensweise« und »Praxisrelevanz« unter »S« auch das Lemma »Scheißtheorie«: »Campussprachliche Wendung, die das berechtigte Ungenügen an der im Grunde noch vorwissenschaftlichen (metaphysischen) Selbstherrlichkeit von Theorien begriffslos zum Ausdruck bringt.«[10]

Michel scheint sich diese Aversion zwei Jahre später in seiner Besprechung der *Theorie des kommunikativen Handelns* zu eigen gemacht zu haben. Jedenfalls gehörte er für Habermas spätestens seit dieser Besprechung zu den Renegaten – was durch den Umstand verstärkt worden sein dürfte, dass er an Enzensbergers neuem Lifestyle-Magazin *TransAtlantik* als Redakteur beteiligt war. »Ich lebe in den allerschwierigsten Verhältnissen mit Enzensberger als auch Michel«, teilte Habermas dem französischen Postmarxisten Cornelius Castoriadis 1982 mit. »Ich halte diese Leute für resigniert. Sie schwanken zwischen Zynismus und Anpassung.« Wenn er den Linken wie den Rechten »Neopopulismus« vorwarf, dann war damit der in allen Richtungen zu beobachtende intellektuelle Niveauverlust gemeint. Selbst Siegfried Unseld hatte die Absicht geäußert, die »Neue Folge« der edition suhrkamp, deren erste Nummer 1980 erschien, stärker literarisch auszurichten, was Habermas als Verrat am Geist der Vorgängerreihe erschien. »Du bewegst Dich in einer Welt von Rotariern, mit der mich nichts verbindet«, schrieb er dem Verleger. Gleichzeitig zog er sich als Berater der Theorie-Reihe zurück. Seine eigene Theorie muss er voller Trotz in den sich verdunkelnden Zeitgeist hineingeschrieben haben. Vergleiche mit Nietzsches *Unzeitgemäßen Betrachtungen* drängen sich auf.[11]

Symptomatisch, dass die Interviewer von *Ästhetik & Kommunikation* neugierig waren zu erfahren, von welchen »libidinösen Bildern« er beim Schreiben zehre und woher er seine »Glücksmomente« beziehe, »ohne die man ja eine derartige Anstrengung gar nicht begreifen kann«. Für seine neuen Leser sollte nicht nur die Produktion, sondern auch die Rezeption von Theorie mit einem Lustgewinn verbunden sein. Die protestantische Ethik der »Theoriearbeit«, der sich die Neue Linke unterworfen hatte, war deren Erben fremd geworden. Sofern sie sich überhaupt noch für schwieriges Denken interessierten, trachteten sie nach instantanen existenziellen Reizen, wie sie die Arbeiten von Benjamin oder Foucault und selbst die kühle Ironie von Luhmann verschaffen konnten. Mit seinem Essay über *Die Lust am Text*, der seit 1974 auch in deutscher Übersetzung in der Bibliothek Suhrkamp vorlag, hatte Roland Barthes dem neuen Hedonismus eine Programmschrift geliefert. Dagegen beharrte der spröde Habermas darauf, »daß sich die Gesellschaftstheorie gegenüber den individuellen Heilsbedürfnissen trostlos verhält« – ja, hierin ganz seinem Lehrer Adorno treu, »daß Theorien, die über die geburtshelferische Praxis für die

Entbindung neuer Gesellschaftsformationen informieren sollen und dabei den religiösen Gesichtspunkt der Erlösung dementieren, das Bewußtsein radikaler Trostlosigkeit erst schaffen«. Für Leser, die auf profane Erleuchtungen warteten, blieben seine Texte stumm.[12]

Auch für die Bewohner der Gegenkultur und für die Anhänger lebensreformerischer Experimente war bei dem bürgerlichen Habermas nichts zu holen. Die Redakteure der neu gegründeten *tageszeitung* wollten von ihm wissen, ob auch er manchmal davon träume, seinen Job als Gesellschaftstheoretiker »hinzuschmeißen« und »irgendetwas anderes« – zum Beispiel eine Ausbildung zum Heilpraktiker – zu machen. »Die Phantasie, so etwas zu tun, ist ein normaler Bestandteil jeder ›midlife-crisis‹ und gehört zum Phantasiehaushalt jedes vierzig- bis fünfzigjährigen Intellektuellen«, lautete seine salomonische Antwort. Allerdings sei er »schon von Haus aus zu sehr protestantisch«, um zu glauben, dass es einen »Fortschritt im Glück« geben könne. Die Idee, der Bruch mit Lebensgewohnheiten sei notwendig, um ein neues Denken zu ermöglichen, leuchtete ihm ebenso wenig ein: »Schaun Sie, wenn ich nicht eine ziemlich altmodische, bürgerliche Lebensform aufrechterhalten würde – dann wäre eine notwendige Bedingung dafür, noch einigermaßen radikal, d.h. ungeschützt und nicht mit allzu viel Angst denken zu können, nicht erfüllt. Die Lebensformen, sagen wir mal des beamteten Professors oder auch die des etablierten Schriftstellers schaffen notwendige institutionelle Entlastungen dafür, daß man an seinem Schreibtisch keine Rücksichten nimmt.«[13]

Die widerstreitenden Affekte, mit denen gerade jüngere Linke damals auf Habermas reagierten, zeugen von den ödipalen Verwicklungen, die sie mit ihrer einstigen Identifikationsfigur verbanden. So liebäugelte Michael Rutschky lange mit dem Gedanken, die *Theorie des kommunikativen Handelns* mit einer Theorie des »ästhetisch-expressiven« Handelns zu überbieten, die Habermas schuldig geblieben war. In dieser Theorie sollten auch die körperlichen Aspekte des Miteinander-Redens, die Rolle von Alkohol und Zigaretten zum Beispiel, Berücksichtigung finden. Mit symptomatischer Zwiespältigkeit träumte Rutschky noch 25 Jahre später davon, für seinen Vatermord vom Vater selbst gelobt zu werden: »Ein Holztisch in einem sommerlich grünen Garten, R. soll nachher eine Laudatio auf Jürgen Habermas halten, kurzfristig, improvisiert. Habermas selbst kommt vorbei, streift mit der Hand über die Tischfläche und nickt ihm ermutigend zu. R. fühlt sich sicher und der Aufgabe gewachsen, obwohl er keine Zeit für irgendeine Vorbereitung hatte. Er muss sich auf sein Gedächtnis verlassen. Ein warmer Wind geht durch den Garten. Er wird sich, kompetenzgeschwellt, auf das ›ästhetisch-expressive Handeln‹ konzentrieren. Habermas habe es immer ausgespart, obwohl hier die größten Herausforderungen lauern – R. ist aufgewacht, zwischen Befriedigung und unglücklicher Agitation. Neulich quälte ihn mal wieder der Gedanke, dass es ihm misslungen sei, als ›Habermas' jüngerer Bruder‹ Anerkennung zu finden, keine entsprechenden Preise, keine Veröffentlichungsmöglichkeiten, kein Podest.«[14]

Taxonomie der Gegenaufklärung

Zu den wiederkehrenden Übungen der Zeitdiagnostik gehört es seit einigen Jahren, den Beginn der Gegenwart zu datieren. Das Bedürfnis, die eigene Position im Fluss der Zeit zu lokalisieren, ist Teil des modernen Selbstverständnisses, seitdem zwischen dem 18. und dem 19. Jahrhundert das Bewusstsein einer dynamischen, in eine offene Zukunft gerichteten Geschichte entstand. Damals habe sich, schreibt Habermas in seinem Nachruf auf Michel Foucault, »die esoterische Philosophie in eine auf die Provokation des geschichtlichen Augenblicks antwortende Kritik der Gegenwart« verwandelt. Im Gegensatz zu ihren Vorläufern fällt an unserer aktuellen Zeitdiagnostik allerdings auf, dass sie den Versuch unternimmt, das Wesen der Jetztzeit zu entschlüsseln, indem sie deren historischen Anfangspunkt markiert. Damit ist die Vorstellung verbunden, dass dieses Jetzt eben keinen »unter dem Druck antizipierter Zukunftsmöglichkeiten aufplatzenden Augenblick« darstellt, wie Habermas in seinem Foucault-Nachruf schreibt, sondern einen ausgedehnten Zeitraum, eine »breite Gegenwart«, die, auf diffuse Weise mit der Zukunft verschmelzend, nur in Distanz zu ihrer Vergangenheit bestimmt werden kann. Daher die nicht enden wollende Kette von »Post«-Begriffen, die unsere jüngeren Selbstverortungsversuche garnieren. Unsere

Epoche scheint uns nur dadurch Sinn zu ergeben, dass wir sie als posthistorisch, postmodern, postkolonial, postdemokratisch oder postfaktisch verstehen. Das impliziert jeweils die Frage nach dem Anfang, an dem diese Nachzeit begonnen hat.[1]

Brach das, was unser politisches, gesellschaftliches und kulturelles Jetzt definiert, mit dem Bankrott von Lehman Brothers, mit Nine Eleven oder mit dem Fall der Mauer an? Die diversen »Geschichten der Gegenwart«, die in den letzten Jahren erschienen sind, gehen sogar noch weiter zurück. Trotz unterschiedlicher Akzentuierung und Gewichtung stimmen sie ausnahmslos darin überein, die fragliche Zeitenwende am Übergang der 1970er- zu den 1980er-Jahren zu lokalisieren. Mal identifizieren sie das Jahr 1977, mal 1979, mal 1980/81 als entscheidende Zäsur; wahlweise heben sie Ereignisse wie die Ausstrahlung der Fernsehserie *Holocaust,* die Iranische Revolution oder die erste Verwendung des Begriffs »Identitätspolitik« als Symptome des Kommenden hervor.[2]

Es sind die Jahre, in denen sich Habermas, zwischen Starnberg und amerikanischen Universitäten pendelnd, mit dem Abschluss der *Theorie des kommunikativen Handelns* quälte. Die Schwelle der 1980er-Jahre stellt auch in seiner Biografie eine Wasserscheide dar. In den Jahren vor dieser Zäsur, die in vielerlei Hinsicht wie eine ferne Vergangenheit wirken, sehen wir ihn auf der Bühne einer zugleich dunkleren und hoffnungsvolleren Bundesrepublik, in der dem Misstrauen gegenüber den ungebrochen autoritären Dispositionen der Deutschen und der Sorge vor einem Rückfall hinter mühsam erzielte demokratische Geländegewinne die weiten politischen Erwartungshorizonte und die Zukunftsgewissheit der Nachkriegsmoderne gegenüberstanden. Zwar hat Habermas selbst diesen Kontrast einmal als optische Täuschung zu entmystifizieren versucht: Nur weil das politische Spektrum in der frühen Bundesrepublik so rechtslastig gewesen sei, habe nicht viel dazu gehört, »um als Radikaler ins Gerede zu kommen«.[3] Das ändert aber nichts daran, dass das Highbrow der klassischen Suhrkamp-Kultur, die Idee, ein Max-Planck-Institut für eine bessere Gesellschaft zu gründen, und überhaupt: der Glaube an die transformierende Kraft der Theorie längst die Technicolorfarben eines Retrofuturismus angenommen haben, in dem eine schwache messianische Kraft zu schlummern scheint.

Erst im Verlauf der 1980er-Jahre öffnet sich ein Terrain, das heute in vieler Hinsicht vertrauter wirkt: Auf der einen Seite räumte Habermas jetzt immer häufiger ein, dass die Lage in Deutschland »etwas besser« geworden sei – ein Gefühl, für das er am Ende der Dekade den Begriff der »Fundamentalliberalisierung« erfinden sollte. Seine Bemerkung, Rita Süssmuth stelle das bleibende Vermächtnis von Achtundsechzig dar, erweist sich im Rückblick als Prophezeiung der Merkel-Ära. »Der Marsch durch die Institutionen«, stellte er 1988 nicht ohne Erleichterung fest, »hat sogar die CDU erreicht.« Ein paar Jahre später fühlte er sich sogar veranlasst, seinen Frieden mit Helmut Kohl zu machen. Ausgerechnet Kohl, der unrepräsentative Kanzler und provinzielle Europäer, dessen »geistig-moralische Wende« entgegen seinen anfänglichen Befürchtungen immer nur Rhetorik geblieben sei, habe ihn »mit der (alten) Bundesrepublik versöhnt«.[4]

Auf der anderen Seite ging diese Versöhnung aber mit der Mäßigung seiner Ambitionen als Gesellschaftstheoretiker einher. In einer Rede vor dem spanischen Parlament, in dem zwei Jahre zuvor die Sozialisten die Mehrheit errungen hatten, gestand Habermas 1984 eine historische Niederlage ein: Da sich der »Horizont der Zukunft« zusammengezogen und die Befreiung von »heteronomer Arbeit« als unrealistisch erwiesen habe, sei es an der Zeit, von den bis in den Frühsozialismus zurückreichenden Utopien der Arbeitsgesellschaft Abschied zu nehmen. Zwar hielt er nach wie vor am Begriff des »demokratischen Sozialismus« fest und ermahnte sich in einem Interview mit der *New Left Review* sogar dazu, ihn in Zukunft wieder öfter zu verwenden. Das funktionierte aber nur, weil er diesen Begriff – in einer Wendung, die man als »postmarxistisch« bezeichnen kann – vom Paradigma der Arbeit entkoppelte und mit dem Paradigma der Kommunikation verband. Sein Traum von einer besseren Gesellschaft, heißt das, war künftig nicht mehr auf die Produktions-, sondern auf die Verständigungsverhältnisse gemünzt. »Der Sozialismus wird nur überleben«, erklärte er 1988, »wenn er das utopische Element ernst nimmt, das in den demokratischen Verfahrensweisen selbst steckt.« Das utopische Element, oder besser: den normativen Kern des demokratischen Rechtsstaats zu »rekonstruieren« sah Habermas seit seiner Rückkehr nach Frankfurt im Jahr 1981 als seine nächste große Aufgabe an.[5]

»It is easy to see the beginnings of things, and harder to see the ends«, schrieb Joan Didion in einem Essay, der ihrem allmählichen Abschied von New York gewidmet ist. Man kann diesen Satz ohne Weiteres auf die Ära »großer Theorien« übertragen, die Habermas zwei Jahrzehnte lang verkörpert hatte. Die Jahre um 1980 sind voll von unscheinbaren Ereignissen, an denen sich das Ende dieser

Ära ablesen lässt. Dazu gehört auch das provokante »Lob der Theorie«, das der Philosoph Hans-Georg Gadamer im Juni 1980 auf der Mitgliederversammlung des Ordens »Pour le Mérite« in der Aula der Bonner Universität anstimmte. In seinem Festvortrag plädierte Gadamer dafür, ein griechisch-antikes Verständnis von Theorie wiederzubeleben, das seit den Tagen der Studentenrevolte in Vergessenheit geraten sei. Unter *theoria*, erinnerte er die versammelten Würdenträger, hätten Platon und Aristoteles eine Haltung interesseloser Kontemplation verstanden, die sich der Betrachtung der Welt überließ, anstatt in sie eingreifen zu wollen. »Der alte Name für Theorie war freilich ein anderer: die Liebe zum *sophón*, Philosophie.« Hält man den Wortlaut von Gadamers Rede neben denjenigen von Habermas' Antrittsvorlesungen aus den 1960er-Jahren, wird deutlich, dass es ihm darum ging, genau jene Transformation von Philosophie in kritische Gesellschaftstheorie zu revidieren, für die sein jüngerer Kollege seinerzeit eingetreten war. Während die Grünen, in deren Rängen für viele Neue Linke der »Marsch durch die Institutionen« begann, ihren ersten Bundestagswahlkampf führten, reklamierte Gadamer das schwierige Denken für einen vornehm von den Zeitläuften distanzierten Konservatismus zurück.[6]

Wäre Habermas, den die Ordensmitglieder erst mehr als vier Jahrzehnte später in ihre Reihen aufnahmen, Gadamers vergiftetes Lob damals nicht entgangen, er hätte es ohne Zweifel als ein weiteres Symptom der »Restaurationswelle« gedeutet, von der er die Bundesrepublik überrollt und sich selbst zunehmend in die Defensive gedrängt sah. Die Verleihung des Adorno-Preises durch die Stadt Frankfurt gab ihm im September 1980 Gelegenheit zum Gegenschlag. »Die Moderne – ein unvollendetes Projekt« lautet der Titel der Dankesrede, mit der das für meine Generation so prägende Schisma zwischen »Modernen« und »Postmodernen« begann. In groben Strichen skizzierte Habermas zunächst den Vorgang der gesellschaftlichen Ausdifferenzierung von Wissenschaft, Moral und Kunst, wie ihn im Jahr darauf die *Theorie des kommunikativen Handelns* entfaltete. Von diesem Prozess der Modernisierung wollte er jedoch das titelgebende »Projekt der Moderne« unterschieden wissen, das seit der französischen Aufklärung darin bestehe, »die objektivierenden Wissenschaften, die universalistischen Grundlagen von Moral und Recht und die autonome Kunst unbeirrt in ihrem jeweiligen Eigensinn zu entwickeln, aber gleichzeitig auch die kognitiven Potentiale, die sich so ansammeln, aus ihren esoterischen Hochformen zu entbinden und für die Praxis, d.h. für eine vernünftige Gestaltung der Lebensverhältnisse zu nützen«. Wie im Begriff der Lebenswelt, wenn auch mit anderer Stoßrichtung, artikuliert sich in diesem Projekt das Bestreben, die in der rationalisierten Gesellschaft verlorene Einheit zurückzugewinnen. Was Habermas aber darüber hinaus mit seiner »Moderne« definierte, war ein Standard, an dem sich die Gebildeten unter ihren Verächtern messen ließen. Am Schluss seiner Rede führte er ein Bestiarium von »Alt-«, »Neu-« und »Jungkonservativen« beziehungsweise von »Prä-«, »Anti-« und »Postmodernen« vor, deren Irrtum darin bestehe, nicht nur die gefährlichen Auswüchse der Ausdifferenzierung, sondern auch alle Versuche, die in deren Prozess akkumulierten Potenziale der Vernunft zu »entbinden«, zu bekämpfen.[7]

An dieser Taxonomie ist erstens bemerkenswert, dass

sie dem 19. und frühen 20. Jahrhundert entstammt, wodurch Habermas – übrigens genau wie mit seiner Vorliebe, die Vorsilbe »Post-« wo immer möglich durch »Neo-« zu ersetzen – implizit zu verstehen gab, dass unter der dunklen Sonne der Reaktion nichts Neues zu erwarten war. Bei den Feinden der Moderne handelte es sich, mit anderen Worten, um Wiedergänger, wenn nicht gar um Atavismen der sozialen Evolution, denen nichts Besseres einfiel, als die »stumpfgewordenen Waffen aus dem Arsenal der Gegenaufklärung« von Mal zu Mal aufs Neue zu entstauben. Der Philosoph Dieter Henrich, der sich als »Neometaphysiker« angesprochen fühlen musste, bezeichnete Habermas ein paar Jahre später als »listenreichen Konservatismenfahnder« und warf ihm vor, »jede Veränderung im Theorieklima, die der Wind gegen sein Interaktionsparadigma drehte, als Vorgeläut politischer Biedermännerei und kultureller Konfusion in die ihm erwünschte Ecke zu manövrieren«.[8]

Worüber man zweitens stolpert, ist die Tatsache, dass Habermas die Phalanx seiner innerdeutschen Feinde, zu der die üblichen Verdächtigen Carl Schmitt und Gottfried Benn, aber auch die »neukonservative« Ritter-Schule und »Altkonservative« wie Robert Spaemann gehörten, um die neueren französischen Philosophen »von Georges Bataille über Foucault zu Derrida« erweiterte. Die Repräsentanten der ausländischen Gegenaufklärung – das waren jene »Jungkonservativen«, die der in der Moderne geborgenen Vernunft mit einer von Nietzsche und Heidegger inspirierten Feier wilder Subjektivität begegneten: »Sie verlegen die spontanen Kräfte der Imagination, der Selbsterfahrung, der Affektivität ins Ferne und Archaische und setzen der instrumentellen Vernunft manichäisch ein nur noch der Evokation zugängliches Prinzip entgegen, ob nun den Willen zur Macht oder die Souveränität, das Sein oder eine dionysische Kraft des Poetischen.« In einem Interview aus dieser Zeit machte Habermas keinen Hehl daraus, dass er »dieses ganze Zeugs, das von Bataille ausgeht«, für brandgefährlich hielt: »Von solchen Positionen gehen viele Wege aus, aber die meisten führen ins Unheil, wenn das politisch wird.« Immerhin war er so zuversichtlich zu glauben, dass dieser Ernstfall vorerst nicht eintreten werde.[9]

Überraschend ist seine Attacke insofern, als er die neuere französische Philosophie – mit Ausnahme des Existenzialismus – bis dato kaum mehr als aus den Augenwinkeln verfolgt und das Interesse, das ihm seit den 1960er-Jahren von jenseits des Rheins entgegenschlug, bestenfalls halbherzig erwidert hatte. Von Lucien Goldmanns vergeblichen Versuchen, ihn nach Frankreich zu locken, war schon die Rede. In Habermas' Vorlass findet sich ein Pariser Lagebericht des isländischen Soziologen Jóhann Árnason, der ihn 1971 über eine neue, »in die philosophische Dimension hineinreichende ›ikonoklastische‹ Tendenz« informiert hatte, »die ihren Hauptstoss gegen den traditionellen Begriff des Subjekts gerichtet hat«. Doch die Entwarnung war auf dem Fuß gefolgt: »Die ganze Problematik ist in eine Sackgasse geraten, aus der einzig und allein eine Erneuerung des dialektischen Denkens den Weg öffnen könnte.«[10]

Noch 1974 hatte Habermas die Bitte des Verlegers Axel Matthes um ein unterstützendes Statement für dessen geplante Bataille-Ausgabe mit der Begründung abgelehnt, die Schriften Batailles seien ihm nicht vertraut. Sechs Jahre später hatte sich diese Indifferenz in bittere Feindschaft und Bataille – samt seinen poststrukturalistischen Schülern – in einen bedrohlichen »Jungkonservativen« verwandelt. Man muss die Gründe für diesen Gesinnungswandel in innerdeutschen Entwicklungen suchen. Was Habermas in Alarmbereitschaft versetzte, war weniger die Pariser Debatte als das Echo, das sie hierzulande fand. Von Merve und anderen Kleinverlagen in schnellen Kompilationen zugänglich gemacht, zog das französische Denken die von der Akademisierung des Marxismus erschöpften Erben der Studentenbewegung in seinen Bann. Bei Foucault zu lesen, es sei an der Zeit, sich von den Kategorien der Sprache und des Zeichens zu verabschieden, um die gesellschaftlichen Verhältnisse stattdessen am Modell von Krieg und Schlacht zu analysieren, muss nach Jahren angestrengter kommunikativer Lernprozesse, zumal in der Bildmächtigkeit seiner Formulierungen, enorm entlastend gewesen sein. Das trug dazu bei, dass Begriffe wie »Diskurs« oder »Dispositiv« in ihrer deutschen Fassung eine subversive Aura annahmen, die ihnen im französischen Kontext gar nicht eigen war. Der Publizist Lothar Baier vertrat deshalb die Ansicht, es handele sich um ein Übersetzungsphänomen. Die »Franzosentheorie«, erklärte er Anfang der 1980er-Jahre, sei »made in Germany«.[11]

Schon 1978 hatte das *Rowohlt Literaturmagazin* den Poststrukturalismus zum »neuen Irrationalismus« erklärt. Im selben Jahr hatte Jean Améry Foucault in der *ZEIT* als gefährlichen Gegenaufklärer entlarvt. Mit seiner Apologie der Moderne reihte sich auch Habermas zwei Jahre später in diese Verteidigungslinie ein. Dass sich sein Exorzismus zunächst vor allem gegen Bataille richtete, lenkt den Blick erneut auf dessen deutsche Rezeption. Wenn Karl Heinz

Bohrer, der mit seiner Studie über die »Ästhetik des Schreckens« maßgeblich zur Ernst-Jünger-Renaissance beigetragen hatte, neuerdings Gefallen am Theoretiker der Verausgabung zeigte, dann versetzte ihn das in gefährliche Nachbarschaft. Als Batailles vehementester Fürsprecher trat in der Bundesrepublik aber dessen Übersetzer und Herausgeber Gerd Bergfleth auf, der in seiner Abrechnung mit der »palavernden Aufklärung« nicht nur gegen Habermas, sondern auch gegen das »heimatlose Judentum« der älteren Frankfurter Schule polemisierte. Nachdem Habermas' Adorno-Preisrede binnen Jahresfrist in französischer Übersetzung erschienen war, fragte man sich in Paris, was Bataille und Foucault mit einer radikal-konservativen Strömung aus der Weimarer Republik zu schaffen hatten. Dass seine Kampfansage in Wahrheit ihren deutschen Schülern galt, konnte in Frankreich niemand wissen.[12]

»Ich freue mich außerordentlich, erstmals die Gelegenheit zu erhalten, die intellektuelle Szene in Paris besser kennenzulernen und die Kontakte mit französischen Kollegen zu vertiefen«, antwortete Habermas, als ihn der Althistoriker Paul Veyne 1981 ans Collège de France einlud. Die Vorlesungen, die er dort zwei Jahre später, im Frühjahr 1983, hielt, machen den ersten Teil seines Buches *Der philosophische Diskurs der Moderne* aus. Foucault, dem Habermas' Taxonomie der Konservatismen unmöglich entgangen sein kann, hielt es nicht für nötig, zu dessen Eröffnungsvortrag zu erscheinen. Folgt man seinem Biografen Didier Eribon, dann fand das gemeinsame Abendessen, das er ein paar Tage später aus reiner Pflichtschuldigkeit absolvierte, in einer Atmosphäre »eisiger Höflichkeit« statt. Die beiden gegensätzlichen Denker hätten sich partout nichts zu sagen gehabt. Dagegen gibt Habermas – womöglich altersmilde – einen vorteilhafteren Bericht. Anstatt eines ironischen Pariser Intellektuellen habe er sich einem Philosophen von beeindruckender »Ernsthaftigkeit« gegenübergesehen. Sie hätten sich über ihre intellektuellen Biografien ausgetauscht und über den Neuen Deutschen Film diskutiert. Doch scheint auch er das Bedürfnis zu verspüren, die Grenze ihres Einvernehmens zu markieren. Er habe Alexander Kluge und Volker Schlöndorff, Foucault aber – »natürlich« – Werner Herzog favorisiert, dessen Urwalddrama *Fitzcarraldo* im Vorjahr in die Kinos gekommen war. Habermas erzählt das so, als würde in ihrem unterschiedlichen Filmgeschmack die ganze Unvereinbarkeit ihrer philosophischen Temperamente offenbar.[13]

Nach seiner Rückkehr nach Frankfurt versuchte er, Foucault für einen Vortrag im Rahmen der neuen »Suhrkamp Lectures« zu gewinnen. Doch für den Herbst hatte der Franzose schon ein Gastsemester in Berkeley eingeplant, und auch für einen späteren Zeitpunkt wollte er sich nicht verpflichten. Eribon zufolge war er schlicht nicht daran interessiert, den Dialog mit seinem deutschen Kollegen fortzusetzen. Zwar hatte er erst einige Jahre zuvor die Schriften der Frankfurter Schule für sich entdeckt, in denen er viele seiner eigenen Ideen vorweggenommen fand, doch wie man verschiedenen Statements aus dieser Zeit entnehmen kann, sah er Habermas gerade nicht als Vertreter dieses Denkstils an. Während die ältere Kritische Theorie »die institutionelle Philosophie verstört« habe, »indem sie die Kategorien zu den zeitgenössischen politischen Problemen hin verschob«, bemühe sich Habermas, »alles, was außerhalb der Universität im politischen, kulturellen und gesellschaftlichen Bereich geschieht, einem herrschenden Diskurs zuzuschlagen«. Für Foucault war er ein Sachwalter jener abstrakten akademischen Vernunft, deren historisch kontingente Antriebskräfte er in seinen eigenen Analysen freilegte; ein Vertreter jenes »universellen« Intellektuellentypus, dem er die Figur des »spezifischen« Intellektuellen entgegenhielt. »Ich bitte Sie darum, zur Kenntnis zu nehmen«, schrieb Habermas in seinem letzten, vergeblichen Brief, »dass zumindest ich den ernsthaften Versuch unternehme, Sie in die Frankfurter akademische Community einzuführen.« Wenn es zu keinem weiteren Austausch komme, sollte das heißen, sei das nicht seine Schuld.[14]

Distanz und Thymos

In seiner Fehde mit den Franzosen kommt etwas zum Ausdruck, das für den öffentlichen Intellektuellen Habermas insgesamt charakteristisch ist. So universalistisch er als Philosoph argumentiert, so sehr beschränkt er sich als *public intellectual* auf eine partikulare Mission, die darin besteht, den Normen der universellen Vernunft auch in Deutschland, dem Land der Gegenaufklärung, zum Durchbruch zu verhelfen und seine Landsleute zu Demokraten zu erziehen. Bevor er ihnen leibhaftig in Paris begegnete und sich in ihre Schriften vertiefte, waren selbst die französischen Jungkonservativen für ihn ein innerdeutsches Problem gewesen. »Im Grunde ist Habermas immer nur ein Theoretiker der Reeducation geblieben«, hat sein Widersacher Peter Sloterdijk über ihn gesagt.[1]

Die Verschränkung eines allgemeinen und eines besonderen Anliegens hat sich im Habermas'schen Œuvre in Form zweier unterschiedlicher Schreibweisen niedergeschlagen. Wer seine diversen Texte nebeneinander liest, kann geradezu den Eindruck bekommen, es mit einem multiplen Autor-Ich zu tun zu haben. Der akademische Philosoph, der seine spröden Sätze bevorzugt in »fremden Zungen« formuliert, verwandelt sich unversehens in einen impulsiven Denker, der, von »sichtbarer Wollust am öffentlichen Sprechen« getrieben, im Handgemenge der

Debatten eine ungeahnte polemische Eleganz entfaltet. »Sie gehorchen Spielregeln, die weniger restriktiv sind als die des akademischen Geschäfts«, hat Habermas, der seine Publizistik stets als Nebenjob verstanden wissen wollte, über seine *Kleinen Politischen Schriften* gesagt. Mit böser Zunge könnte man behaupten, er praktiziere eine Rollentrennung, die bis an die Grenze zur Rollenprosa reicht. Damit gehen unterschiedliche Affektzustände einher. Ausgerechnet der Philosoph, der damit kokettiert, ein »bedauernswert seriöser« Denker zu sein, versichert mir, er habe jeden einzelnen seiner Zeitungsartikel aus Zorn verfasst.[2]

Auch wenn sich die Polarisierung der beiden Sprecherrollen in seinem Werk weiter zurückverfolgen lässt, begann er erst in den frühen 1980er-Jahren, sie ausdrücklich voneinander zu trennen. Es sei wichtig, erklärte er anlässlich des Erscheinens der *Theorie des kommunikativen Handelns*, die »verschiedenen Sphären«, nämlich »politisch-publizistische Dinge« auf der einen und das »richtige Philosophieren« auf der anderen Seite, auseinanderzuhalten.[3] Man kann das schlüssig aus seinem System ableiten: Alle Errungenschaften, alle Fortschritte, die sich die Moderne zugutehalten darf, gehen in der einen oder anderen Weise auf Ausdifferenzierungsprozesse zurück, weshalb Entdifferenzierung und Vermischung – und sei es von wissenschaftlicher und öffentlicher Rede – für Habermas zwangsläufig mit Regression verbunden sind.

Auch deshalb sah er die französischen Philosophen als Gegner der Aufklärung an. »Negative Dialektik, Genealogie und Dekonstruktion entziehen sich jenen Kategorien, nach denen sich das moderne Wissen keineswegs zufällig ausdifferenziert hat und die heute unserem Verständnis von Texten zugrunde liegen«, heißt es im *Philosophischen Diskurs der Moderne.* »Sie lassen sich weder der Philosophie oder der Wissenschaft, noch der Moral- und Rechtstheorie, noch der Literatur und Kunst eindeutig zuordnen. Solche Diskurse verunsichern die institutionalisierten Maßstäbe des Fallibilismus; sie erlauben, wenn die Argumentation schon verloren ist, immer noch ein letztes Wort.« Tatsächlich speiste sich die Faszination, die von den Büchern der Poststrukturalisten ausging, zu einem nicht unwesentlichen Teil aus ihrer generischen Unbestimmtheit zwischen Wissenschaft, Philosophie und Literatur. Texte von Foucault, Derrida oder Deleuze und Guattari schienen wichtigere Aufgaben zu erfüllen, als wahr zu sein. Für Habermas hingegen verletzte eine »Theorie« – die Anführungszeichen verraten, dass er das Label in diesem Zusammenhang für unzutreffend hielt –, die mit ihrer Gattungszugehörigkeit zugleich ihren Geltungsanspruch verschleierte, eine elementare Rechenschaftspflicht.[4]

Die Vehemenz, mit der er seit den frühen 1980er-Jahren darauf bestand, zwischen seinen Rollen als Philosoph und als Intellektueller zu unterscheiden, deutet darauf hin, dass nicht nur theoretische Motive dahintersteckten. »Was mich entsetzlich ärgert«, erklärte er einem Journalisten, »was mich trifft, das sind die Aggressionen von Leuten, die bei mir diese Rollendifferenzierungen nicht sehen.« War damit der immer wieder erhobene Vorwurf der mangelnden Konsistenz seiner politischen Praxis mit seiner Philosophie gemeint? Im Lauf der Jahre ist nicht nur Heinz Bude aufgefallen, dass der Verfechter rationaler Argumentation ebenso wenig vor scharfen Urteilen und wuchtiger Polemik zurückschreckte, wie der Theoretiker des Konsenses dazu neigte, die Welt in Freunde und Feinde zu unterteilen. Doch wenn zwischen diesen verschiedenen Sprechakten ein kategorischer Unterschied bestand, wenn sie mit heterogenen Geltungsansprüchen verbunden waren, dann lag darin, anders als seine Kritiker behaupteten, kein performativer Widerspruch. Die Habermas'sche Sphärentrennung war Konsequenz aus seiner Gesellschaftstheorie und Seitenhieb gegen die wolkige Sprache französischer Provenienz. Man kann sie zugleich aber auch als Strategie verstehen, um seine robusten öffentlichen Interventionen zu legitimieren.[5]

Doch kam diese Unterscheidung, an der ihm so viel lag, nicht andererseits dem Eingeständnis gleich, dass die Einheit von Theorie und Praxis, auf die er seit den 1960er-Jahren gepocht hatte, eine Chimäre war – dass, mit anderen Worten, das schwierige Denken in die Universität gehörte, während in der Öffentlichkeit der Common Sense regierte? Linke, die an dem Glauben festhielten, »theoretische Analysen mit einer mittel- oder langfristigen Perspektive in der Tagespolitik vermitteln zu können« – um eine Formulierung von Habermas aus den 1970er-Jahren aufzugreifen –, legten ihm sein neues asketisches Rollenverständnis einmal mehr als liberalen Defätismus aus. »Nichts vermanschen, ja nichts vermanschen«, kommentierte Urs Jaeggi und äußerte die Vermutung, als »Wissenschaftsprofi« wolle Habermas nicht länger das Risiko eingehen, seine Philosophie dem Druck der Straße auszusetzen. Was er seinen Lesern stattdessen serviere, sei »Nouvelle Cuisine der Theorie«.[6]

J'accuse

In meiner Erinnerung wird das Jahr 1986 von zwei Ereignissen geprägt: der Reaktorkatastrophe von Tschernobyl im April, nach der wir bei Regen nicht mehr ins Freie durften, und der Fußball-WM in Mexiko, der ersten, die ich von Anfang bis Ende im Fernsehen sah. Ich war zu jung, um mitzubekommen, dass Habermas zehn Tage nach dem verlorenen Endspiel gegen Argentinien einen Zeitungsartikel veröffentlichte, der von allen seinen Texten wahrscheinlich der wirkungsmächtigste ist.

Der Historikerstreit gehört zu den großen Zäsuren im Ideenhaushalt der Bundesrepublik. Nimmt man die Einschätzung hinzu, er sei von Habermas »vom Zaun gebrochen und gewonnen« worden, ergibt sich ein Bild, das keine Strukturgeschichte Bielefelder Provenienz einfangen könnte: Hat hier ein Intellektueller quasi im Alleingang die politische Kultur eines ganzen Landes umgekrempelt und ihr auf Jahrzehnte seinen Stempel aufgedrückt? Habermas selbst würde diese heroisierende Sichtweise sicherlich von sich weisen. Ob er wohl mit der Behauptung einverstanden wäre, damals sei ihm sein größter Coup geglückt? In einem Vortrag über Heinrich Heine hatte er im Februar 1986 noch nachgezeichnet, mit welcher Verspätung das französische Rollenmodell des öffentlichen Intellektuellen auch in Deutschland etabliert worden sei. Erst im Gefolge von Achtundsechzig habe es sich schließlich durchgesetzt – was man am besten daran erkennen könne, dass es hierzulande inzwischen sogar konservative »Gegenintellektuelle« gebe. Wenige Monate später fand die Probe aufs Exempel statt: Inmitten der politischen Unübersichtlichkeit der 1980er-Jahre, kurz nachdem die französischen Intellektuellen die Figur des »universellen Intellektuellen« mit Aplomb zu Grabe getragen hatten, schlug in Deutschland die Stunde ihrer größten Wirksamkeit.[1]

Noch mal der Hergang der Debatte: Im Sommer 1986 vertrat der Berliner Historiker Ernst Nolte in einem Artikel in der *FAZ* die Ansicht, die nationalsozialistische Judenvernichtung sei eine Reaktion auf die Massenmorde des Stalinismus, das heißt die Nachahmung einer ursprünglich »asiatischen Tat« gewesen und stelle somit weder ein einzigartiges noch ein unverständliches Ereignis dar. Kurz zuvor hatte er gegenüber dem israelischen Historiker und Holocaust-Überlebenden Saul Friedländer obendrein die These vertreten, Chaim Weizmann, der Präsident des Jüdischen Weltkongresses, habe Hitler 1939 in aller Form den Krieg erklärt, weshalb der deutsche Diktator durchaus berechtigt gewesen sei, die Juden wie feindliche Soldaten zu behandeln – »wenn, natürlich, auch nicht zu töten«.[2]

Anders als heute in manchen journalistischen Rückblicken zu lesen, löste Noltes Artikel damals aber keinen »Sturm der Entrüstung« aus. Erst die im Abstand von einem Monat in der *ZEIT* veröffentlichte Replik von Habermas verwandelte Noltes Thesen, die er im Prinzip schon in seinem Standardwerk von 1963 *Der Faschismus in seiner Epoche* vertreten hatte, in ein Politikum. Habermas wies den Vergleich und die ursächliche Verkettung von Auschwitz und Gulag als verharmlosende Apologie zurück. Noch schwerer wog aber, dass er Noltes Artikel als Teil einer Kampagne revisionistischer »NATO-Historiker« identifizierte, die als Erfüllungsgehilfen der Geschichtspolitik des amtierenden Bundeskanzlers darauf aus seien, das ramponierte deutsche Nationalbewusstsein »aufzumöbeln«. Im Vorjahr hatte Helmut Kohl mit dem amerikanischen Präsidenten Ronald Reagan zum vierzigsten Jahrestag des Kriegsendes auf dem Soldatenfriedhof von Bitburg eine symbolische Versöhnung inszeniert. Gegen derartige Versuche, die deutsche Vergangenheit zu »normalisieren«, führte Habermas das singuläre Menschheitsverbrechen des Holocaust als Veto ins Feld: »Mit jenem ungeheuerlichen Kontinuitätsbruch haben die Deutschen die Möglichkeit eingebüßt, ihre politische Identität auf etwas anderes zu gründen als auf universalistische staatsbürgerliche Prinzipien, in deren Licht die nationale Tradition nicht mehr unbesehen, sondern nur noch kritisch und selbstkritisch angeeignet werden kann.« Mehr noch: Wie sich den Umfragen der Meinungsforscher entnehmen lasse, steuerten die Bundesbürger tatsächlich auf einen solchen »Verfassungspatriotismus« zu. In Habermas' Genugtuung, »daß wir die Chance, die die moralische Katastrophe auch bedeuten konnte, nicht ganz verspielt haben«, lässt sich ein fernes Echo von Hegels »List der Vernunft« vernehmen.[3]

Der anschließende Streit, dessen Heftigkeit an eine chemische Katalyse denken lässt, spielte sich auf mehreren Ebenen ab: In politischer Hinsicht stand der Umgang mit der NS-Vergangenheit, in wissenschaftlicher die Erforschung des Holocaust zur Debatte. Wie die geschichtspolitischen Vorstöße der Kohl-Regierung gezeigt hatten, war es Mitte der 1980er-Jahre noch keineswegs entschieden, ob die Deutschen 1945 »besiegt« oder »befreit« worden waren – geschweige denn, ob es nach vierzig Jahren an der Zeit sei, die Aufarbeitung von Auschwitz abzuschließen oder überhaupt erst ernsthaft zu beginnen. Heute reibt man sich die Augen, wenn man erfährt, dass Raul Hilbergs Pionierstudie über *Die Vernichtung der europäischen Juden* erst vier Jahre zuvor – und das heißt: zwei Jahrzehnte nach der amerikanischen Originalausgabe – von einem Westberliner Alternativverlag in die Sprache der Täter übertragen worden war. Vonseiten deutscher Historiker lag Mitte der 1980er-Jahre keine einzige umfassende Studie zu diesem Thema vor. Bislang hatten andere Aspekte des Nationalsozialismus wie die »Machtergreifung«, das Herrschaftsgefüge oder der Kriegsverlauf im Fokus der Forschung gestanden. Aber auch in linken Faschismustheorien, die die Untaten des Hitler-Regimes aus dessen kapitalistischer Natur ableiteten, firmierte der Mord an den Juden als »Nebenwiderspruch«.[4]

So deutlich die Versäumnisse der Geschichtsschreibung damals zutage traten – den hohen Erregungsgrad der Debatte können sie nicht erklären. Der Historiker Ulrich Herbert spricht von einem »Stellvertreterkrieg zwischen den politischen Lagern der Bundesrepublik«. Wie man an der Generationszugehörigkeit beinah aller Beteiligten ablesen kann, begann 1986 die letzte Schlacht im langen Krieg der Fünfundvierziger um die mentale Ausrichtung der deutschen Nachkriegsdemokratie: War es nach vierzig Jahren geboten, die Vergangenheit vergehen zu lassen und zu einem positiven Selbstverständnis zurückzufinden, oder konnte nur die Erinnerung an Auschwitz – als eine Art »negative Staatsräson« – den Rückfall in autoritäre Muster verhindern? Schon Ende der 1980er-Jahre galt es in der westdeutschen Öffentlichkeit als ausgemacht, dass das linksliberale Lager um Habermas den Streit für sich entschieden hatte. Während sich Ernst Nolte, dem das Gespür für die feinen Unterschiede von fachwissenschaftlicher und öffentlicher Auseinandersetzung völlig gefehlt zu haben scheint, im Fernsehen um Kopf und Kragen redete, gewann ein lagerübergreifender Konsens die Oberhand, demzufolge der Holocaust – innerhalb der Grenzen des legitimen politischen Diskurses – als singuläres, von Deutschen begangenes Menschheitsverbrechen nicht länger relativiert oder zu den sprichwörtlichen Akten gelegt werden konnte. 1988 stellte Habermas »mit Aufatmen« fest, in Deutschland gebe es mittlerweile »Mehrheiten, vor denen man keine Angst mehr haben muß«. Und obwohl er an dieser Einschätzung in der Folgezeit von Neuem gezweifelt haben dürfte, bekräftigte er sie zwanzig Jahre später, wenn er erklärte, der Historikerstreit habe »auf dem Feld der *memory politics* Pflöcke eingeschlagen, an denen die politischen Eliten in Deutschland nicht mehr rütteln«.[5]

Noch einmal sechzehn Jahre später bietet sich ein anderes Bild: Während es hierzulande wieder Politiker gibt, die an den Pflöcken unserer Erinnerungskultur, wie sie sich zwischen Historikerstreit und Mahnmal-Debatte eingebürgert hat, rütteln, muss sich ebendiese Erinnerungskultur von anderer Seite die Frage gefallen lassen, ob sie nicht Züge einer liturgischen Erstarrung aufweist. Mit seiner Polemik gegen den »Katechismus der Deutschen« löste der schon zitierte Dirk Moses 2021 den sogenannten

Zweiten Historikerstreit aus. Für Moses und andere, die an dieser Debatte teilgenommen haben, ist es vor allem das Postulat von der Singularität des Holocaust, das sich von einer aufklärerischen, diskurserweiternden These in eine dogmatische Behauptung verwandelt habe. Es werde neuerdings ins Feld geführt, um einerseits vergleichende Forschungen zum Verhältnis von Judenmord und Kolonialverbrechen zu diskreditieren und andererseits eine »mündige« öffentliche Diskussion über Israel zu verhindern. Schon 2015 hatte der israelische Philosoph Omri Boehm Habermas' Weigerung, sich zur Siedlungspolitik der Netanjahu-Regierung zu äußern, als Bruch mit jenen universalistischen Prinzipien kritisiert, deren Begründung er sein Werk gewidmet habe: »Ein Deutscher, der sich weigert, das israelische Verhalten zu kommentieren, weigert sich, den Standpunkt der Aufklärung einzunehmen, sobald er sich mit jüdischen Angelegenheiten befasst.«[6]

Der Terroranschlag der Hamas vom 7. Oktober, der Krieg in Gaza und der weltweite Ausbruch antisemitischer Ressentiments haben dieser Debatte eine ungeahnte Brisanz verliehen. Im November 2023, während ich dies schreibe, hat Habermas in einer gemeinsam mit Kollegen von der Universität Frankfurt verfassten Stellungnahme den neu entflammten Antisemitismus scharf verurteilt. Er erinnert daran, dass »jüdisches Leben und das Existenzrecht Israels« in Deutschland aufgrund der nationalsozialistischen Verbrechen »zentrale, besonders schützenswerte Elemente sind«. Auch »diejenigen in unserem Land, die antisemitische Affekte und Überzeugungen hinter allerlei Vorwänden kultiviert haben«, dürften Israels berechtigte militärische Gegenwehr nicht zum Anlass nehmen, um diesen Affekten ungehemmten Lauf zu lassen –

womit wohl vor allem muslimische Migranten gemeint sind. Die Verurteilung des Antisemitismus jedweder Spielart ist ein notwendiges Signal. Dass Habermas und seine Co-Autoren allerdings weder über die Komplexität der politischen Situation im Nahen Osten noch über die Islamophobie in Deutschland, die durch die jüngsten Ereignisse ebenfalls neue Nahrung erhält, ein einziges Wort verlieren, macht deutlich, dass ihr Universalismus hier an eine Grenze stößt, die tief im moralischen Haushalt der alten Bundesrepublik verankert ist. Wenn die »elementaren Rechte auf Freiheit und körperliche Unversehrtheit sowie auf Schutz vor rassistischer Diffamierung gleichermaßen für alle gelten« sollen, wie sie schreiben – warum lassen sie bei aller legitimen Parteinahme für Israel die Diffamierung der Gegenseite vollkommen aus dem Blick? Das führt zu der Frage zurück, die Habermas schon während des Historikerstreits als die eigentlich entscheidende betrachtete und die sich heute auf neue Weise stellt: Ist eine Erinnerungskultur, die auf dem Bekenntnis zur Singularität des Holocaust beruht, noch dazu geeignet, in den Köpfen und Herzen der Bewohner dieses Landes eine universalistisch-republikanische Gesinnung gedeihen zu lassen?[7]

Es ist bemerkenswert, dass der deutsch-jüdische Philosoph Ernst Tugendhat, den Habermas in den 1970er-Jahren zeitweilig nach Starnberg geholt hatte, schon im Juli 1986 eine Kritik an der Singularitätsthese formulierte, die in mancherlei Hinsicht auf die aktuelle Debatte verweist. »Bitte missverstehe mich hier nicht«, schrieb er dem Freund am Tag, nachdem dessen Polemik in der *ZEIT* erschienen war: »ich glaube, dass Auschwitz für Deutsche wie für Juden ein einzigartiges historisches Trauma ist, an dem keiner vorbeikann. Für uns ist es einzigartig, aber die Lehren, die wir daraus ziehen sollten, Deutsche wie Juden, sollten universalistisch sein. Man muss die aus diesem Schicksal entstandene Sensibilisierung in eine universalistische Sensibilität wenden – muss, sonst bleibt man im Teufelskreis des Partikularismus hängen. Deswegen können einzigartige Ereignisse Anlässe sein, aber keine Argumente. Sowohl die Juden wie die Deutschen neigen dazu, sich einzigartig vorzukommen und daher ihre Schicksale als – positiv oder negativ – einzigartig anzusehen. Das kann dann nur dazu führen, dass das Geschehen eingezäunt wird und durchaus vergleichbare Ereignisse verharmlost werden, in Israel wie hier.«[8]

Man wüsste gern, was Habermas damals erwidert hat, doch ist in seinem Vorlass keine Antwort an Tugendhat überliefert. Vielleicht verwies er auf die Hegel'sche Dialektik und insistierte darauf, dass die universellen Normen der Vernunft, die stets einer historischen Verkörperung bedürften, in Deutschland nur durch die Anerkennung einer äußersten Partikularität wirksam werden könnten. In der Reaktion auf Dirk Moses, die er 2021 veröffentlichte, räumte er zwar ein, dass »alle historischen Tatsachen mit anderen Tatsachen verglichen werden können«, insistierte aber darauf, dass es den Nazis nicht um die Ausbeutung einer kolonial unterworfenen Bevölkerung, sondern um die »ausnahmslose Auslöschung« eines »inneren Feindes« gegangen sei – ein Unterschied, der sich, wie immer man ihn historiografisch gewichten möchte, seinerseits aus dem Vergleich ergibt.[9] Mit Blick auf die Debatte, die Habermas 1986 anstieß, ist es jedoch wichtig, daran zu erinnern, dass das Vergleichsverbot weder eine erkenntnistheoretische noch eine metaphysische, sondern eine politische Position darstellte, die in der damaligen Situation ihrerseits so etwas wie eine strategische Singularität gewann. Man muss den Historikerstreit von vorne anstatt von hinten aufrollen, um Habermas' Rolle – und seinem Coup – gerecht zu werden.

Entgegen der altrömischen Devise *divide et impera* praktizierte er die Kunst, seine Gegner durch Eingemeindung zu besiegen. Nicht nur, dass er mit Michael Stürmer, Andreas Hillgruber, Klaus Hildebrand und Ernst Nolte vier sehr unterschiedliche Historiker zu einem Sturmtrupp der Revisionisten stilisierte. Es gelang ihm auch, die diversen Fronten, an denen er die »Moderne« seit Jahren gegen die »Restauration« verteidigte, bis auf Weiteres zu seinen Gunsten zu entscheiden, indem er sie auf einen Schauplatz – den Umgang mit der nationalsozialistischen Vergangenheit – konzentrierte. Im Historikerstreit setzte er seinen Kampf gegen ein »neukonservativ« verkürztes Verständnis der Moderne, gegen den »Neopopulismus« der Tendenzwende und gegen die intellektuelle Erschlaffung nach Achtundsechzig fort – allerdings mit der entscheidenden Neuerung, dass er diesen Kampf in die Geschichtswissenschaft trug.

Als wäre sie in ein Magnetfeld geraten, zerfiel die Disziplin, deren ideologische Fronten nach den Debatten der 1960er- und 1970er-Jahre wieder durchlässiger geworden waren, in kürzester Zeit in zwei gegnerische Lager. In Habermas' Vorlass findet sich ein ganzer Schwung von Briefen von Historikern, die ihm ihre Zustimmung signalisieren wollten. Wolfgang Mommsen war von seiner Intervention »sehr angetan«. Hans-Ulrich Wehler, der ihn schon beim Verfassen der Replik auf Nolte beraten hatte, entwickelte den Schlachtplan für das linksliberale Lager.

Auch Martin Broszat, der Direktor des Münchner Instituts für Zeitgeschichte, der sich in der *ZEIT* mit einem zustimmenden Kommentar zu Wort gemeldet hatte, versicherte Habermas seiner Unterstützung. Ihm liege daran, schrieb er dem Philosophen, »die Begründetheit Ihrer Intervention und die fabelhafte Inspiration, die Sie dabei leitete, gegen die Habermas-Berührungs-Ängste, die auch bei den Linken unserer Zunft, wenn es öffentlich wird, zu registrieren sind, ins Licht zu rücken«.[10]

Die Vertreter des anderen Lagers empörten sich dagegen über das, was sie als ideologische Gängelung ansahen. Da die Attacke von einem Außenseiter stammte, kam das Gefühl hinzu, als Disziplin instrumentalisiert, ja missbraucht zu werden. Klaus Hildebrand warf Habermas ein »gestörtes Verhältnis« zur historischen Forschung vor; Thomas Nipperdey, einer der wenigen, die sich um Deeskalation bemühten, hielt die Debatte für ein »Unglück« für die Wissenschaft; Imanuel Geiss, der schon in die Fischer-Kontroverse der 1960er-Jahre involviert gewesen war, erblickte in der Delegitimierung der konservativen Historiker gar eine Gefahr für die Demokratie. Es verrät viel über den Tonfall der Auseinandersetzung, dass Habermas solche Vorhaltungen als »ehrpusselige Entrüstung über eine angebliche Vermengung von Politik und Wissenschaft« zurückwies. Vielleicht auch wegen grundsätzlicher Vorbehalte gegen das Fach, von denen noch die Rede sein wird, scheint er den genuinen Erkenntnisinteressen der Geschichtswissenschaft mit einer gewissen Indifferenz begegnet zu sein. Sonst peinlich auf die Unterscheidung von Genres und Sprecherrollen bedacht, scheute er im Streit mit den Historikern jedenfalls nicht vor Entdifferenzierung zurück.[11]

Bedeutsamer als sein Diskussionsstil erscheint mir jedoch die Tatsache, dass er sich überhaupt auf den Boden der Geschichtspolitik begab. Die Feststellung, dass Habermas 1986 den Sieg davongetragen habe, ist nämlich nur die halbe Wahrheit. Er triumphierte um den Preis, die Wahl der Waffen seiner »neokonservativen« Gegner zu akzeptieren, die, wie er in seinen Zeitdiagnosen seit den frühen 1980er-Jahren immer wieder konstatiert hatte, auf die Krise der westdeutschen Gesellschaft mit symbolpolitischen Ausweichmanövern reagierten. Dazu gehöre einerseits der Versuch, die Intellektuellen als innere Feinde zu markieren. »Auf der anderen Seite soll die traditionelle Kultur, sollen die haltenden Mächte der konventionellen Sittlichkeit, des Patriotismus, der bürgerlichen Religion und der Volkskultur gepflegt werden.«[12]

Mit der *Theorie des kommunikativen Handelns* hatte Habermas noch versucht, die Deutungshoheit zurückzugewinnen, indem er die Analyseebene tiefer legte. Erst im Zuge des Historikerstreits ging auch er dazu über, in kulturellen anstatt in gesellschaftlichen Kategorien zu argumentieren und die Praxis der Theorie – wie die Gegenseite – durch Metapolitik, das heißt den Kampf um Hegemonie, zu ersetzen. Symptomatisch, dass er sich mit seiner Rede vom »Verfassungspatriotismus« eine Haltung zu eigen machte, die bis dato innerhalb der westdeutschen Linken tabu gewesen war. Zugleich fuhr er aber fort, die »neue Intimität von Kultur und Politik« zu kritisieren, denn »wer sich erst einmal auf Kultur einläßt, kann nur noch in dem gefährlichen Medium der Überzeugungen überreden«. Im Grunde hätte er also dem Philosophen Christoph Türcke zustimmen müssen, der sich Ende 1986 darüber empörte, dass keine der beteiligten Parteien mehr vom Kapitalismus sprach. »Nicht mehr der Widerspruch zwischen Kapital und Arbeit, nicht mehr die Forderung nach ›mehr Demokratie‹ oder nach Entspannung und Ostpolitik definierten den Frontverlauf«, bilanzierte auch Ulrich Herbert die Folgen des Historikerstreits. »Die Kategorien von links und rechts bestimmten sich fortan vor allem über das Verhältnis zur NS-Vergangenheit.«[13]

Man könnte also sagen, dass Habermas selbst zu jenem »Neohistorismus« beitrug, den er als Teil des konservativen Rückfalls identifizierte. Wenn ich oben meinen Eindruck geschildert habe, auf seinen Spuren irgendwann im Verlauf der 1980er-Jahre die Schwelle zur Gegenwart überschritten zu haben, hat das nicht zuletzt mit dieser ganz buchstäblichen Zeitenwende zu tun – mit der Beobachtung, dass er sich damals von den weiten Erwartungshorizonten der Moderne abwandte, um sich stattdessen einer Vergangenheit zuzuwenden, deren Herrschaft über die »unerlöste Gegenwart« ungebrochen war.[14]

Zurück aus der Zukunft

Sicherlich war die Geschichte in gewisser Weise in Habermas' Werk von Anfang an präsent gewesen. In seinem Insistieren auf der Möglichkeit einer humanen Gesellschaft klangen die schockhaften Erlebnisse von 1945 nach. 1953 hatte er Heidegger vorgeworfen, den »planmäßigen Mord an Millionen Menschen« seinsgeschichtlich legitimieren zu wollen. In seiner Besprechung von Karl Jaspers' alarmierter Bestandsaufnahme *Wohin treibt die Bundesrepublik?* schloss er sich 1966 dessen Kritik an der »Schlußstrichmentalität« der politischen Klasse an. Die Entscheidung des Bundestages, die Verjährungsfrist für »Verbrechen des Naziterrors« lediglich um vier weitere Jahre zu verlängern, aber nicht grundsätzlich infrage zu stellen, bestätige einmal mehr, »daß wir für jenen Staat, der doch einmal vom Jubel der Massen getragen und von prominenten einzelnen gedeckt war, politisch nicht haften wollen«. Auch wenn der Zusammenhang unausgesprochen blieb, kann man die Idee einer gesamtgesellschaftlichen Wiederaneignung »verlorengegangener Lebensgeschichte«, die Habermas zwei Jahre später in *Erkenntnis und Interesse* entwickelte, als Versuch verstehen, dieser Verweigerungshaltung auf andere als juristische Weise Herr zu werden. Schließlich war er in Frankfurt in den Dunstkreis eines Denkens geraten, für das Auschwitz einen unhintergehbaren Bezugspunkt abgab. Doch erforderte seine sukzessive Emanzipation von Adornos negativer Dialektik nicht auch, sich von dieser paralysierenden Referenz zu befreien? Es fällt jedenfalls auf, dass der Holocaust in den 1970er-Jahren, die der Historiker Norbert Frei als »eigentümlich ahistorisch« bezeichnet hat, so gut wie ganz aus seinem Werk verschwand.[1]

Mit gewichtigen Einschränkungen lässt sich insofern auch für Habermas feststellen, was für das »Zukunftsprojekt« der jungen Bundesrepublik als Ganzes so charakteristisch ist: dass nämlich die nachholende Modernisierung darauf beruhte, nach vorn und nicht zurück zu schauen. In seiner Schrift *Vom Nutzen und Nachtheil der Historie für das Leben* hat Nietzsche die Unvereinbarkeit von prospektiver Aktivität und retrospektivem Gedächtnis postuliert: Die Kraft zu handeln sei auf die Fähigkeit angewiesen, zu vergessen. Einen analogen, auf die funktionalen Erfordernisse der deutschen Nachkriegsgesellschaft bezogenen Gedanken hat Hermann Lübbe 1983 in den Begriff des »kommunikativen Beschweigens« gefasst. Nicht nur die wirtschaftliche und politische, sondern auch die intellektuelle Wiederaufbauphase liefern seiner These reiches Anschauungsmaterial: Bei allem Drang, die Sünden der Väter anzuprangern, stand auch der Aufbruch von Achtundsechzig im Zeichen der »Konkretionsvermeidung«. Der lange Sommer der Theorie war für die Geschichte eine dürftige Zeit.[2]

Heute, wo die Geistes- und Kulturwissenschaften seit Langem den Königsweg der Historisierung beschreiten, kann man sich kaum noch vorstellen, in welche Abseitsposition die Geschichte im Lauf der 1960er-Jahre geraten war. In seinem Abschlussreferat auf dem Historikertag von 1970 bilanzierte Reinhart Koselleck den gesellschaftspolitischen und epistemologischen Kursverlust, den sein Fach seit 1945 hatte hinnehmen müssen. Von dem Anspruch, die Vergangenheit zu »bewältigen«, aus prinzipiellen Gründen überfordert, habe es durch den Aufstieg der Sozialwissenschaften zugleich seinen erkenntnistheoretischen Status eingebüßt. In dieser Situation, in der er die Zukunft der Historiografie als solcher gefährdet sah, plädierte er dafür, ihrer »Theoriebedürftigkeit« durch forcierte Theoretisierung abzuhelfen. Die Überlegungen seines Kollegen Wolfgang Mommsen gingen in eine ähnliche Richtung, wenn ihm auch eine andere Art von Theorie vorschwebte. In seiner im selben Jahr gehaltenen Antrittsvorlesung trat Mommsen für eine Geschichtswissenschaft »jenseits des Historismus« ein, die als »echter Partner der anderen Sozialwissenschaften« dazu beitrage, »der Gegenwart ein größeres Maß an rationaler Orientierung« zu verschaffen.[3]

Schon in der Wortwahl nähern wir uns hier den Vorstellungen, die Habermas damals von einer zukünftigen Historie hegte – nur dass er, weniger zuversichtlich als Mommsen und Koselleck, zwischen den Sprachspielen der »Theorie« und der »Erzählung« eine kategorische Grenze zog. So wenig er der Geschichtswissenschaft ihre Daseinsberechtigung absprach, so sehr betonte er, dass sie als narrativ verfasstes Wissen »nicht theoriefähig«, das heißt nur zu Aussagen über vergangene Ereignisse in der Lage sei. Mangels einer klaren Abgrenzung der Deutungshorizonte weigerte er sich sogar, den Erkenntnissen der Historiker einen höheren Status als dem generellen »historischen Bewusstsein der Zeitgenossen« zuzugestehen. Nicht einmal die Übernahme soziologischer Begriffe, wie sie sein Schulfreund Wehler in Bielefeld praktizierte, erschien ihm ausreichend, um die Geschichte aus ihrem »narrativen Bezugssystem« zu befreien. Schaut man sich seine Vorstudien zur Ausdifferenzierung der modernen Gesellschaft aus den 1970er-Jahren an, kann man den Eindruck gewinnen, er habe die Geschichtsschreibung perspektivisch durch eine von historischer Forschung unterfütterte Evolutionstheorie überwinden wollen, die – fern davon, sich auf die Rekonstruktion des Vergangenen zu beschränken – aus den »strukturellen Möglichkeiten« der Gegenwart auf zukünftige Entwicklungen schloss.[4]

Ähnliches lässt sich auch für Habermas' damalige Überlegungen zur nationalen Identität und zum kollektiven Gedächtnis feststellen. Bei der Entgegennahme des Stuttgarter Hegel-Preises widmete er dem Thema 1974 einen ganzen Festvortrag. Die Grundgedanken sind erkennbar der neuen Kommunikationstheorie der Gesellschaft entlehnt, die er gerade in Angriff genommen hatte. Gegen Luhmann, der den Menschen und dessen Sinnbedürfnisse in die Umwelt seiner sozialen Systeme abschieben wolle, stellte er zunächst klar, dass auch die moderne Gesellschaft für ihren Zusammenhalt auf ein kollektives Zugehörigkeitsgefühl angewiesen sei. Dieses Zugehörigkeitsgefühl lasse sich jedoch nicht mehr in herkömmlicher Weise, das heißt durch Bezug auf die kulturelle Tradition, die nationale Gemeinschaft oder ein bestimmtes Territorium stiften. Selbst den seinerzeit von Hegel ins Spiel gebrachten »souveränen Verfassungsstaat« hielt er angesichts fortbestehender Klassenstrukturen und wirtschaftlicher Globalisierung als Anker einer »vernünftigen« Identität nicht mehr für zeitgemäß. Stattdessen entwarf er die Möglichkeit einer »postkonventionellen«, universalistischen Identität, die aus dem Bewusstsein erwachse, einem Verständigungszusammenhang anzugehören, in dem das von allen Geteilte überhaupt erst zur Debatte stand: »Wenn in komplexen Gesellschaften eine kollektive Identität sich bilden würde, hätte sie die Gestalt einer inhaltlich kaum präjudizierten, von bestimmten Organisationen unabhängigen Identität einer Gemeinschaft derer, die ihr identitätsbezogenes Wissen über konkurrierende Identitätsprojektionen, also: in kritischer Erinnerung der Tradition oder angeregt durch Wissenschaft, Philosophie und Kunst diskursiv und experimentell ausbilden.« Man beachte den Konjunktiv. Habermas war nicht so naiv anzunehmen, dass eine solche postnationale, postterritoriale, poststaatliche Identität schon irgendwo verwirklicht sei. Im Sinne des universalistischen Horizonts seines Entwurfs argumentierte er gerade unter Absehung kultureller oder historischer Eigenarten. Allerdings horcht man auf, wenn er am Rande davon spricht, dass »die kulturellen Selbstverständlichkeiten verbraucht und die traditionellen Geltungsansprüche erschüttert« seien. Der Klarname des identitätspolitischen Experiments, für das er in seiner Dankesrede warb, lautet »Bundesrepublik«.[5]

Wenn nur der »Neohistorismus« nicht gewesen wäre! Just als die Theorie bereit schien, die Geschichtsschreibung abzulösen, und der Kommunikationszusammenhang die nationale Identität, sah sich Habermas gezwungen, auch hier den konservativen Backlash zu konstatieren. Zum geistigen Spannungsabfall, zum Syndrom des »Neokonservatismus«, »Neopopulismus«, »Neoaristotelismus« und all der anderen Revisionismen, die er seit Mitte der 1970er-Jahre mit wachsender Sorge registrierte, gehörte auch die Rückkehr der Vergangenheit. Die Erosion des Fortschrittsversprechens der Nachkriegsmoderne legte rückwärtsgewandte Leidenschaften frei. Man kann das ebenso an der plötzlichen Popularität von historischen Ausstellungen und Museen, an den Retrozyklen der Popkultur oder an den Hobbyhistorikern und Freizeitgenealogen ablesen, die Dachböden und Stadtarchive auf der Suche nach Alltags-, Lokal- und Familiengeschichten durchkämmten. In dem Maß, wie der Glanz der Theorie verblasste, wurde die Geschichte auch für Linke attraktiv: Die Geschichtswerkstätten, die damals in vielen westdeutschen Städten entstanden, gingen aus der Alternativbewegung hervor. 1987 sprach der Kritiker Gustav Seibt von einer »fast gewaltsamen Rückkehr des Historischen ins westdeutsche Bewußtsein«. Hatte Wolfgang Mommsen zu Beginn der 1970er-Jahre noch das Absterben des historischen Sinns in der schnelllebigen modernen Gesellschaft diagnostiziert – weshalb der professionellen Geschichtswissenschaft zugleich auch die Bewahrung des kollektiven Gedächtnisses aufgetragen sei –, so begannen viele seiner Kollegen gegen Ende der Dekade, dessen Inflation und Trivialisierung zu beklagen.[6]

Für Habermas standen indessen die politischen Implikationen des Neohistorismus im Vordergrund. Schon 1974 hatte Golo Mann, dessen Wallenstein-Biografie Bestsellerauflagen erzielte, für die Rückkehr zu einer anschaulich erzählenden Geschichtsschreibung plädiert. »Theoriediskussion soll nie aufhören, aber sie wird sich beruhigen«, lautete seine gönnerhafte Prognose. Der Münchner Historiker Thomas Nipperdey, dessen dreibändige *Deutsche Geschichte* des 19. Jahrhunderts wir in den 1990er-Jahren als epischen Gegenentwurf zur Bielefelder

Schule lasen, gewann mit einer ähnlichen Haltung als Antipode von Wehler akademische Statur. Habermas hätte weniger besorgt reagiert, wäre er davon ausgegangen, dass es sich um einen bloßen Methodenstreit unter Historikern handeln würde. In Wirklichkeit aber verfolgten die Kritiker der historischen Sozialwissenschaft in seinen Augen das Ziel, ihr Metier von Neuem für herkömmliche Erzählungen nationaler Identität zu öffnen und mittels Einfühlung in vergangene Sichtweisen und Stimmungslagen einen Sinn für historische Kontinuitäten zu stiften – eine Tendenz, die mit Andreas Hillgrubers und Ernst Noltes Bereitschaft, sich selbst noch in Hitler einzufühlen, in den 1980er-Jahren ihren alarmierenden Höhepunkt erreichte.[7]

Umso schlimmer, dass sich das neue Bedürfnis nach historischer Identität auch unter Progressiven bemerkbar machte – bei Hans-Jürgen Syberberg zum Beispiel, der sich in seinem *Hitler*-Film von 1977 seiner Faszination für den Nationalsozialismus überließ; oder bei dem Frankfurter Sponti Thomas Schmid, der öffentlich erklärte, sein Deutschsein »nicht länger überspielen« zu wollen; oder bei Karl Heinz Bohrer, der 1979 in der *FAZ* dafür plädierte, sich gegen die Harmlosigkeiten des sozialdemokratischen Kulturverständnisses von Neuem auf Deutschland »als geistige Möglichkeit« einzulassen. Weitaus stärker dürfte Habermas aber irritiert haben, dass auch Martin Walser, der bekennende Kommunist, der im Deutschen Herbst noch mit ihm zusammen gegen die Delegitimierung der Linksintelligenz protestiert hatte, neuerdings deutschnationale Töne von sich gab.[8]

Nachdem die beiden in der Suhrkamp-Kultur der 1960er-Jahre miteinander bekannt geworden waren, hatte sich im Lauf des folgenden Jahrzehnts, auch wegen der gleichaltrigen Kinder, eine Familienfreundschaft entwickelt: wechselseitige Besuche in Starnberg und Nußdorf, gemeinsame Urlaube und Treffen bei gleichzeitigen Gastaufenthalten in den USA. Für Walser, dessen Tagebücher eine wachsende Unsicherheit über seinen Status als Autor verraten, obwohl ihm mit der Novelle *Ein fliehendes Pferd* gerade einer seiner größten Erfolge gelungen war, wurde der Philosoph zu einer wichtigen Bezugsperson. »Ich finde außer Jürgen Habermas keinen mehr ganz erträglich«, notierte er 1977. In einem Traum fliegen sie, fest aneinandergeklammert, durch den Nachthimmel – als sei Habermas der Einzige gewesen, der ihn vor dem befürchteten Absturz bewahren konnte. Umso größer war die Kränkung, als der Freund auf seinem fünfzigsten Geburtstag im Juni 1979 ihre Freundschaft infrage stellte. Kurz zuvor muss ihm Walser seinen Beitrag für die *Stichworte zur geistigen Situation der Zeit*, die für das Suhrkamp-Herbstprogramm angekündigt waren, übergeben haben. In »Händedruck mit Gespenstern« verlieh er zum ersten Mal einem inneren Rumoren Ausdruck: Dem »geschichtsabweisenden« Juste Milieu der linksliberalen Öffentlichkeit zum Trotz bekannte er sich zu seinem Bedürfnis »nach Überwindung des Zustands Bundesrepublik« und danach, zu einer »sozusagen natürlichen« nationalen Identität zurückzufinden.[9]

Habermas, um scharfe Urteile nicht verlegen, ließ ihn auf seiner Party spüren, was er von derlei Bedürfnissen hielt. Walser habe »einen schlechten und ungeheuer nationalistischen Aufsatz« geschrieben, erklärte er dem Literaturkritiker Peter Hamm, während Walser danebenstand. »Vorher hatte er in größerer Runde einmal weingereizt gerufen, ich sei, chronologisch gesehen, der Letzte, der Allerletzte seiner Freunde, und er müsse sich überlegen, ob er da vielleicht mal einen Schnitt mache.« Ob hier jener Zorn in Habermas aufkochte, der ihn – damals wie heute – zu seinen politischen Stellungnahmen treibt? Jedenfalls hatte sich Walser bereits durch diesen Zwischenruf brüskiert gefühlt. Lange vor Mitternacht brach er mit dem bitteren Gefühl, eine Demütigung erlitten zu haben, nach Hause auf.[10]

Das lag aber nicht nur an Habermas. Zu den Gästen gehörte auch Siegfried Unseld, an dessen minimal distanziertem Verhalten Walser das Nachlassen seines literarischen Kurswerts ablesen zu können meinte. Wie seine Tagebucheinträge verraten, war es aber vor allem Gershom Scholem, der ihm den Abend verleidete. Scholem, der damals regelmäßig nach Deutschland und bei diesen Gelegenheiten auch meist nach Starnberg kam, bildete den Mittelpunkt der Feier. »Man sieht Gershom Scholem mit Windmühlen-Armen immer auf jemanden einreden. Wenn ihm von Siegfried oder Jürgen Habermas Gäste vorgestellt oder zur Begrüßung hingeschleift werden, kennt er sie nicht, auch wenn diejenigen sagen, dass sie ihn vorgestern oder vor einem Monat getroffen haben. Er will auch gleich weiterreden.« Gewohnt, selber im Mittelpunkt zu stehen, sah sich Walser auch in geselliger Hinsicht zur Nebenfigur degradiert. Sein Versuch, einen Fuß in die Tür der Unterhaltung zu kriegen, geriet zur Blamage, weil er nicht wusste, dass Blau-Weiß im Berlin der 1920er-Jahre die Farben der zionistischen Bewegung gewesen waren. Dass Scholem von »goischer Vernebelung« sprach, um den Zustand der Begriffsstutzigkeit zu charakterisieren, machte seine Laune nicht besser. »Marcuse wundert sich andauernd über Scholems Gedächtnis und Wissen. So über Bloch und Rosenstock-Huessy … Der war aus Breslau, sage ich, um auch etwas zu sagen. Gershom Scholem: Und wie! Schon wieder ein Lacher!« Dabei trank Scholem den ganzen Abend über nur Orangensaft, während Walser nicht einmal nach mehreren Gläsern Wein zu einer Pointe in der Lage war. Für das goldene Kettchen, das er sich für den Anlass von seiner Frau geliehen hatte, fühlte er sich plötzlich zu alt. »Ich schloss den Hemdkragen. Wir waren sowieso schon am Gehen.«[11]

In derselben Couchecke, in der mir Habermas heute seinen Sneaker entgegenstreckt, hatten sich vor über vierzig Jahren also die Gräben der sogenannten Vergangenheitsbewältigung aufgetan: Der spätere Paulskirchenredner, der schon in den 1970er-Jahren zu der Überzeugung gelangt war, dass seine Landsleute zu einer »natürlichen« Identität zurückfinden sollten, fühlte sich von einem der Stichwortgeber deutscher Erinnerungskultur in seiner Eitelkeit gekränkt. »Nur im Eingedenken des Vergangenen«, hatte Scholem 1966 in seiner schon zitierten Rede auf dem Jüdischen Weltkongress in Brüssel erklärt, »nur im Eingedenken des Vergangenen, das niemals ganz von uns durchdrungen werden wird, kann neue Hoffnung auf Restitution der Sprache zwischen Deutschen und Juden, auf Versöhnung der Geschiedenen keimen.« Das war die Linie, die Habermas später im Historikerstreit vertrat. Dagegen wollte Walser in der »Dauerpräsentation« von Auschwitz die »Instrumentalisierung unserer Schande« erkennen.[12]

Trotz seiner Einwände nahm Habermas Walsers Essay, in dem schon wichtige Motive der Paulskirchenrede von

1998 versammelt sind, nicht nur in sein Kompendium der Suhrkamp-Kultur auf, sondern stellte ihn sogar prominent an erste Stelle. Auch das zeigt, wie sich die Fronten seither verschoben haben. Ihre Freundschaft, die zwanzig Jahre später im Zerwürfnis endete, trug vorerst nicht mehr als einen feinen Riss davon. Das deutschnationale Raunen, das unter westdeutschen Intellektuellen zu vernehmen war, hätte sich für Habermas auch kaum zur Indizienkette eines neokonservativen Geschichtsrevisionismus verdichtet, wenn es 1982 nicht zum Regierungswechsel gekommen wäre. Als Teil der »geistig-moralischen Wende« gab der neue Bundeskanzler bald nach Amtsübernahme seine Pläne für die Eröffnung zweier neuer deutscher Geschichtsmuseen bekannt. Zugleich nahm er als promovierter Historiker die allfälligen Gedenktage in seine Regie: 1983 stand der fünfzigste Jahrestag von Hitlers »Machtergreifung« an; 1984 jährte sich der Aufstand vom 20. Juli und 1985 das Kriegsende zum vierzigsten Mal. Der Händedruck der Weltkriegsgeneräle Ridgway und Steinhoff in Anwesenheit von Kohl und Reagan in Bitburg, laut Ralf Dahrendorf das »symbolkräftigste öffentliche Ereignis« dieser Zeit, hätte eine publicityträchtige Geste der Versöhnung sein sollen. Dass auf dem Friedhof neben deutschen und amerikanischen Soldaten auch Waffen-SS-Männer lagen, durchkreuzte diesen Plan. Zum Glück für Kohl gelang es Richard von Weizsäcker drei Tage später mit seiner berühmten Rede, in der er das Kriegsende als »Befreiung« deklarierte und dazu aufrief, »ein Mahnmal des Denkens und Fühlens in unserem eigenen Inneren« zu errichten, den guten Ruf der Bundesrepublik bei den westlichen Verbündeten wiederherzustellen.[13]

In der schon im Vorfeld von Reagans Besuch maßgeblich von amerikanischen Juden angestoßenen Kontroverse – Elie Wiesel sprach von einer »Ehrenrettung der SS« – meldete sich auch Habermas zum ersten Mal zur neuen Geschichtspolitik zu Wort. Kohl verhalte sich zur deutschen Vergangenheit, schrieb er in zeittypischer Metaphorik, »wie zu einem Atomkraftwerk, für dessen strahlenverseuchten Müll noch keine Endlagerung gefunden ist«. Der Geschwister-Scholl-Preis, den ihm der Börsenverein des Deutschen Buchhandels im November 1985 für seine Aufsatzsammlung *Die Neue Unübersichtlichkeit* verlieh, gab Anlass, über das Vermächtnis der Weißen Rose nachzudenken. In seiner Dankesrede sprach Habermas über jene Inversion der Zeiterfahrung, die damals, in der Bundesrepublik der mittleren 1980er-Jahre, Beobachtern aus allen politischen Lagern ins Auge fiel: Mit wachsendem historischem Abstand schien die Last der »alptraumhaft wiederkehrenden Vergangenheit« nicht ab-, sondern zuzunehmen. »Es ist, als wenn sich jene zwölf Jahre unter dem Druck immer neuer Aktualisierungen ausdehnten, statt aus immer entfernteren Perspektiven zu schrumpfen.«[14]

Geschichte und Gedächtnis

Tatsächlich war dem dunkelsten Kapitel der deutschen Geschichte plötzlich nicht mehr zu entkommen. Eine Woche nach seiner Rede erreichte Habermas die Einladung zu einer Tagung über »Kollektive Erinnerungsprozesse in Beziehung zur NS-Zeit«, die Saul Friedländer, Fellow am neu gegründeten Westberliner Wissenschaftskolleg, im Februar 1986 im Grunewald veranstaltete. War es seine jüngste Stellungnahme, seine Rolle als Haupt der Frankfurter Schule oder seine Freundschaft mit Gershom Scholem, die ihm diese Ehre verschaffte? Abgesehen von Habermas und seiner Frau gelang es Friedländer, ein beeindruckendes Line-up nach Berlin zu holen – darunter führende deutsche Zeithistoriker wie Hans Mommsen, Heinrich August Winkler und Lutz Niethammer, deutsch-jüdische Intellektuelle wie Dan Diner, Micha Brumlik und Marianne Awerbuch sowie ein Spektrum unterschiedlicher Experten, zu denen der Göttinger Psychiater Joachim-Ernst Meyer, der israelische Ideenhistoriker Amos Funkenstein und der amerikanische Soziologe Norman Birnbaum gehörten. Als Vertreter der Westberliner Intelligenz nahmen die Philosophin Margherita von Brentano, Jacob Taubes und Nicolaus Sombart teil – um nur die namhaftesten zu nennen. Es ist ein Jammer, dass Reinhart Koselleck sich in New York aufhielt und Christa Wolf keine Ausreisegenehmigung bekam – man wüsste gern, wie sich die Debatte entwickelt hätte, wenn er als Liberalkonservativer und sie als Ostdeutsche der Einladung hätten folgen können. Mit seiner Tagung stieß Friedländer auf großes Interesse. Wie er sich später erinnerte, war der Vortragssaal des Wissenschaftskollegs bis auf den letzten Platz besetzt.[1]

Eine Veranstaltung wie diese hatte es in Deutschland bisher nicht gegeben. Die erste wissenschaftliche Holocaust-Konferenz, die überhaupt in der Bundesrepublik stattfand, hatte sich 1984 mit der »Entschlussbildung und Verwirklichung« des Völkermords innerhalb des NS-Herrschaftsapparats beschäftigt. Dagegen verschob Friedländer, der ebenso wie Mommsen an der Stuttgarter Tagung teilgenommen hatte, den Fokus von der Tat selbst auf ihr gesellschaftliches Nachleben – in den USA, in Israel und vor allem in der Bundesrepublik. Die heute inflationär diskutierten Phänomene des kollektiven Gedächtnisses und der Latenz traumatischer Ereignisse waren damals gerade erst am Horizont der Forschung aufgetaucht. Abgesehen von der akademischen Fragestellung lag Friedländer offenbar aber auch daran, ein deutsch-jüdisches Gespräch in Gang zu bringen, und zwar ausgerechnet an dem Ort, an dem Gershom Scholem, seit Langem der prominenteste Kritiker eines solchen Gesprächs, noch kurz vor seinem Tod, im Winter 1981/82, Fellow gewesen war.[2]

Das Transkript des Tonbandmitschnitts der Tagung, das in der Bibliothek des Wissenschaftskollegs aufbewahrt wird, ist ein ungewöhnliches Dokument. Es lässt den Tonfall sachlicher Distanz vermissen, der für solche Zusammenkünfte charakteristisch ist. Offenkundig waren weder die deutschen noch die jüdischen Wissenschaftler in der Lage, das Thema rein wissenschaftlich zu behandeln, sondern fielen stattdessen immer wieder in die Rolle von Zeitzeugen zurück. »Der Reiz und sicherlich auch die Last dieser Konferenz«, bemerkte Peter Wapnewski, der Rektor des Wissenschaftskollegs, irgendwann im Lauf der zweitägigen Veranstaltung, »besteht natürlich in dem persönlichen Involviertsein eines jeden, der an ihr teilnimmt, ganz anders als wenn man über ein historisch entrücktes Thema spricht.« In seinen abschließenden Worten kam Friedländer sogar zu dem Schluss, ohne die »emotionell-individuellen Ausschweifungen« hätte die Tagung ihren Zweck verfehlt.[3]

Dem Ausmaß an Betroffenheit entsprach der kontroverse Charakter der Debatte. Einigkeit herrschte unter den Teilnehmern nur in Bezug auf das gemeinsame Feindbild der neokonservativen Geschichtsrevisionisten aus dem »Bürgerblock«. Wie man den Protokollen entnehmen kann, waren alle anderen, den Holocaust und seine Nachgeschichte betreffenden Fragen, die an den beiden Tagen diskutiert wurden, aber ungeklärt: In welchem Verhältnis standen Geschichte und Erinnerung? Waren nicht nur die jüdischen Überlebenden, sondern auch die deutschen Täter traumatisiert? Stellte Auschwitz ein singuläres Ereignis dar? Besaß dieses Ereignis eine überhistorische Dimension? Hatte es sich de facto längst als »Zentralsymbol« der NS-Herrschaft durchgesetzt? War Erinnerung generell auf Symbole und Denkmäler angewiesen, oder schlugen solche Symbolisierungen – in Israel, in der Bundesrepublik – notwendig in Nationalismus um? Was war von der Israel-Begeisterung vieler Westdeutscher, was von der »Pluralisierung des Holocaust« durch amerikanische Minderheiten zu halten? Verunmöglichte die

Last der Geschichte ein konstruktives Verhältnis der Deutschen zur Nahostpolitik? Waren ihre bisherigen Schritte zur Aufarbeitung der Vergangenheit als Erfolg oder als Scheitern anzusehen?

Vor allem aber herrschte in Bezug auf die »Gretchenfrage«, wie einer der Teilnehmer sich ausdrückte, keine Einigkeit: Hatte die Verdrängung erst nach dem Ende oder schon während des »Dritten Reiches« eingesetzt? Was hatten die Deutschen vor 1945 von der Vernichtung der Juden gewusst? Es half nichts, dass Hans Mommsen, Jahrgang 1930, auf den diesbezüglichen Forschungsstand verwies – zumal bei den Älteren war der Drang, persönlich Zeugnis abzulegen, stärker. Als Margherita von Brentano, Jahrgang 1922, am zweiten Tag darauf insistierte, »daß jeder Mensch über 15 in diesem Lande es mindestens wissen konnte und eigentlich auch gewußt hat«, hielt es den im selben Jahr geborenen Wapnewski, bis hierher nur Zuhörer, nicht länger auf seinem Stuhl: Als Gefreiter der Panzerwaffe an der Ostfront habe er »niemals auch nur andeutungsweise von dem etwas gehört, was hier als das furchtbare Schicksal der Juden im Osten etwa geschildert wurde«. Dabei sei er für die verbrecherische Natur des NS-Regimes durch sein familiäres Umfeld »im höchsten Grade sensibilisiert« gewesen. Die Ungläubigkeit, mit der man das liest, ist umso größer, als nach der Jahrtausendwende ans Licht kam, dass Wapnewski schon gegen Ende der 1930er-Jahre als Mitglied der NSDAP geführt wurde. Auch da hatte er behauptet, sich dessen nicht bewusst gewesen zu sein.[4] Ist es möglich, dass solche Gedächtnislücken authentisch sind? So lautete eine der Fragen, die auch die Teilnehmer der Konferenz umtrieb. Micha Brumlik, Jahrgang 1947, der gerade Claude Lanzmanns Film *Shoah* für den *Spiegel* besprochen hatte, verwies auf den Fall des Reichsbahnoberinspektors Walter Stier, der in Krakau und Warschau für die sogenannten Sondertransporte nach Sobibor und Treblinka verantwortlich gewesen war, Lanzmann gegenüber aber darauf beharrt hatte, vom Schicksal der Juden nichts gewusst zu haben. Brumlik war der Meinung, dass man sogar einem Täter wie Stier »noch eine gewisse subjektive Ehrlichkeit« unterstellen müsse, und zwar, weil es »eine so tiefsitzende Verdrängung, eine so tiefsitzende Schuld und Scham gibt, daß es auch zu subjektiv ehrlichen Antworten des Nicht-Wissens kommen kann«.

Habermas scheint die Debatte mit wachsender Erregung verfolgt zu haben. Obwohl – wie er immer wieder beteuerte – nur Dilettant im Kreis der Historiker, steuerte er mit seinen Einwürfen die entscheidenden Stichworte bei. So etwa mit seinem in groben Pinselstrichen skizzierten »Phasenmodell« der bundesdeutschen Erinnerungskultur, das sich von der »Latenzperiode« der 1950er- über die »Thematisierungswelle« der 1960er- bis zur »neokonservativen Wende« der 1970er-Jahre erstreckte. Als Spätgeborener hörte er der Erörterung der Frage, wer was gewusst habe, schweigend zu. Erst als die Historiker das Für und Wider von Denk- und Mahnmälern diskutierten, meldete er sich mit einem flammenden Plädoyer für das Vakuum nationaler Symbole in der Bundesrepublik zu Wort. Nachdem die Manipulation des kollektiven Gedächtnisses von den Nazis in den Exzess getrieben worden sei, habe sich den Deutschen die einmalige historische Chance geboten, gemäß Adornos Devise aus den 1950er-Jahren »ohne Leitbild«, also ohne »Denkmäler, Rituale, Fahnen, Gott nochmal, den ganzen Quatsch« auszukommen, mittels dessen seit dem 19. Jahrhundert nationale Identität gestiftet worden sei. »Das war eine deutsche Möglichkeit, mit dem Nationalismus des 19. Jahrhunderts ein für allemal zu brechen und eine experimentelle Vorreiterrolle zu übernehmen« – also jene »vernünftige Identität« auszubilden, von der er schon Anfang der 1970er-Jahre in seiner Stuttgarter Hegel-Preisrede gesprochen hatte.

Allerdings schien Habermas jetzt nicht mehr davon auszugehen, dass eine solche Identität abstrakt, das heißt als bloßes Zugehörigkeitsgefühl zu einer auf herrschaftsfreiem Diskurs beruhenden Kommunikationsgemeinschaft zu haben sei. Gegenüber seinen früheren Ideen war das Eingedenken der Katastrophe in den Vordergrund gerückt, hatte sein auf universalistischen Prinzipien gegründeter Republikanismus eine historistische Note angenommen. Was ihm vorschwebte, war keine erinnerungslose Gesellschaft, sondern eine »symbolfreie« Erinnerung, die der »Diskreditierung« des nationalen Traditionszusammenhangs Rechnung trug. »Auschwitz ist ja nun glücklicherweise ein Symbol, für das wir keine Denkmäler haben außer der hardware, die die ganze Sache erzeugt hat.« Und weil diese »hardware« noch überall in Deutschland anzutreffen sei, brauche man »ja Gott sei Dank niemanden zu beauftragen, der da ein Denkmal macht«.

Die Einwände der Historiker folgten auf dem Fuß. Heinrich August Winkler wollte zumindest »ein Minimum an republikanischen Symbolen«, etwa die schwarz-rot-goldene »48er-Flagge«, von Habermas' Bilderverbot ausgenommen wissen. »An und für sich«, räumte Amos Funkenstein ein, sei er ebenfalls dafür, ohne Symbole zu leben. »Ich vermute nur, daß Symbole unumgänglich sind. Vielleicht wäre in einer Idealgesellschaft ohne sie auszukommen.« Nun lag die utopische Verklärung der Bundesrepublik auch Habermas fern: Knapp vierzig Jahre nachdem seine Erwartungen an den neuen deutschen Staat zum ersten Mal enttäuscht worden waren, kam er 1986 im Wissenschaftskolleg auf das Motiv der verpassten Chance zurück. Nur ging es jetzt nicht mehr um den Unterschied von »formaler« und »materialer Demokratie«, also um die politische Systemfrage, sondern um die symbolische Dimension. Dank der konzertierten Aktion der Revisionisten – der neuen Tendenzen in der Zeitgeschichtsschreibung, der Kohl'schen Provokationen etc. – schien für Habermas das Experiment der postnationalen Identität auf der Kippe zu stehen. »Ich würde sagen«, bemerkte er sarkastisch, »wir sind auf einem guten Wege, vielleicht in 20 Jahren doch eine so homogenisierte Lesart zu haben, unter der man sich zu positiven Vergangenheiten verhalten kann, daß man dann vielleicht sogar wieder Denkmäler bauen kann.« Er konnte nicht ahnen, wie richtig er mit dieser Prognose lag – und noch viel weniger, dass er selbst zu den Befürwortern jenes Denkmals gehören sollte, das dem Verhältnis der Deutschen zu ihrer Vergangenheit zwanzig Jahre später ein neues Leitbild gab.

Was die Protokolle von Friedländers Konferenz so faszinierend macht, ist der Eindruck, einer Art Generalprobe für den bald darauf stattfindenden Historikerstreit beizuwohnen – einer Generalprobe allerdings, an der nur eines der beiden Lager beteiligt war. Am Ende der Tagung ließ Habermas seinem Unbehagen freien Lauf. Obwohl kein einziges der diskutierten Probleme unstrittig sei, beobachte er bei »sämtlichen deutschen Historikern« einen Hang zur »Entdramatisierung« und »fachspezifischen

Konsensbildung« nebst einer Genugtuung über das bereits Geleistete, die ihn »wahnsinnig aufregen« würden. Keimte hier schon der Entschluss, der Geschichtswissenschaft als solcher den Fehdehandschuh hinzuwerfen? In jedem Fall verlieh Habermas mit seiner Tirade der Anspannung Ausdruck, die über der gesamten Veranstaltung lag. Wenn aber schon unter politisch mehr oder weniger Gleichgesinnten die Gefühlskurve so heftig ausschlug, welche Intensität musste die Erregung erst in der großen, lagerübergreifenden Kontroverse erreichen, zu der er fünf Monate später den Startschuss gab?

Zurück in Starnberg, schrieb Habermas – allerdings erst nach einer Latenzperiode von mehreren Wochen – im April an Friedländer, die Tagung habe »eine Menge aufgerührt, wohl in jedem von uns«. Am Vorabend hatte er sich Lanzmanns *Shoah* angesehen, der zwei Monate später als in den übrigen Bundesländern schließlich auch vom Bayerischen Rundfunk ausgestrahlt worden war. Im Mai erschien ein Friedländer-Porträt in der *ZEIT*, in dem Friedländer von jenem Abendessen bei Ernst Nolte erzählte, in dessen Verlauf Nolte ihn mit seiner These von der Kriegserklärung des Jüdischen Weltkongresses an Hitler-Deutschland konfrontiert hatte. In dem Artikel kommt Friedländer auch auf ein weiteres Berliner Abendessen im Kreis seiner Gastgeber vom Wissenschaftskolleg zu sprechen, bei dem ein »erlesener« Moselwein des Jahrgangs 1943 serviert worden sei, bevor die deutschen Professoren, »als sie so richtig fröhlich geworden waren«, das Lied »Theo, wir fahr'n nach Lodz« angestimmt hätten. Auf dem Weg in die Vernichtungslager waren die Berliner Juden vom Bahnhof Grunewald aus zunächst ins polnische Lodz transportiert worden. Fern davon, seinen Kollegen böse Absichten zu unterstellen, staunte Friedländer über das Ausmaß an Verdrängung, das selbst innerhalb der bundesrepublikanischen Bildungselite noch immer der Normalfall zu sein schien. Aufgrund der jüngsten Vorfälle – während seiner Zeit in Berlin hatten sich die Skandale um das Fassbinder-Stück *Der Müll, die Stadt und der Tod* und die Bemerkung eines CDU-Bürgermeisters, man müsse »ein paar reiche Juden erschlagen«, um die Gemeindekasse zu sanieren, ereignet – sagte er aber »eine neue Generaldebatte« über den Umgang der Deutschen mit ihrer verdrängten Vergangenheit voraus. Drei Wochen später erschien Noltes Artikel in der *FAZ*. The rest is history.[5]

Die Stunde der postnationalen Empfindung

Die Westdeutschen, schrieb Habermas im Frühjahr 1990, seien von der Maueröffnung »eiskalt erwischt« worden. Das kann man als Auskunft in eigener Sache verstehen. Noch heute klingt in seiner Stimme die damalige Fassungslosigkeit nach, als er mir bei unserem Gespräch in Starnberg von der Nacht des 9. November erzählt, die er zusammen mit seiner Frau und einigen Freunden aus dem Suhrkamp-Umfeld in Frankfurt vor dem Fernseher verbrachte. Es ist bezeichnend, dass der impulsive Denker seine erste Reaktion auf das epochale Ereignis nach wochenlangem Abwarten lediglich der Schattenöffentlichkeit seines Bekanntenkreises zu lesen gab. Das Ende der DDR – geschweige die Wiedervereinigung der beiden deutschen Staaten – war in seinem politischen Erwartungshorizont nicht vorgesehen. »Wir müßten zu dem Schluß kommen, daß wir dies nicht mehr wollen dürfen«, hatte das SPD-Mitglied Heinrich August Winkler 1986 im Wissenschaftskolleg zur Restauration eines deutschen Nationalstaats gesagt – eine Schlussfolgerung, zu der Habermas selbst längst ohne jede konjunktivische Verrenkung gekommen war. Bereits nach dem Krieg, als sie noch ein linkes Projekt gewesen war, hatte er die deutsche Einheit abgelehnt. Das galt erst recht nach ihrem politischen Vorzeichenwechsel.[1]

Entsprechend nüchtern, beinah schroff, bilanzierte er jetzt, nach der Wende, sein Verhältnis zur DDR. Anfang der 1950er-Jahre, als Student, sei er ein paar Mal im Theater am Schiffbauerdamm gewesen, um sich Brecht-Inszenierungen anzusehen, und später habe er mit dem Filmclub der Universität Bonn von einer FDJ-Stelle in Ost-Berlin DEFA-Filme ausgeliehen. Das nächste Mal sei er erst im Sommer 1988 wieder in die DDR gereist, um auf Einladung eines dortigen Kollegen im überfüllten Audimax der Martin-Luther-Universität in Halle einen Vortrag zu halten. »Für meine Frau und mich waren die Tage lehrreich, aber mental war die DDR damals schon zusammengebrochen. Wir sind eher deprimiert abgefahren und haben in Weimar keinen Stopp mehr eingelegt.« Dazwischen: dreieinhalb Jahrzehnte »Beziehungslosigkeit«. Keine offiziellen Kontakte, keine Verwandtenbesuche, kein Austausch mit oppositionellen Gruppen – sieht man davon ab, dass Wolf Biermann nach seiner Ausbürgerung im November 1976 für einige Tage nach Starnberg kam. »Er wußte nichts von mir und ich nichts von ihm«, sagt Biermann im Rückblick über diese Begegnung. »Wir redeten freundlich aneinander vorbei.« Ansonsten findet sich in Habermas' Vorlass lediglich der sechsseitige Brief eines Psychologiestudenten aus Ost-Berlin, der ihn 1986 um intellektuellen Beistand gebeten hatte. Gewissenhaft hatte sich der Philosoph bemüht, alle an ihn gerichteten Fragen zu beantworten. Die *Theorie des kommunikativen Handelns*, die er mit getrennter Post hinterhergeschickt hatte, war allerdings von den DDR-Grenzbehörden konfisziert worden.[2]

Wie er unumwunden zugab, erging es ihm ähnlich wie der sozialdemokratischen Frankfurter Kulturdezernentin

Linda Reisch, deren Bemerkung, sie könne mehr mit Mailand als mit Leipzig anfangen, im Sommer 1990 durch die Medien ging. Habermas: »Man muß das ohne Sentimentalität feststellen dürfen.« Schließlich hatten auch seine Frau und er zwei Jahre zuvor darauf verzichtet, der Wirkungsstätte Goethes ihre Reverenz zu erweisen. Die unter konservativen Politikern und Intellektuellen kursierende Vorstellung, durch die Angliederung von Weimar und Jena ins unterbrochene Kontinuum der deutschen Geistesgeschichte zurückzukehren, bezeichnete er 1991 als »besitzergreifenden Territorialfetischismus«. Im Faible für nationale Erinnerungsorte, ein Konzept des französischen Historikers Pierre Nora, das seit Mitte der 1980er-Jahre erstaunliche Popularität erlangt hatte, manifestierte sich für ihn eine überholte Mentalität.[3]

Durch die Aussicht auf Wiedervereinigung verwandelten sich die intellektuellen Grabenkämpfe der 1980er-Jahre – die Auseinandersetzungen über den Umgang mit der Vergangenheit, über das kollektive Gedächtnis und die Identität der Deutschen – über Nacht in politischen Ernst. Das lässt sich exemplarisch am Schicksal einer Freundschaft ablesen, die die tektonischen Verschiebungen des Jahres 1990 nicht überstanden hat. Im Rückblick ist das kaum verwunderlich; verwunderlich ist eher, dass sie überhaupt so lange gehalten hat. Vielleicht konnten Freundschaften wie die zwischen Habermas und Karl Heinz Bohrer überhaupt nur im Safe Space der alten Bundesrepublik gedeihen. Ihr privat wie öffentlich ausgetragenes Zerwürfnis steht stellvertretend für die Kluft, die sich damals innerhalb der deutschen Intelligenz auftat. Seit den späten 1960er-Jahren hatten sie sich mal regelmäßig, mal sporadisch getroffen, um – bei geteilter Vorliebe für die Moderne und für den Westen als »emotionale Richtung« – den Gegensatz ihrer intellektuellen Temperamente zu kultivieren. Wie er bis zu seinem Tod nicht müde wurde zu wiederholen, schätzte Bohrer Habermas als Gegenüber, das die Sache der Vernunft, gegen die er auf dem Recht einer ungezähmten ästhetischen Subjektivität beharrte, ebenso mit intellektueller Finesse wie mit Impulsivität vertrat.[4]

Für den Geistesaristokraten Bohrer mögen ihre weinseligen Diskussionen den Reiz eines fortgesetzten intellektuellen Duells, für den kompetitiven Habermas immerhin den eines sportlichen Wettkampfs gehabt haben. Er sei der Einzige, hatte Habermas 1979, noch bevor seine Rasterfahndung nach den Renegaten der Moderne einsetzte, über Bohrer geschrieben, »der sich heute, politisch unbefangen und souverän, etwas von der Radikalität und der neuromantischen Intelligenz eines Jungkonservativen bewahrt hat« – und das war anerkennend gemeint! Weder Bohrers im selben Jahr in der *FAZ* veröffentlichtes Plädoyer für Deutschland »als geistige Möglichkeit« noch sein Spott über die Friedensbewegung, sein Interesse an den postmodernen Franzosen oder seine Auftakt-Serie als neuer *Merkur*-Herausgeber, in der er die Provinzialität und Hässlichkeit der Bonner Republik zum Thema machte, dürften nach Habermas' Geschmack gewesen sein. Ähnlich wie bei Walser hatte er über solche Differenzen aber lange hinweggesehen. Durch ihre Abneigung gegen Helmut Kohl und dessen dumpfen Historismus waren sie im Historikerstreit sogar noch einmal politisch zusammengerückt. »Ich stimme völlig mit Ihrem Aufsatz überein«, hatte Bohrer Habermas nach dessen Polemik gegen Nolte versichert – nicht ohne jedoch hinzuzufügen, dass es »nicht nur eine fundamentalistisch-historistische ›Sinngebung‹, sondern auch eine universalistisch-vernünftige« gebe und dass er, als Romantiker, gegenüber beiden misstrauisch sei.[5]

Zu seinem sechzigsten Geburtstag im Juni 1989 hatte Habermas seinen Freund noch in ein bayerisches Wirtshaus eingeladen. Sechs Monate später geriet ihre fragile Beziehung aus dem Gleichgewicht. Nach dem Fall der Mauer kam Bohrer rasch zu dem Schluss, dass die Vereinigung mit Westdeutschland für die in Auflösung befindliche DDR ebenso wünschenswert wie unumgänglich sei. Doch genau wie sein Sparringspartner hatte auch er Sorge, sich mit einem vorschnellen Urteil zu diskreditieren. Es überrascht allerdings, dass er den Entwurf seines für die *FAZ* geschriebenen Essays ausgerechnet Habermas zu lesen gab. Wie kam er auf die Idee, dass der Philosoph auch nur im Entferntesten einverstanden sein würde? Es muss ihm doch klar gewesen sein, dass die »Lehrer-, Pädagogen- und Pastorengesinnung« der einheitsunwilligen Deutschen, deren Horizont er für beschränkt hielt, genau dessen eigener Haltung entsprach.[6]

Bohrers Plädoyer dafür, das »kolonialisierte Bewußtsein« abzuschütteln und die »hochneurotisierte Selbstauflösung der Deutschen als Nation« rückgängig zu machen, lief auf die Alternative zwischen einem spießig-provinziellen und einem weltläufig-urbanen Deutschland hinaus – eine Alternative, die ihn anderthalb Jahre später auch entschieden für die neue Hauptstadt Berlin votieren ließ. Die DDR als »Naturschutzpark eines sozial und ökonomisch verträumten Gestern« und die Bundesrepublik als apolitische Wohlfühloase erhalten zu wollen bedeutete für ihn, die Tradition deutscher Kleinstaaterei mit ihrer

Borniertheit, geistigen Enge und Untertanenmentalität fortzusetzen – jene Provinzialität also, die schon in den 1980er-Jahren sein Thema gewesen war. Dass Bohrer von Frankfurt, wo sie sich seinerzeit kennengelernt hatten, nach London und Paris, Habermas, der damals schon ein Häuschen im Grünen bewohnt hatte, dagegen in seinen Starnberger Bungalow gezogen war, hatte seinerzeit zwar mit der Kontingenz ihrer Karrieren zu tun – im Nachhinein scheinen in diesen Lebensentscheidungen aber auch politisch-kulturelle Präferenzen zum Ausdruck zu kommen.[7]

Wie Bohrer sich in seinen Memoiren erinnert, bekniete ihn Habermas, den Text nicht zu publizieren. Es half nichts, dass die Idee des Verfassungspatriotismus als »sublimste Variante einer Tabuisierung der Nation«, aus der möglicherweise sogar einmal ein postnationaler Mythos erwachsen könne, in seinen Überlegungen noch vergleichsweise gut wegkam. »Ganz abwegig« fand Habermas den Gedanken, die Deutschen hätten die Verbrechen des Nationalsozialismus durch den Verlust von Ostpreußen und Schlesien gesühnt. Vor allem aber kam er zu einer diametral entgegengesetzten Bewertung der Bundesrepublik. Gerade *dass* die westdeutschen Polizisten in ihren beige-grünen Polyesteruniformen wie »bewaffnete Toilettenwärter« aussahen, gerade *dass* die Bonner Republik ohne repräsentative Hauptstadt auskam, gerade *dass* sie, wie Gustav Seibt damals schrieb, in den späten 1980er-Jahren zu »einem der undeutlichsten Staatswesen der Geschichte« geworden war – gerade diese vermeintlichen Mängel sah Habermas, wie viele Linke, als historische Errungenschaften an. Das Westdeutschland der späten 1980er-Jahre scheint für ihn fast so etwas wie eine konkrete Utopie gewesen zu sein. Nachdem er von der Kohl-Regierung zunächst das Schlimmste befürchtet hatte und im Historikerstreit in einen weiteren Schlagabtausch mit seinen konservativen Altersgenossen geraten war, hatte sich der Wind schon während des unspektakulären Bundestagswahlkampfs von 1987 wieder gedreht.[8]

Während der Aufstieg von Rita Süssmuth signalisierte, dass auch die CDU in den Sog der »Fundamentalliberalisierung« geraten war, und während selbst die Linke »links von der SPD« Tendenzen zeigte, sich mit den verfassungsmäßigen Institutionen zu identifizieren, deuteten die Erhebungen der Sozialwissenschaftler darauf hin, dass sich die postnationale Mentalität nun auch in der breiten Bevölkerung durchzusetzen begann. Freilich machte zur gleichen Zeit der Begriff »Politikverdrossenheit« von sich reden. Ob Habermas nicht doch noch eine Ausbildung zum Heilpraktiker angefangen hätte, wenn das Posthistoire der Regierung Kohl zum kristallinen Dauerzustand geworden wäre? Der 9. November kam für ihn jedenfalls aus heiterem Himmel. Just als die »Verhaltenstherapie«, wie Jan Philipp Reemtsma die westdeutsche Geschichte bezeichnet hat, Früchte zu tragen begann, just als das Land nach vierzig Jahren endlich auch in der Fläche »zum Zeitgenossen des westlichen Europa« geworden war und sich seine linken Intellektuellen auf ruhigere Zeiten einstellen durften, drohte es, von seiner überwunden geglaubten nationalstaatlichen Vergangenheit eingeholt zu werden.[9]

Zu seiner Überraschung musste Bohrer feststellen, dass ihre Positionen »nicht entfernter« hätten sein können. Da die Vereinigung für Habermas – in Bohrers Worten – »die politische Katastrophe« schlechthin darstellte, war der

Artikel, der trotz seiner Einwände im Januar 1990 unter dem Titel »Warum wir keine Nation sind. Warum wir eine werden sollten« in der *FAZ* erschien, ein Affront. Anfangs äußerte Bohrer noch die Hoffnung, »daß unsere persönlichen Beziehungen besser im theoretischen Gespräch als im politischen aufgehoben sind«. Später kündigte er an, »alles zu tun, das einen endgültigen Bruch verhindert« – und drang in Habermas, sich seinerseits um eine Deeskalation zu bemühen: »Nicht nur ich, auch Sie sind gelegentlich extrem impulsiv.« Doch ließen sich die politischen Divergenzen nicht mehr überbrücken, auch nicht, nachdem Habermas eingesehen hatte, dass die Vereinigung unvermeidlich war. Sein letzter Brief an Bohrer datiert aus dem Oktober 1990, als die Würfel schon gefallen waren. Mit ihm ging nicht nur eine zwanzigjährige intellektuelle Freundschaft, sondern auch die Publikationsbeziehung zum *Merkur* zu Ende, in dem Habermas seit Anfang der 1950er-Jahre mehr als vierzig Essays veröffentlicht hatte. Man hätte gern noch den Artikel über »Geschichtlichkeit« gelesen, zu dem Bohrer ihn zu überreden suchte. Er war aber nicht einmal mehr bereit, zum achtzigsten Geburtstag des ehemaligen Chefredakteurs Hans Paeschke beizutragen, und hat auch danach nie wieder im *Merkur* publiziert.[10]

Ich habe die Debatten um die Wiedervereinigung damals nur aus der Ferne verfolgt. Im Januar 1990 ging ich als Austauschschüler in die USA. Wie ich auf Fotos aus dieser Zeit erkennen kann, verwandelte auch ich mich vorübergehend in einen Amerikaner. Erst nach meiner Rückkehr im Sommer, ein halbes Jahr vor meinem 18. Geburtstag, begann ich regelmäßig die *ZEIT* und die *Frankfurter*

Rundschau zu lesen, die es im Haus meiner Eltern gab. Das waren die Blätter, in denen Habermas damals das Zeitgeschehen kommentierte. Aus den vergilbten Dossiers, die ich in den frühen 1990er-Jahren anlegte, fallen mir seine Artikel zur deutschen Einheit, zum Golfkrieg und zur Asyldebatte in die Hände – die ersten Texte, die ich überhaupt von ihm las.

Wie mir beim Wiederlesen klar wird, muss er die Wiedervereinigung als Testfall für die Theorie des demokratischen Rechtsstaats, an der er seit Mitte der 1980er-Jahre arbeitete, betrachtet haben. Seine Kritik richtete sich einerseits gegen die »Politik der schnellen Hand« des Bundeskanzlers, der die Einigung nach Artikel 23 des Grundgesetzes als »Beitritt«, das heißt als bloßen »Verwaltungsvorgang« betrieb. Für die Legitimität eines gesamtdeutschen Staates hielt Habermas dagegen einen Akt der öffentlichen Deliberation, konkret: eine gesamtdeutsche verfassunggebende Versammlung für unerlässlich. Was die Ergebnisse einer solchen Versammlung anging, gestand er den Ostdeutschen andererseits aber nur wenig Gestaltungsspielraum zu. Das Gedankenspiel eines »dritten Weges« zwischen Marktwirtschaft und Staatssozialismus, der nach dem Fall der Mauer noch eine Option zu sein schien, spielte für ihn keine Rolle mehr, seitdem die CDU die Volkskammerwahlen im März 1990 gewonnen hatte. Der Begriff der »nachholenden Revolution«, auf den er die Ereignisse brachte, verrät, dass er deren Richtung für vorgegeben hielt. Eine Revolution ohne »innovative, zukunftsweisende Ideen« konnte bestenfalls auf den westlichen Stand der Dinge zulaufen.[11]

»Ich wäre erstaunt«, schrieb Habermas an Christa Wolf, mit der sich 1991 ein kurzer Briefwechsel entspann,

»wenn es zwischen uns einen Dissens darüber geben sollte, welche Tradition wir fortsetzen wollen.« In der DDR, wo es weder eine Reeducation noch ein Achtundsechzig gegeben habe, sei »eine Mentalität, die wir aus der Adenauerzeit kennen«, wenn nicht »der 30er und 40er Jahre« konserviert worden. Gebot der Verfassungspatriotismus in dieser Situation, die Bundesrepublik nach Kräften vor dem illiberalen Einfluss dieser Mentalität zu schützen? In einem der Artikel, die ich damals ausgeschnitten habe, äußert Habermas die Befürchtung, der Missbrauch fortschrittlicher Ideen im real existierenden Sozialismus werde »für die geistige Hygiene in Deutschland« verheerendere Folgen haben »als das geballte Ressentiment von fünf, sechs Generationen gegenaufklärerischer, antisemitischer, falsch romantischer, deutschtümelnder Obskurantisten« – mit anderen Worten: als das geistige Vermächtnis des Nationalsozialismus. War mit der »zweiten Zerstörung der Vernunft«, von der er sprach, auch die Zerstörung der alten Bundesrepublik gemeint? Der Habermas der frühen 1990er-Jahre erweist sich als wahrhaft postnationaler Denker. Blickt man aus seiner Perspektive auf die Wiedervereinigung zurück, kann man den Eindruck gewinnen, der westdeutsche Staat habe die Bewohner einer fernen asiatischen Despotie in seine politische Kultur integrieren müssen.[12]

Das Befremden der ostdeutschen Intellektuellen lässt sich nachvollziehen. Für Christa Wolf kam in Habermas' Furcht vor ihren unaufgeklärten Landsleuten eine bestürzende Ignoranz zum Ausdruck. Der Ostberliner Schriftsteller Friedrich Dieckmann hielt den »Rheinischen Separatismus« der westdeutschen Linken nicht nur für illusionär, sondern für offen zynisch: »... als müsse ein

Viertel des Volkes der Deutschen in einem wirtschaftlich zerbröckelnden, auf das Niveau eines Schwellenlandes absinkenden Staat leben, nur damit sich drei Viertel der Nation vor den Übeln der deutschen Nationalgeschichte geschützt fühlen konnten«. In der Selbstgenügsamkeit der postnationalen Bundesrepublik erblickte Dieckmann das Pendant zur verblichenen Doktrin des SED-Politbüros, das die DDR zum Staat des antifaschistischen Widerstands erklärt hatte – in beiden Fällen der gleiche warnende Verweis auf den Nationalsozialismus, um den für die westdeutsche Intelligenz wie für die ostdeutsche Nomenklatura komfortablen Status quo zu konservieren.[13]

Allerdings wissen wir inzwischen, dass Habermas mit all seinen Befürchtungen richtig lag. Dass sich die »Gewohnheitsrepublikaner« unter den westdeutschen Liberalkonservativen in Nationalkonservative verwandeln würden, wie er schon Ende 1989 prophezeite, zeigte sich drei Jahre später in der Debatte um Botho Strauß' *Spiegel*-Essay »Anschwellender Bocksgesang«, den die neue intellektuelle Rechte zu ihrem Manifest erkor. Seither hat sich in Deutschland ein neuer, milieu- und schichtenübergreifender Nationalismus etabliert, der mittlerweile auch die Parteienlandschaft prägt. Wie wenig Rückhalt die repräsentative Demokratie in ihrer bestehenden Form in den nicht mehr ganz so neuen Bundesländern besitzt, lässt sich heute, im November 2023, den Prognosen für die kommenden Landtagswahlen in Thüringen und Sachsen entnehmen. Zwar entspricht dieser Legitimitätsverlust einem internationalen Trend, doch dürfte er durch die Überheblichkeit westdeutscher Eliten maßgeblich verstärkt worden sein. Mit Habermas könnte man von einer Dialektik der Delegitimierung sprechen, zu der er selbst auf seine

Weise beigetragen hat. Man darf wohl behaupten, dass er, der das Geschichtszeichen 1989 nie aus dem Schatten von 1945 entlassen wollte, nur insoweit zum philosophischen Repräsentanten der Berliner Republik geworden ist, wie sie eine Fortsetzung ihres Bonner Vorläufers darstellt.[14]

Primat der Weltinnenpolitik

Zu den Axiomen der sozialhistorischen Schule gehörte der sogenannte Primat der Innenpolitik, die Überzeugung, dass die Haupt- und Staatsaktionen der Geschichte lediglich als Reflexe interner Gesellschaftsstrukturen aufzufassen seien. Wie im Vorangehenden gezeigt, bewegte sich auch Habermas als Intellektueller lange innerhalb eines bundesrepublikanischen Horizonts: Die Demokratisierung seiner Landsleute – und selbst die Westbindung – war für ihn vor allem ein innerdeutsches Problem. Man kann das beispielhaft an den *Stichworten zur geistigen Situation der Zeit* von 1979 ablesen: Heute wäre es undenkbar, eine Gegenwartsdiagnose zu verfassen, in der die Welt jenseits der deutschen Grenzen so gut wie keine Rolle spielt. »Ich bin kein Europa-Fan«, erklärte Habermas im selben Jahr und fügte hinzu, er sei dies auch nicht gewesen, »als es Mode war«. Die Europäische Wirtschaftsgemeinschaft, ein Adenauer-Projekt, hatte der Marxist seinerzeit als Agentur des internationalen Kapitalismus abgelehnt.[1]

Erst nach dem historischen Abbruch des Experiments Bundesrepublik wurde Europa für ihn zu einer maßgeblichen Größe – und in den Nullerjahren sogar zu dem Thema, das ihn, wie er 2006 bei der Entgegennahme des Bruno-Kreisky-Preises verriet, »am meisten aufregt«. Abgesehen von den Fortschritten der neuen deutschen Erinnerungspolitik, die im Lauf der 1990er-Jahre ihre bis heute gültige Gestalt gewann, sah er das Aufgehen in einer supranationalen Staatengemeinschaft als Lebensversicherung gegen den neuen deutschen Nationalismus an. »Wir Deutschen brauchen die politische Union schon deshalb, um uns vor uns selber zu schützen«, erklärte er 1993, nachdem im Vorjahr der Maastricht-Vertrag unterzeichnet worden war. In vielerlei Hinsicht stellte die EU in seinem politischen Kalkül die Fortsetzung der Westorientierung mit anderen Mitteln dar.[2]

Anhand von Habermas' Interventionen lässt sich der holprige Weg des europäischen Einigungsprozesses rekapitulieren: von der Einführung des Euro über die EU-Osterweiterung und das Scheitern der Verfassungsreferenden in Frankreich und den Niederlanden bis zum Vertrag von Lissabon und zur Eurokrise, die aus den Erschütterungen des Crashs von 2008 hervorging. In jedem Stadium, an jeder Weichenstellung, wiederholte er die Forderung, die EU zu »vertiefen«, ihr Demokratiedefizit zu überwinden und ihre politische Zielsetzung zu präzisieren, zu der für ihn neben der Einhegung des global entfesselten Kapitalismus mittels einer europäisch koordinierten Finanzpolitik seit dem »Erdbeben der völkerrechtswidrigen Irakpolitik der Bush-Regierung« auch eine eigenständige Außen- und Sicherheitspolitik gehörte, um nicht in der Rolle von »Onkel Sams Pudel« der Willkür der unberechenbar gewordenen Weltmacht USA ausgeliefert zu sein. In der »postnationalen Konstellation«, in der die Nationalstaaten längst das Format von »Duodezfürstentümern« angenommen hätten, sah Habermas diese Agenda als alternativlos an.[3]

Es ist erstaunlich, wie folgerichtig, ja beinah zwingend sich seine europapolitischen Vorstellungen aus den Ideen der postnationalen Identität, des Verfassungspatriotismus und der deliberativen Demokratie ergaben – Ideen, die seit den mittleren 1980er-Jahren im Fokus seines Denkens standen und durch die welthistorische Zäsur von 1989/90 und ihre Folgen nur wie durch ein Prisma gebrochen worden sind. Auch insofern erweist sich Habermas als Philosoph der alten Bundesrepublik, der seinen theoretischen Werkzeugkasten seit deren Ende zwar laufend angepasst und aktualisiert, aber nicht mehr grundlegend verändert hat. »Wenn man sechzig ist«, hatte Gadamer ihm einst aus eigener Erfahrung geschrieben, »lernt man nichts mehr dazu.« Aber vielleicht musste Habermas auch gar nichts Wesentliches dazulernen. Schon vor der Wende hatte er in einer Preisrede in Kopenhagen die Hoffnung geäußert, dass sich dem deutschen Spezialfall »allgemeinere Aspekte abgewinnen« lassen – keine schlechte Formulierung, um zu beschreiben, womit er, der Denker aus der »universellen Provinz«, seit den 1990er-Jahren beschäftigt war.[4]

Nach dem Ende des Kalten Krieges eröffnete sich seinen Begriffen ein weites Anwendungsfeld. Wenn demokratische Staatsbürgerschaft nämlich nicht in einer naturwüchsigen nationalen Identität verwurzelt war, sich diese Identität vielmehr erst im Zuge deliberativer Verständigungsprozesse gebildet hatte, dann gab es keinen Grund daran zu zweifeln, dass sich eine vergleichbare Entwicklung auch auf supranationaler Ebene wiederholen lasse. Daher die Bedeutung, die Habermas dem Projekt einer europäischen Verfassung zumaß. Von der Debatte, die einem solchen Vertragswerk vorauszugehen habe, erhoffte er sich die Initialzündung einer europäischen Öffentlichkeit, in der er wiederum die Keimzelle einer europäischen Identität erblickte, die angesichts der ethnisch-kulturellen Heterogenität des Kontinents zwangsläufig auf einen europäischen Verfassungspatriotismus hinauslaufen müsse. Denjenigen, die bemängelten, dass das Projekt Europa daran kranke, sich nicht auf das Subjekt eines europäischen Staatsvolks stützen zu können, hielt er entgegen, sie seien der essenzialistischen Denkweise des 19. Jahrhunderts verhaftet, anstatt die rekursive Natur kollektiver Identitätsbildung zu verstehen.[5]

In Habermas' Bereitschaft, nach jedem Rückschlag, den der europäische Einigungsprozess seit der Jahrtausendwende hinnehmen musste, das zukunftsweisende Potenzial der jeweils neuen Lage zu sehen, tritt sein aus historischer Erfahrung gespeistes Talent, auf verpasste Chancen mit Zuversicht zu reagieren, noch einmal in aller Deutlichkeit hervor. In seiner Laudatio zur Verleihung des Friedenspreises des Deutschen Buchhandels an Habermas identifizierte Jan Philipp Reemtsma 2001 »Anschließbarkeit« als Leitidee von dessen Werk. Damit meinte er nicht nur die Montagetechnik, mit der der Philosoph seine eigenen Theorien den Texten der Klassiker aufzupfropfen pflegt. Gegen die Verweigerungshaltung der älteren Kritischen Theorie habe Habermas ein Ethos der »Verantwortlichkeit für die Fortsetzung eines Prozesses« entwickelt, das, gerade weil dieser Prozess aller geschichtsphilosophischen Zwangsläufigkeit entkleidet sei, keine Alternative lasse, als dafür Sorge zu tragen, »dass es weiter geht«. »Weitermachen!« steht auf dem Grabstein von Herbert Marcuse auf dem Dorotheenstädtischen Friedhof in Berlin, eine Maxime, die sich – ihrer entgegengesetzten politischen Temperamente ungeachtet – auch Habermas zu eigen gemacht zu haben scheint. »It's no good crying over spilt milk«, hat er nach der Wiedervereinigung im Interview gesagt – ansonsten bleibe ihm nur die Möglichkeit, »das Tagebuch eines hellenistischen Schriftstellers« zu führen, »der die uneingelösten Versprechen seiner untergehenden Kultur für die Nachwelt dokumentiert«.[6]

Nun lässt sich Habermas' Optimismus aber auch als legitimatorisches Denken betrachten, das, noch den unerquicklichsten Status quo im Licht der Idee erträglich machend, vom Gestus eines Rechtshegelianers kaum mehr zu unterscheiden ist. Hatte er 2007 noch davor gewarnt, mit dem Lissabon-Vertrag, der den Rat der nationalen Regierungen als Exekutivorgan der EU vorsah, werde das Prinzip der supranationalen Einheit aufgegeben und die Zukunft Europas »im Sinn der neoliberalen Orthodoxie« entschieden, so pries er das neue Regelwerk nach dessen Ratifizierung »als entscheidenden Schritt auf dem Weg zu einer politisch verfassten Weltgesellschaft«. Wenn er die Bereitschaft zum »Lernen von anderen Kulturen« wie selbstverständlich zur Prämisse des europäischen Zusammenwachsens erhob, wenn er en passant bemerkte, das politische Selbstverständnis der Europäer dürfe sich fortan nur noch »in einer nicht-pejorativen Abgrenzung von Bürgern anderer Kontinente« entwickeln, dann klang das reichlich sonntagsredenhaft. War es nicht mindestens ebenso wahrscheinlich, dass der Kontinent – wenn überhaupt – durch die Angst vor dem Anwachsen der Flüchtlingsströme oder, später dann, durch die Mobilisierung gegen Putins Russland zusammenwachsen würde? Der linke Europakritiker Perry Anderson, den

Habermas' ordensgeschmückte Brust an die eines sowjetischen Generals erinnert, sieht ihn als Opfer seiner Arriviertheit an. »Zumeist als zeitgenössischer Nachfolger Kants gepriesen«, schrieb Anderson 2012, »riskiert er, zu einem modernen Leibniz zu werden, der mit unerschütterlichem Euphemismus eine Theodizee entwirft, in der selbst das Unheil finanzieller Deregulierung noch zum kosmopolitischen Erwachen beiträgt, während der Westen den Weg der Demokratie und der Menschenrechte ins ultimative Eden universell-menschlicher Legitimität ebnet.«[7]

Einst hatte Helmut Kohl ihm dazu verholfen, sich mit der alten Bundesrepublik zu versöhnen; durch den rotgrünen Regierungswechsel wurde Habermas 1998 dann tatsächlich der Zugang zur Macht zuteil. Obwohl er, der sich bis heute als linker Sozialdemokrat versteht, den aus der Alternativbewegung hervorgegangenen Grünen gegenüber immer misstrauisch blieb, hatte er dieses Privileg vor allem dem Kontakt zu seinem ehemaligen Gasthörer Joschka Fischer zu verdanken, mit dem ihn seit Mitte der 1980er-Jahre ein locker geknüpfter Gesprächszusammenhang verband. Trotz seines öffentlichen Einflusses hat Habermas sich lange als linker Underdog gefühlt, doch als ihm Hildegard Hamm-Brücher 1999 den Theodor-Heuss-Preis überreichte – zehn Jahre nachdem ein Kritiker seine diskurstheoretische Rechtsphilosophie noch als »anarchistisch« bezeichnet hatte –, musste er selbst einsehen, dass er »in der Mitte unserer Gesellschaft« angekommen war. An der Seite von Außenminister Fischer trat er im selben Jahr für den NATO-Einsatz im Kosovo ein. Im Sommer 2001 warben sie gemeinsam für eine europäische Verfassung. Als Zenit seiner öffentlichen Karriere sieht Habermas die Verleihung des Friedenspreises vier Monate später an, als ihn die *Frankfurter Allgemeine* zum »Popstar« und die *ZEIT* zum »Hegel der Bundesrepublik« ausriefen. Mit wie viel Nachdruck er mir auch versichert, sich nie als »Staatsphilosoph« verstanden zu haben – aus der Genugtuung, dass damals das gesamte Bundeskabinett in der Paulskirche saß, um seiner Ehrung beizuwohnen, macht er keinen Hehl.[8]

Zwar ist der Draht zum politischen Betrieb seither wieder länger geworden, aber das Bekenntnis zur Habermas-Lektüre gehört für führende Sozialdemokraten bis heute zum guten Ton. Mit seinem Glauben an die Macht der Kommunikation steht Frank-Walter Steinmeier am offensichtlichsten in der diskurstheoretischen Tradition. Sigmar Gabriel suchte als SPD-Vorsitzender und Außenminister regelmäßig Habermas' Rat. Und auch Olaf Scholz, der 2023 im Sommerinterview der *Süddeutschen Zeitung* verriet, wie wenig er heute noch mit den marxistischen Theorien anfangen könne, durch die er sich als Juso »gewühlt« habe, schränkte diesen Sinneswandel an entscheidender Stelle ein: »Ausgenommen Habermas, dem konnte ich damals wie heute viel abgewinnen.«[9]

Vom Krieg

Mit seinen Stellungnahmen zum Krieg in der Ukraine hatte der Philosoph dem Kanzler zuvor in derselben Zeitung den Rücken gestärkt. Ausgelöst von zögerlichen Waffenlieferungen und fortgesetzter Abhängigkeit von russischem Gas war hierzulande im Frühjahr 2022 eine Debatte um Deutschlands zukünftige außenpolitische Rolle – ja Identität – entbrannt. Habermas verteidigte Scholz' zurückhaltenden Kurs als Strategie der Eskalationsvermeidung. Er beschwor die Gefahr eines Atomkriegs, erinnerte daran, dass Putin den »asymmetrischen Vorteil« besitze, darüber entscheiden zu können, ab welchem Punkt er die westlichen Verbündeten als Kriegspartei ansehe, und plädierte in einem zweiten Beitrag Anfang 2023 dafür, parallel zur militärischen Unterstützung der Ukraine auf Verhandlungen mit Russland zu drängen. Vor allem aber kritisierte er die »kriegstreiberische Rhetorik« der »moralisch entrüsteten« deutschen Öffentlichkeit, der in seinen Augen eine »Konfusion historisch ungleichzeitiger Mentalitäten« zugrunde lag. In Deutschland habe sich nach dem Zweiten Weltkrieg das »postheroische« Bewusstsein ausgebildet, »dass internationale Konflikte grundsätzlich nur durch Diplomatie und Sanktionen gelöst werden können«. Die Rhetorik der »Zeitenwende«, die Identifikation zumal einer jüngeren, kriegsvergessenen

Generation mit der Opferbereitschaft und Siegesgewissheit der Ukrainer, die unter dem Druck der russischen Invasion in eine historisch frühere Phase des Nation Building zurückgeworfen seien, waren für ihn daher mit der Verkennung und Gefährdung eines mühsam errungenen zivilisatorischen Standards gleichbedeutend.[1]

Mit seinen beiden Artikeln löste Habermas einen Sturm der Entrüstung aus. Von »Unterwerfungshaltung«, »Eskalationsphobie« und einem »oberlehrerhaften Aufruf zur Mäßigung« war die Rede. Dem amerikanischen Historiker Timothy Snyder zufolge argumentierte er »aus der Perspektive eines sentimentalisierten Westdeutschlands der 1970er Jahre«. Der ehemalige Botschafter und Vize-Außenminister der Ukraine Andrij Melnyk twitterte von einer »Schande für die deutsche Philosophie« – Kant und Hegel würden sich »aus Scham im Grabe umdrehen«. Weil Habermas Selenskyjs virtuose Mediennutzung unter Manipulationsverdacht gestellt hatte, warf ihm Snyder sogar Antisemitismus vor. Besonnenere Kritiker erinnerten daran, dass Habermas für die politischen Bestrebungen der Osteuropäer schon immer unempfänglich gewesen sei, und bemängelten die Realitätsferne seines Vorschlags, da Putin keinerlei Verhandlungsbereitschaft erkennen lasse. Quer durch das politische Spektrum, vom *FAZ*-Feuilleton bis in die Twitter-Blasen der postmigrantischen Linken, lautete der Vorwurf, der Philosoph igele sich, blind für die neue Weltlage, im selbstbezüglichen »Nationalpazifismus« der alten Bundesrepublik ein.[2]

Tatsächlich haben pazifistische Motive in Habermas' Denken und Handeln schon immer eine Rolle gespielt. In den 1950er-Jahren demonstrierte er gegen die atomare Bewaffnung der Bundeswehr, in den 1960er-Jahren trat er auf Podien gegen den Vietnamkrieg auf, und auch wenn er in den 1980er-Jahren davon absah, sich in die Menschenketten einzureihen, trug er mit einer demokratietheoretischen Apologie des zivilen Ungehorsams zur Legitimierung der Proteste gegen den NATO-Doppelbeschluss bei. »Das Kriegserlebnis hatte mich zum Pazifisten gemacht«, erklärte er 1979 im Interview. An seiner Überzeugung von der »Obsoleszenz des Krieges als einer Kategorie der Weltgeschichte« hielt er im Prinzip auch nach der Zäsur von 1989 fest, doch in der neuen geopolitischen Lage gelangte er zu einer differenzierteren Position. Ähnlich wie im Fall des Ukrainekriegs sprach er sich auch 1991, im Zweiten Golfkrieg, für eine deutsche »Politik der Zurückhaltung« aus. Damals war es Helmut Kohl, der die Koalition gegen Saddam Hussein lieber mit finanziellen Mitteln unterstützte, als deutsche Kampfjets an den Golf zu schicken. Hans Magnus Enzensbergers Vergleich von Saddam mit Hitler hielt Habermas – einmal mehr – für die »verrückte These« eines Intellektuellen, der als politischer Analytiker nicht ernst zu nehmen sei. Die »Position eines unbedingten Pazifismus« erschien ihm aber ebenso wenig diskutierenswert. Insbesondere forderte er die bedingungslose Unterstützung Israels, das Saddam mit seinen Scud-Raketen »in ein Krematorium« zu verwandeln drohte. »Es kann schlimmere Übel geben als den Krieg«, schrieb Habermas einen Monat nach Beginn der Operation Desert Storm in einem *ZEIT*-Artikel, der an der Rechtmäßigkeit der durch ein UN-Mandat gedeckten Intervention im Irak als solcher keinen Zweifel ließ. Von diesem Satz führt eine direkte Linie zu jener Einschränkung, die er mit Blick auf den Ukrainekrieg formulierte: Die Skepsis gegen das Mittel kriegerischer Gewalt ende dort, wo der Preis eines »autoritär erstickten Lebens« zu entrichten sei.[3]

Wie stark sich die Debattenlandschaft in Deutschland seither geändert hat, zeigt sich unter anderem daran, dass die vehementeste Kritik an seiner Position damals aus der Friedensbewegung kam. »1968 erkannte Habermas noch den Charakter des US-Imperialismus in Vietnam«, liest man in einem der vielen Leserbriefe, die die *ZEIT* erreichten. »Heute, 1991, sieht er nicht mehr, daß dieser Krieg am Golf nur zur Verteidigung der strategischen Interessen des amerikanischen Kapitalismus dient.« Nun war Habermas keineswegs so naiv, die machtpolitischen Zusammenhänge nicht zu sehen. Im unilateralen Moment der 1990er-Jahre hegte er jedoch die Hoffnung, die für die amerikanische Außenpolitik charakteristische »Mischform von humanitärer Selbstlosigkeit und imperialer Machtlogik« könne den Sprung in eine neue globale Ordnung ermöglichen. Schon während des Golfkriegs hatte er den Westen in der »neutralen Rolle einer heute noch fehlenden Polizeistreitmacht der Uno« gesehen. Nach dem Ende des Kalten Krieges schien ihm die Stunde gekommen, um jenen »weltbürgerlichen Zustand«, von dem Kant schon im 18. Jahrhundert gesprochen hatte, zu verwirklichen – das heißt eine das klassische Völkerrecht transzendierende weltweite Politik der Menschenrechte zu institutionalisieren.[4]

Im Frühjahr 1999, in einem weiteren *ZEIT*-Aufmacher, in dem er dem Kosovo-Einsatz der NATO – und damit dem ersten Auslandseinsatz der Bundeswehr – seine Zustimmung erteilte, obwohl sich die Bündnispartner wegen des russischen Vetos diesmal nicht auf eine UN-Resolution berufen konnten, entwarf Habermas das

Szenario einer »durchgehend verrechtlichten kosmopolitischen Ordnung«, für deren Aufrechterhaltung keine Weltregierung, sondern lediglich das Zusammenspiel eines handlungsfähigen Sicherheitsrats mit dem neuen Internationalen Strafgerichtshof in Den Haag und einer internationalen Polizeitruppe erforderlich sei. Im Gegensatz zum herkömmlichen »Gesinnungspazifismus« laufe der »Rechtspazifismus«, der mit einer solchen Ordnung verbunden sei, gerade nicht auf die Moralisierung der Politik hinaus, da »Verstöße gegen die Menschenrechte nicht unmittelbar unter moralischen Gesichtspunkten beurteilt und bekämpft, sondern wie kriminelle Handlungen innerhalb einer staatlichen Rechtsordnung bekämpft werden«. Schon während des Golfkriegs war Habermas auf den von Carl Friedrich von Weizsäcker in den 1960er-Jahren geprägten Begriff der »Weltinnenpolitik« zurückgekommen. Der Primat der Innenpolitik behielt für ihn auch im neuen globalen Zeitalter seine Gültigkeit.[5]

Die Kritik kam diesmal nicht nur aus dem pazifistischen Lager. In seinem Plädoyer für die Ermächtigung der internationalen Organisationen schien der Philosoph ausgerechnet über die Tatsache, dass die NATO im Kosovo ohne UN-Mandat operierte, wie über einen Schönheitsfehler hinwegzusehen. Die Bombardierung Belgrads stehe »außerhalb jeder Möglichkeit der Rechtfertigung«, hielt ihm sein Kollege Reinhard Merkel in der *ZEIT* entgegen. Der Rechtswissenschaftler Dieter Simon ging mit dem »Missionseifer des aufklärerischen Universalismus« ins Gericht, der vor der »Ungeheuerlichkeit des Krieges als Elementarverbrechen« die Augen verschließe. Und während der Friedensforscher Lutz Schrader mutmaßte, Habermas habe sich sein Urteil durch die Nähe zum grünen

Außenminister trüben lassen, erblickte Peter Handke, der allerdings für Serbien Partei ergriffen hatte, in seinem Votum nichts anderes als eine »Apologie der blindwütigen Gewalt«.[6]

Aus heutiger Sicht kann man zumindest eines sagen: Was die Frage der deutschen Beteiligung an militärischen Interventionen seit dem Ende des Kalten Krieges angeht, hat Habermas nicht nur 1999 im Fall des Kosovo, sondern auch in allen anderen Fällen die Linie der jeweils amtierenden Bundesregierung unterstützt. In dieser Hinsicht erweist er sich als wahrhaft staatstragender Denker. Das gilt auch für seine Haltung zum dritten Golfkrieg, der – anderthalb Jahre nach dem 11. September – im März 2003 mit dem Einmarsch amerikanischer und britischer Bodentruppen im Irak begann. Im Vorfeld waren Deutschland und Frankreich aus der »Koalition der Willigen« ausgeschert, was Donald Rumsfelds verächtliche Bemerkung vom »alten Europa« nach sich gezogen hatte. Im April, nach der Eroberung Bagdads, zog Habermas in der *FAZ* eine vernichtende Bilanz. Er erwähnte die Foltermethoden der CIA, die Verletzung der Genfer Konvention in Guantanamo und die Desinformationskampagne, mit der die Bush-Administration eine Verbindung zwischen Saddam Hussein und Osama bin Laden konstruiert hatte. Am schwersten wog für ihn jedoch die Missachtung des Völkerrechts, die der amerikanische Angriffskrieg darstellte. In der »Bush-Doktrin«, die lange vor dem 11. September entwickelt worden sei, erblickte er mehr als den Zynismus der Supermacht, nämlich eine Revolutionierung der amerikanischen Außenpolitik, die den »noch vor anderthalb Jahren unvorstellbaren Bruch« mit gültigen Rechtsprinzipien vollzog. »Machen wir uns nichts vor: Die normative Autorität Amerikas liegt in Trümmern.«[7]

Aus dem Mund eines Denkers, für den Amerika zeit seines Lebens vor allem eine normative Autorität bedeutet hatte, ist das ein schicksalsschwerer Satz. Schon im Oktober 2001, als er kurz nach dem Anschlag auf die Twin Towers für zwei Monate an die New York University gegangen war, hatte Habermas sich in der traumatisierten Metropole »irgendwie fremder gefühlt als bei jedem der früheren Aufenthalte«. Die amerikanische Weltoffenheit, »diese eindrucksvolle Großzügigkeit gegenüber Fremden«, der er in den 1960er-Jahren zum ersten Mal begegnet war, schien einem generellen Argwohn gewichen zu sein. »Würden wir, die wir ja nicht dabei gewesen waren, nun auch vorbehaltlos zu ihnen stehen?«[8]

Das wechselseitige Befremden, das Habermas hier zum ersten Mal registrierte, wuchs sich im Verlauf der folgenden Ereignisse in seinen Augen zu einer Spaltung des Westens aus. Mit dem »War on Terror« geriet nicht nur seine politische, sondern auch seine philosophische Geografie ins Wanken. Dass ausgerechnet das Land, dem die Deutschen ihren Anschluss an die westliche Zivilisation verdankten, mit dem Geist des Westens gebrochen hatte, muss zu den großen intellektuellen Katastrophen seines Lebens gerechnet werden. Die Einigung Europas nahm dadurch vollends die Dimension einer politischen Überlebensfrage an. In den Demonstrationen – »den größten seit dem Ende des Zweiten Weltkrieges« –, die kurz vor dem amerikanischen Einmarsch im Februar 2003 in mehreren europäischen Hauptstädten stattgefunden hatten, meinte Habermas, trotz allem noch hoffnungsvoll, die Selbstbehauptung jenes »alten Europa« zu erkennen, das

Rumsfeld schon auf dem Kehrichthaufen der Geschichte sah. Das Manifest, das er ungeachtet ihrer früheren Differenzen zusammen mit Jacques Derrida und anderen europäischen Intellektuellen wenig später veröffentlichte, rief die Europäer dazu auf, sich auf ihre durchaus unamerikanischen Gemeinsamkeiten zu besinnen und – als Gegengewicht zum »hegemonialen Unilateralismus« der USA – die institutionellen Voraussetzungen für eine »symbolkräftige und mentalitätsbildende« europäische Außenpolitik zu schaffen.[9]

Heute, zwanzig Jahre später, kann von einer eigenständigen europäischen Außenpolitik keine Rede sein. Die Reaktion der Europäer auf die russische Aggression bestand darin, sich unter dem amerikanischen Schutzschirm der NATO in Sicherheit zu bringen; und auch in der größten Nahostkrise seit dem Jom-Kippur-Krieg erweist sich die EU als außerstande, irgendeine nennenswerte politische Rolle zu spielen. Die Hoffnung, die USA könnten sich »als Lokomotive wieder an die Spitze der Bewegung setzen« und als Avantgarde einer Politik der Menschenrechte agieren, die Habermas noch 2003 geäußert hatte, ist aber ebenso wenig in Erfüllung gegangen. Weder die wankelmütige Außenpolitik Obamas noch Trumps erratische Präsidentschaft waren dazu geeignet, das Image einer von inneren Krisen heimgesuchten Supermacht zu reparieren. Im November 2023, während ich dies schreibe, blockiert ein vom radikalen Flügel der Republikaner dominiertes Repräsentantenhaus die nächsten Waffenlieferungen an die Ukraine und knüpft seine Zustimmung zur Militärhilfe für Israel an drastische innenpolitische Zugeständnisse.[10]

»Für die Regierung Biden tickt die Uhr«, hatte Habermas in seinem Plädoyer für Verhandlungen mit Russland Anfang 2023 geschrieben. Für ihn sind die Amerikaner längst kein verlässlicher Partner mehr. Anders als die hitzige Debatte suggerierte, war das Bemerkenswerte an seinen Kommentaren zum Ukrainekrieg ja nicht ihr vermeintlicher Pazifismus oder Defätismus, sondern das implizite Eingeständnis, dass er den Glauben an die Möglichkeit einer Weltinnenpolitik vollkommen verloren hat. Es ist nicht so, dass ihm nicht auch früher schon Bedenken gekommen wären. »Aber was sagen wir«, hatte er bereits 1999 geschrieben, »wenn eines Tages das Militärbündnis einer anderen Region – sagen wir in Asien – eine bewaffnete Menschenrechtspolitik betreibt, die auf einer ganz anderen, eben ihrer Interpretation des Völkerrechts oder der UN-Charta beruht?« Eine Situation, die – zumindest aus russischer Perspektive – heute eingetreten ist. Auch Habermas sieht offenkundig keine Partei mehr, die »für das Ganze« stehen könnte. »Aus postkolonial aufgeklärter Sicht kann der Westen nicht mehr die Backen aufblasen, um mit normativen Appellen an eine Menschenrechtsordnung, die er selber verletzt hat, neutrale Mächte wie Indien, Brasilien und Südafrika zur zweifellos gerechtfertigten Parteinahme für eine Unterstützung der Ukraine zu gewinnen«, hat er im Sommer 2023 im Interview mit dem englischen Magazin *Granta* gesagt. Die Forderung, den Kriegsverbrecher Putin nach Den Haag zu bringen, erscheint ihm mittlerweile als Ausdruck einer naiven Gesinnungsethik. »Wie tief muss der Boden der kulturellen Selbstverständlichkeiten, auf dem unsere Kinder und Enkel heute leben, umgepflügt worden sein, wenn sogar die konservative Presse nach den Staatsanwälten eines

Internationalen Strafgerichtshofes ruft, der weder von Russland und China noch von den USA anerkannt wird.«[11]

Dass dieses Kopfschütteln ausgerechnet von Habermas kommt, der wie kein anderer dazu beigetragen hat, die normativen Leitlinien zu formulieren, auf die sich die Generation Annalena Baerbock beruft, macht deutlich, wie sehr sich die Koordinaten seit den 1990er-Jahren verschoben haben. Heute argumentiert er beinah selbst wie einer jener »hartgesottenen Realisten«, denen er zeit seines Lebens in inniger Feindschaft verbunden war. Fast scheint er sich darüber zu wundern, dass man ihn jemals ernst genommen hat. »Selbst wenn man zugibt, dass die universelle Sozialdemokratie der einzige Weg ist, auf dem die Menschheit heute überleben kann«, hatte ihm Leo Strauss im fernen Jahr 1964 geschrieben, »darf man die Macht der Feinde dieser Demokratie, das heißt von Russland und China, nicht übersehen.« Sieht Habermas heute, sechzig Jahre später, seine Rolle darin, diese Warnung an die Nachgeborenen weiterzureichen?[12]

Der Denker der universellen Provinz

Im September 2023 kehre ich – knapp anderthalb Jahre nach meinem ersten Besuch – nach Starnberg zurück. Wegen Gleisarbeiten werden ab Gauting diesmal Busse eingesetzt. Über die Bundesstraße dauert die Fahrt deutlich länger, wir fahren durch Wald und satte Kuhweiden, überholen Mountainbiker in Funktionsbekleidung und steuern Starnberg durch ein altes Villenviertel an, in dem sich die ersten wohlhabenden Münchner Bürger schon um die vorletzte Jahrhundertwende niedergelassen haben. Zwischen verwunschenen Jugendstilhäusern stehen moderne Architektenbungalows aus Sichtbeton und Lärchenholz. Wenn es in Deutschland noch irgendwo nach heiler Welt aussieht, dann hier.

Das Ritual aus Teezubereitung, Small Talk in der Küche und anschließendem Gang zur Couchecke, wo wir von der Interaktion in den Diskurs umschalten, kenne ich inzwischen schon. Die intensive Habermas-Lektüre hat viele Fragen aufgeworfen; vor allem aber ist mir unser letztes Gespräch nicht aus dem Kopf gegangen, an dessen Ende der Philosoph seiner Bestürzung über die deutsche Kriegsdebatte Ausdruck verliehen hatte. Seither sind seine Altersgenossen Enzensberger und Walser gestorben, über die wir damals noch gesprochen hatten. Der Mentalitätswandel der Deutschen scheint unterdessen unaufhaltsam voranzuschreiten. Wie um Habermas' schlimmste Befürchtungen zu illustrieren, hatte der Schriftsteller Rainald Goetz geschrieben, er habe endlich »den historischen Moment vom August 1914 wirklich nachempfinden« können – »die kollektive Bereitschaft zum Krieg, so hatten die Leute das damals also erlebt, so sind sie hineingerannt in ganz Europa in diesen Großen Krieg, aus einer solchen Stimmung heraus, wie sie jetzt andeutungsweise wieder herrschte«. Derweil malte der sozialdemokratische Verteidigungsminister das Schreckgespenst eines »Krieges in Europa« an die Wand, womit er vielleicht sogar einen Krieg auf deutschem Boden meinte: Nicht nur die Bundeswehr, sondern auch die deutsche Gesellschaft müsse »wehrhaft« werden.[1]

Dagegen hält Habermas mit wachsender Verzweiflung an seiner Überzeugung fest, dass das Bemühen um einen Waffenstillstand und die Suche nach einer Verhandlungslösung im Konflikt mit Russland unumgänglich seien. Er nimmt die »Kriegsstimmung« der deutschen Öffentlichkeit als Begleitmusik zu einer fatalen strategischen Fehleinschätzung wahr, die sich als geopolitische Zäsur von großer Tragweite erweisen könnte. Während ich noch von ihm wissen will, was er dem Bundeskanzler jetzt, im Herbst 2023, empfehlen würde, malt er das düstere Szenario vom Abstieg des Westens aus, der für ihn vom Niedergang der politischen Institutionen in den USA nicht zu trennen ist. Er spricht von der Spaltung der amerikanischen Gesellschaft und von der »Auflösung des amerikanischen Parteiensystems«, die sich – wenn auch erst seit Trump nicht länger zu ignorieren – schon in der zunehmenden Polarisierung der späten 1990er-Jahre angekündigt hätten. Er hält die Erschütterung der politischen Institutionen für so gravierend, dass ihre Legitimität auf lange Sicht beschädigt sei. Seine Frau, die sich uns auch diesmal nach einer Weile hinzugesellt, kritisiere ihn schon lange dafür, die USA zu »idealisieren«. Doch offensichtlich hat er sich von dieser Haltung in einem schmerzhaften Prozess gelöst. Es kommt mir wie ein Sinnbild vor, dass seine Reeboks heute, nach einem Jahr Gebrauch, nicht mehr ganz so strahlend aussehen.[2]

Was die Ukraine angeht, so prophezeit er den graduellen Rückzug der Amerikaner, sobald sich der Krieg für Biden im Wahlkampf als innenpolitischer Ballast erweisen werde. Und er befürchtet, dass der Zerfall der Unterstützerkoalition, den das zur Folge haben würde, den Westen die letzten Reste von politischer Glaubwürdigkeit und Autorität kosten könnte, über die er gegenwärtig noch verfüge. Denn dass sich Europa noch zu einem »global einflussreichen Akteur« mausern werde, auch daran glaubt er spätestens seit dem Scheitern von Emmanuel Macrons diesbezüglichen Initiativen nicht mehr. Das betrifft umso mehr seine einstigen Hoffnungen auf weltbürgerliche Verhältnisse: »Das alles ist Vergangenheit.« Und dann sagt er einen Satz, der unseren Gesprächsfluss einen Moment lang stocken lässt: All das, was sein Leben ausgemacht habe, gehe gegenwärtig »Schritt für Schritt« verloren. Er wäre nicht der Kämpfer, der er ist, wenn er sich nicht im selben Atemzug gegen die Überheblichkeit derjenigen wappnen würde, die es schon immer besser gewusst zu haben meinen: »Es ist zu billig, sich über einen solchen Idealismus rückblickend lustig zu machen. Jeder gute Zeithistoriker schreibt Geschichte nicht nur zynisch vom enttäuschenden Ergebnis her.« Es ist bestürzend, Habermas – den letzten Idealisten – so fatalistisch zu erleben.

Bleibt ihm am Ende doch nichts als die Rolle des »hellenistischen Schriftstellers«, der für die Nachgeborenen die Erinnerung an die »uneingelösten Versprechen seiner untergehenden Kultur« bewahrt?[3]

Noch einmal lässt er sich darauf ein, Episoden seiner Biografie zu rekapitulieren. Als läge all das erst viel kürzer zurück als die geopolitischen Illusionen der späten 1990er-Jahre, erzählt er von der unmittelbaren Nachkriegszeit, als er sich habe »anlesen müssen«, wie eine Demokratie funktioniert, von Gershom Scholems einschüchternder Präsenz, die selbst Ernst Bloch habe kleinlaut werden lassen, vom bangen Warten, nachdem sein Artikel gegen Ernst Nolte erschienen war, und von den Gesprächen mit Jacques Derrida an der Northwestern University, deren freundschaftliche Atmosphäre durch ihre früheren Auseinandersetzungen nicht getrübt worden sei. Als »Glücksfall« seines Lebens betrachtet er es, »in den USA, in Israel und auch in Deutschland so vielen bedeutenden jüdischen Gelehrten begegnet zu sein«.

Als ich schon wieder im Bus nach Gauting sitze, wird mir klar, dass Habermas mit diesem Satz eine Bilanz gezogen hat. Seitdem er in den 1950er-Jahren in den Umkreis des Instituts für Sozialforschung geraten war, hatte er die Perspektive der jüdischen Überlebenden als unabdingbaren Bezugspunkt betrachtet, um an das unvollendete Projekt der deutschen Philosophie anschließen zu können. Die Theorien der Kommunikation und der modernen Gesellschaft, die er als deutscher Denker entwickelte, zeichnen sich freilich durch ihre Ort- und Zeitlosigkeit aus. Die Normen der Verständigung, die er rekonstruierte, sind universeller Natur. Das gilt genauso für die Prozesse der Rationalisierung, die kommunikatives Handeln – in allen modernen Gesellschaften – im Gehäuse der Apparate stillzustellen drohen. Doch erinnerte Habermas mit seinen publizistischen Interventionen andererseits nicht fortwährend daran, dass die deutsche Gesellschaft einen Sonderfall darstelle, dass sie erst durch die moralische Katastrophe auf den Pfad der Moderne geraten sei und dass die größte Gefahr, die ihr drohe, nicht von den Nebenwirkungen der Modernisierung, sondern von der Wiederbelebung einer heillosen Tradition ausgehe, deren letzte Konsequenz in Auschwitz zutage getreten sei? War er als öffentlicher Intellektueller nicht unablässig mit den partikularen Umständen befasst, unter denen der Universalismus hierzulande wirksam werden konnte? Daher die bundesrepublikanische Prägung seiner weltbürgerlichen Vernunft; daher die Widersprüche zwischen Theorie und Praxis; daher schließlich das Bedürfnis, sich des eigenen Standortes durch ein jüdisches Gegenüber zu vergewissern. Vielleicht stellt gerade das, womit Habermas seiner Zeit am stärksten verhaftet war, sein zeitloses Vermächtnis dar.

Dank

Ich danke Arno Widmann für seinen Hinweis auf die »Musketiere« der Suhrkamp-Kultur; Kristin Rotter für ihre klugen Schlachtpläne; Christian Seeger für seine Lust am Text; Oliver Kleppel und Stephen Roeper vom Archivzentrum der Universitätsbibliothek Frankfurt am Main für ihre freundliche Unterstützung; Martin Bauer, Andreas Bernard, David Höhn, Yael Reuveny und Tilman Spengler für kritische Lektüre, wertvolle Hinweise und Ermutigung; und Jürgen Habermas dafür, dass er diesem Buch trotz seiner Skepsis keine Steine in den Weg gelegt hat.

ANHANG

Anmerkungen

Ein Nachmittag in Starnberg

1 Um die Zahl der Anmerkungen möglichst gering zu halten, werden mehrere Nachweise jeweils in einer Note zusammengefasst. Zuerst kommen – in der dem Text entsprechenden Reihenfolge – die wörtlichen Zitate und direkten Referenzen, dann folgt weiterführende Literatur. Niklas Maak, Die absolute Form und die Geschichte. Betrachtungen zum Haus Habermas, in: *Zeitschrift für Ideengeschichte*, 15 (2021) 3, 102. Zum Fruhtrunk-Gemälde vgl. Peter Iden, Alles Linke auf seine Kappe. Ein Gespräch mit Jürgen Habermas – aus Anlaß seiner Auszeichnung mit dem Adorno-Preis, in: *Frankfurter Rundschau*, 11.9.1980.

2 Jürgen Habermas, Zur Veröffentlichung von Vorlesungen aus dem Jahre 1935, in: ders., *Philosophisch-politische Profile*, Frankfurt a.M. 1987, 69. Zu den Vorlieben der Anhänger der Kritischen Theorie vgl. Karl Heinz Bohrer, Sechs Szenen Achtundsechzig, in: *Merkur*, Nr. 708 (2008), 412. Zum Ende einer Ära Stefan Müller-Doohm, *Jürgen Habermas. Eine Biografie*, Frankfurt a.M. 2014, 226. Der Begriff der »Einfamilienhausphilosophie« nach Andreas Koch, Einfamilienhaussoziologie, https://www.waahr.de/texte/einfamilienhaussoziologie

3 Jürgen Habermas, *Vergangenheit als Zukunft*, Zürich 1991, 96.

4 Jürgen Habermas, Die Moderne – ein unvollendetes Projekt, in: ders., *Kleine Politische Schriften (I–IV)*, Frankfurt a.M. 1981, 463; Ulrich Raulff, Akute Zeichen fiebriger Dekonstruktion. Die Frankfurter Schule und ihre Gegenspieler in Paris: Eine Verkennungsgeschichte aus gegebenem Anlass, in: *Süddeutsche Zeitung*, 21.9.2001; Gilles Deleuze, Nomaden-Denken, in: *Die einsame Insel. Texte und Gespräche von 1953 bis 1974*, Frankfurt a.M. 2003, 377; Niklas Luhmann, *Soziale Systeme. Grundriß einer allgemeinen Theorie*, Frankfurt a.M. 1994, 164, 162; Norbert Bolz, Niklas Luhmann und Jürgen Habermas. Eine Phantomdebatte, in: *Luhmann Lektüren*, hg. v. Wolfram Burckhardt, Berlin 2010, 34. Zur Reaktion der Franzosen auf Habermas' Affront vgl. Danilo Scholz, Innerdeutsches Frankreich, in: *Zeitschrift für Ideengeschichte*, 15 (2021) 3, 66. Das Abendessen mit Foucault bei Didier Eribon, *Foucault und seine Zeitgenossen*, Grafrath 2015, 289.

5 Jacob Taubes an Habermas am 15.1.1972. Vorlass Jürgen Habermas, Archivzentrum der Universitätsbibliothek, Goethe-Universität Frankfurt am Main (in der Folge: UBA Ffm) Na 60, 18; Karl Heinz Bohrer, 1968: Die Phantasie an die Macht? Studentenbewegung – Walter Benjamin – Surrealismus, in: *Merkur*, Nr. 585 (1997) 1073; ders. zit. nach Müller-Doohm, *Habermas*, 647; Vier Jungkonservative beim Projektleiter der Moderne, in: *die tageszeitung*, 3. und 21.10.1980.

6 Karl Markus Michel über Jürgen Habermas' »Theorie des kommunikativen Handelns«, in: *Der Spiegel*, 21.3.1982; Jürgen Habermas, Die Philosophie als Platzhalter und Interpret, in: ders., *Moralbewußtsein und kommunikatives Handeln*, Frankfurt a.M. 1983, 27. Zum Gesprächskreis mit Fischer s. Habermas an Joschka Fischer am 12.2.1986. UBA Ffm Na 60, 104.

7 Rachel Cusk, *Outline*, London 2014, 223 f. Übersetzung von P.F.

8 Axel Matthes an Habermas am 8.3.1979. UBA Ffm Na 60, 52; Dworkin zit. nach Müller-Doohm, *Habermas*, Umschlag. Schon 1980 vermutete der Kritiker Peter Iden, Habermas sei außerhalb der Fachwelt der bekannteste lebende Philosoph: ders., Alles Linke auf seine Kappe. Zu Habermas' internationaler Rezeption vgl. Lucia Corchia u.a. (Hg.), *Habermas global. Wirkungsgeschichte eines Werks*, Frankfurt a.M. 2019.

9 Zur Notwendigkeit von intellektuellem Gespür vgl. Jürgen Habermas, Ein avantgardistischer Spürsinn für Relevanzen. Die Rolle der Intellektuellen und die Sache Europas, in: ders., *Ach, Europa. Kleine Politische Schriften XI*, Frankfurt a.M. 2008, 84. Nicht näher ausgewiesene direkte und indirekte Zitate von Habermas stammen aus unseren beiden Gesprächen am 10.6.2022 und 1.9.2023.

10 Dieses Buch erhebt nicht den Anspruch, eine weitere Habermas-Biografie zu sein. Wie aus den Anmerkungen hervorgeht, stützt es sich an vielen Stellen auf das unverzichtbare Standardwerk von Stefan Müller-Doohm, *Jürgen Habermas. Eine Biografie*, Frankfurt a.M. 2014. Für den politischen und verfassungsrechtlichen Kontext von Habermas' Denken besonders instruktiv Matthew Specter, *Habermas. An Intellectual Biography*, Cambridge 2011. Für Habermas' Frühwerk Jozef Keulartz, *Die verkehrte Welt des Jürgen Habermas*, Hamburg 1995 und Roman Yos, *Der junge Habermas. Eine ideengeschichtliche Untersuchung seines Denkens 1952–1962*, Frankfurt a. M. 2019.

1 Von den »58ers« spricht Specter in seiner in der vorangegangenen Endnote zitierten Habermas-Biografie, um Habermas' Generation noch expliziter von den Achtundsechzigern abzugrenzen. Habermas' Brief zit. nach Müller-Doohm, *Habermas*, 637. Zu Gaus' Formulierung, die allerdings erst durch Helmut Kohl bekannt geworden ist, N. N., Verschwiegene Enteignung. Wer erfand die Wendung von der »Gnade der späten Geburt«?, in: *Der Spiegel*, 14.9.1986. Zum Jahrgang 1929 vgl. u. a. Jürgen Habermas, Die Liebe zur Freiheit, in: *Frankfurter Allgemeine Zeitung*, 18.6.2009.

2 Florian Illies, Jahrgang 1929, in: *Die Zeit*, 12.3.2009; Lea Ypi, *Frei. Erwachsenwerden am Ende der Geschichte*, Frankfurt a. M. 2021, 328.

3 Jürgen Habermas, Interview mit Gad Freudenthal, in: ders., *Kleine Politische Schriften*, 467; ders., Interview mit Detlef Horster und Willem van Reijen, in: *ebd.*, 513.

4 Habermas, *Vergangenheit als Zukunft*, 64; Ralf Dahrendorf, Zeitgenosse Habermas. Jürgen Habermas zum sechzigsten Geburtstag, in: *Merkur*, Nr. 484 (1989), 480. Das Motiv der verpassten Chance etwa in Jürgen Habermas, Öffentlicher Raum und politische Öffentlichkeit, in: *Neue Zürcher Zeitung*, 11.12.2004.

5 Ders., Im Lichte Heideggers, in: *FAZ*, 12.7.1952; ders., Chemische Ferien vom Ich. Huxleys Umgang mit Meskalin, in: *FAZ*, 11.12.1954; ders., Philosophie ist Risiko, in: *FAZ*, 19.6.1954; ders., Die Dialektik der Rationalisierung. Vom Pauperismus in Produktion und Konsum, in: *Merkur*, Nr. 78 (1954), 718.

6 Vgl. ders., *Das Absolute und die Geschichte. Von der Zwiespältigkeit in Schellings Denken*, unveröffentlichte Inauguraldissertation, Bonn 1954. Vgl. Keulartz, *Verkehrte Welt*, 12, 49.

7 Jürgen Habermas, Dialektik der Rationalisierung, in: ders., *Die Neue Unübersichtlichkeit. Kleine Politische Schriften V*, Frankfurt a.M. 1985, 202 f. Zu den sukzessiven Begriffspaaren vgl. Keulartz, *Verkehrte Welt*, insb. 12, 24. Karl Heinz Bohrer hat auch in Habermas' Idee des Verfassungspatriotismus »eine Art negativen Chiliasmus« gesehen. Bohrer, Warum wir keine Nation sind. Warum wir eine werden sollten, in: *FAZ*, 13.1.1990.

8 Jürgen Habermas, Zur Veröffentlichung von Vorlesungen, 66, 72.

9 Jacob Taubes an Habermas am 28.1.1964, UBA Ffm Na 60, 5. Zu Habermas' Verhältnis zu Heidegger vgl. ders., *Der philosophische Diskurs der Moderne. Zwölf Vorlesungen*, Frankfurt a.M. 1996, 164, 176 ff. S.a. »Martin Heidegger? Nazi, sicher ein Nazi!« Ein Gespräch mit Jürgen Habermas, in: *Die Heidegger-Kontroverse*, hg. v. Jürg Altwegg, Frankfurt a.M. 1988, 174 sowie Dieter Henrich, Was ist Metaphysik, was Moderne? Thesen gegen Habermas, in: *Merkur*, Nr. 448 (1986), 504.

10 Zit. nach Lutz Hachmeister, *Heideggers Testament. Der Philosoph, der SPIEGEL und die SS*, Berlin 2015, 59.

Täter und Opfer

1 Habermas zit. nach Müller-Doohm, *Habermas*, 106; Vier Jungkonservative beim Projektleiter; Dahrendorf, Zeitgenosse Habermas, 478; Habermas zit. nach Müller-Doohm, *Habermas*, 106. Zu Adornos Sprecherposition vgl. Ulrike Jureit und Christian Schneider, *Gefühlte Opfer. Illusionen der Vergangenheitsbewältigung*, Stuttgart 2010, 107 ff. Auf die Arbeitsatmosphäre im Institut für Sozialforschung kommt Jacob Taubes in einem Brief an Habermas vom 17.9.1969 zu spre-

chen: »Sie haben ja selbst lange genug im Kreise des Frankfurter Instituts gelebt, in Zeiten freilich, in denen die nackte Existenz nicht gefährdet war, um zu wissen, daß denen, die dort in abhängigen Stellen standen, das Leben nicht erleichtert wurde.« (UBA Ffm Na 60, 12) Habermas' Start am Institut ausführlich bei Müller-Doohm, *Habermas*, 105–113. Zu Scholems Eindruck Jörg Später, Der Verlorene. George Lichtheim findet ein offenes Ohr, in: *Zeitschrift für Ideengeschichte*, 15 (2021) 3, 34. Scholems und Adornos Benjamin-Physiognomik bei Lorenz Jäger, *Walter Benjamin. Das Leben eines Unvollendeten*, Berlin 2017, 66 f., 29.

2 Vgl. Jürgen Habermas, Der deutsche Idealismus der jüdischen Philosophen, in: ders., *Philosophisch-politische Profile*, 62 ff. Ders., Geschichtsbewußtsein und posttraditionale Identität. Die Westorientierung der Bundesrepublik, in: ders., *Eine Art Schadensabwicklung*, 164.

3 Ders., Die verkleidete Tora, in: ders., *Philosophisch-politische Profile*, 377 f. Vgl. Gershom Scholem, Juden und Deutsche, in: ders., *Judaica II*, Frankfurt a.M. 1970, 47–54. Folgt man Christoph Schmidt (*Israel und die Geister von '68. Eine Phänomenologie*, Göttingen 2018, 74), dann wurde Scholems Rede zu einem »kleinen Katechismus« für das Verhältnis der Deutschen zu den Juden.

4 Habermas, Die verkleidete Tora, 379.

5 Ders., Der deutsche Idealismus, 62; Isaac Deutscher, *Der nichtjüdische Jude*, Berlin 2013; Dirk Moses, *German Intellectuals and the Nazi Past*, Cambridge 2007, Kap. 5. Zu den jüdischen Remigranten in Ostdeutschland vgl. *Ein anderes Land. Jüdisch in der DDR*. Katalog zur gleichnamigen Ausstellung im Jüdischen Museum Berlin, Berlin 2023. Zur Sprecherposition der Frankfurter Schule Jureit und Schneider, *Gefühlte Opfer*, 107 ff.

Abschied vom Tiefsinn

1 Alle Zitate aus Jürgen Habermas, Vorwort, in: ders., *Politik, Kunst, Religion. Essays über zeitgenössische Philosophen*, Stuttgart 1978, 3–10.

2 Habermas, Dialektik der Rationalisierung, 170, 204; vgl. 168 ff.; ders., *Strukturwandel der Öffentlichkeit. Untersuchungen zu einer Kategorie der bürgerlichen Gesellschaft*, Frankfurt a.M. 1996, 11; ders., *Auch eine Geschichte der Philosophie, Bd. 1: Die okzidentale Konstellation von Glauben und Wissen*, Berlin 2019, 9. Zum publizistischen Erfolg von *Strukturwandel der Öffentlichkeit* vgl. ders., *Ein neuer Strukturwandel der Öffentlichkeit und die deliberative Politik*, Berlin 2022, 9.

3 Ders., Dialektik der Rationalisierung, 207; Axel Honneth, Adorno und Habermas. Zur kommunikationstheoretischen Wende kritischer Sozialphilosophie, in: *Merkur*, Nr. 374 (1979), 658.

4 Habermas, Dialektik der Rationalisierung, 206; Hans-Ulrich Wehler an Habermas am 24. 1. 1964, UBA Ffm Na 60, 4. Von der »Generation Herzinfarkt« spricht Regina Schilling in ihrem Dokumentarfilm *Kulenkampffs Schuhe*, Deutschland 2018. Zu Wehlers leichtathletischen Ambitionen Till van Rahden, Die Gummersbacher Schule. Hans-Ulrich Wehler inszeniert eine Debatte, in: *Zeitschrift für Ideengeschichte*, 15 (2021) 3, 8.

5 Mündliche Auskunft von Martin Bauer. Vgl. Jürgen Habermas, Ich bin alt, aber nicht fromm geworden, in: *Über Habermas. Gespräche mit Zeitgenossen*, hg. v. Michael Funken, Darmstadt 2008, 181: »Meine Generation hat sich überhaupt vom vornehmen Ton und von der Prätention der deutsch-griechischen Tiefe verabschiedet.« Martin Walser, *Leben und Schreiben. Tagebücher 1974–1978*, Reinbek 2012, 365. Zu

Habermas und den Literaten vgl. Alexander Cammann, Augenblicke der Liebe. Der Philosoph und die Literaten, in: *Zeitschrift für Ideengeschichte*, 15 (2021) 3, 86–91.

6 Sloterdijk zit. nach https://www.youtube.com/watch?v=zt93Qt2s1A; Habermas, Zur Veröffentlichung von Vorlesungen, 65; ders., Dialektik der Rationalisierung, 207; ders., *Kleine Politische Schriften*, 9; ders., Dialektik der Rationalisierung, 207. Zum Unterschied von verantwortlichen und unverantwortlichen Geistern vgl. ebd., 205 und ders., Wozu noch Philosophie?, in: *Philosophisch-politische Profile*, 19. Zu Enzensberger Habermas, *Vergangenheit als Zukunft*, 24 f.

7 Heinz Bude, Die Soziologen der Bundesrepublik, in: *Merkur*, 520 (1992), 572; Habermas, Wozu noch Philosophie?, 17; Urs Jaeggi, Versöhnung als Puzzlearbeit. Nachdenken über Jürgen Habermas: »Theorie des kommunikativen Handelns«, in: *Die Zeit*, 2.4.1982. Zur Notwendigkeit, Theorie und Literatur zu unterscheiden, s. a. Jürgen Habermas, Philosophie und Wissenschaft als Literatur?, in: ders., *Nachmetaphysisches Denken. Philosophische Aufsätze*, Frankfurt a. M. 1992, 242–63.

Das Bewusstsein der Gegenwart

1 Siegfried Kracauer an Karl Markus Michel am 15.8.1966. Siegfried Unseld Archiv, Reihe Theorie, Deutsches Literaturarchiv Marbach; Habermas, Dialektik der Rationalisierung, 172.

2 Taubes zit. nach Philipp Felsch, *Der lange Sommer der Theorie. Geschichte einer Revolte, 1960–1990*, München 2015, 58; Jacob Taubes an Habermas am 21.4.1964. UBA Ffm Na 60, 5; Habermas, Wozu noch Philosophie?, 21.

3 Ders., Die klassische Lehre von der Politik in ihrem Verhältnis zur Sozialphilosophie, in: ders., *Theorie und Praxis. Sozial-*

philosophische Studien, Frankfurt a.M. 1978, 84; ders., Erkenntnis und Interesse, in: *Merkur*, Nr. 213 (1965), 1139; ders., Vorwort, 7. Habermas' Anspannung erwähnt Jacob Taubes in einem Brief an Habermas am 25. 1. 1972. UBA FfM Na 60, 18. Zu Husserls stoischer Haltung Habermas, Der deutsche Idealismus, 51 f.

4 Michel zit. nach Felsch, *Der lange Sommer*, 62; Hans Magnus Enzensberger an Habermas am 30. 7. 1965. UBA Ffm Na 60, 6.

5 Jürgen Habermas, Über Titel, Texte und Termine oder wie man den Zeitgeist reflektiert, in: ders., *Die nachholende Revolution. Kleine Politische Schriften VII*, Frankfurt a.M. 1990, 48; ders., *Strukturwandel der Öffentlichkeit*, 256. Vgl. Hans Magnus Enzensberger, Bildung als Konsumgut. Analyse der Taschenbuch-Produktion, in: ders., *Einzelheiten*, Frankfurt a.M. 1962, 110–36.

6 Hofmann zit. nach Müller-Doohm, *Habermas*, 138; Theodor W. Adorno, *Minima Moralia. Reflexionen aus dem beschädigten Leben*, Frankfurt a.M. 1962, 254.

7 Hans Paeschke an Habermas am 30. 5. 1968. UBA Ffm Na 60, 10. Frisch zit. nach Jan Bürger, Grüße vom Zaungast. Max Frisch nähert sich im Schatten der Revolte, in: *Zeitschrift für Ideengeschichte*, 15 (2021) 3, 42.

8 Jacob Taubes an Habermas am 29. 6. 1965. UBA Ffm Na 60, 6; Habermas an Georg Ramseger am 22. 1. 1964. UBA Ffm Na 60, 4.

The center does not hold

1 Habermas an Rolf Meyersohn am 29.1.1965. UBA Ffm Na 60, 6; Rolf Meyersohn an Habermas am 18.6.1965, ebd. Die Koinzidenz mit dem französischen Colloquium geht aus einem Brief von Lucien Goldmann an Habermas vom 18.10.1965 hervor. UBA Ffm Na 60, 6. Habermas' Reiseroute nach Müller-Doohm, *Habermas*, 178. Den amerikanischen Fernseher erwähnt Habermas in *Strukturwandel der Öffentlichkeit*, 29.

2 Vgl. Müller-Doohm, *Habermas*, 194 ff. Enzensbergers USA-Aufenthalt nach ders., *Tumult*, 2014, 134 ff.

3 Habermas zit. nach Müller-Doohm, *Habermas*, Abbildungsteil.

4 Joan Didion, Slouching Towards Bethlehem, in: dies., *Slouching Towards Bethlehem. Essays*, New York 2008, 84; Habermas an Peter L. Berger am 10.5.1967. UBA Ffm Na 60, 8; ders., Bedingungen für eine Revolutionierung spätkapitalistischer Gesellschaftssysteme, in: Ernst Bloch u.a., *Marx und die Revolution*, Frankfurt a.M. 1970, 33 f. Zum Einstellungswandel gegenüber schwarzem Dienstpersonal vgl. Tom Wolfe, Radical Chic. That Party at Lenny's, in: *New York Magazine*, 8.6.1970.

5 Andy Warhol und Pat Hackett, *POPism. The Warhol Sixties*, New York 1980, 16. Zum Jahr 1967 ebd., 253 f. Die Handke-Episode nach Müller-Doohm, *Habermas*, 249.

6 Arno Widmann, Wahrheit und Gesellschaft, in: *FR*, 26.1.2019. Zur Rückkehr nach Frankfurt vgl. Müller-Doohm, *Habermas*, 197. Zum Stellenwert der USA vgl. ebd., 277; Iden, Alles Linke auf seine Kappe.

Spießrutenlaufen in Frankfurt

1 Dieter Henrich, *Ins Denken ziehen. Eine philosophische Autobiographie*, München 2021, 145; Joschka Fischer, Gründungsfigur des demokratischen Deutschland, in: *Über Habermas*, 46; Jürgen Habermas, Ein Brief, in: *Kritische Theorie und Kultur*, hg. v. Rainer Erd u.a., Frankfurt a.M. 1989, 393. Zu Habermas' Sympathie für die Reformer s. Karl Heinz Bohrer, *Jetzt. Geschichte meines Abenteuers mit der Phantasie*, Frankfurt a.M. 2017, 12f.

2 Jacob Taubes an Robert Jauß am 26.5.1967. Nachlass Jacob Taubes, Leibniz-Zentrum für Literatur- und Kulturforschung. Zur Hannoveraner Episode und ihrem Nachspiel vgl. Bohrer, Die Phantasie an die Macht?, 1073; Müller-Doohm, *Habermas*, 193 sowie Susann Witt-Stahl, Linksfaschismus. Erich Fried versucht einen Bundesgenossen gegen sich selbst zu gewinnen, in: *Zeitschrift für Ideengeschichte*, 15 (2021) 3, 43–45. Fried zit. nach ebd., 45.

3 Alle Zitate aus Jürgen Habermas, Die Scheinrevolution und ihre Kinder, in: ders., *Kleine Politische Schriften*, 249–60.

4 Ders., Erkenntnis und Interesse, 51; Gerhard Stamer an Habermas am 28.10.1968. UBA Ffm Na 60, 10; Fischer, Gründungsfigur des demokratischen Deutschland, 47.

5 Negt zit. nach Müller-Doohm, *Habermas*, 139; Jaeggi, Puzzlearbeit.

6 Gehlen zit. nach Jürgen Habermas, Nachgeahmte Substantialität, in: ders., *Philosophisch-politische Profile*, 108; Odo Marquard, *Schwierigkeiten mit der Geschichtsphilosophie*, Frankfurt a.M. 1973, 80; Habermas, Nachgeahmte Substantialität, 108; Bude, Soziologen der Bundesrepublik, 577; Moralischer Universalismus in Zeiten politischer Regression. Jürgen Habermas im Gespräch über die Gegenwart und sein Lebenswerk,

in: *Leviathan*, 48 (2020) 1, 15. Zu Gehlens Rückzug Müller-Doohm, *Habermas*, 219.

7 Jacob Taubes, Memorandum für Siegfried Unseld, o.D. UBA Ffm Na 60, 10; Siegfried Unseld, *Chronik 1970*, Frankfurt a.M. 2010, 29. Für den Verlauf des Konflikts ebd., 22–96.

8 Peter Urban zit. nach Müller-Doohm, *Habermas*, 207. Zur Unterscheidung von »kommunikativem« und »strategischem« Handeln vgl. Jürgen Habermas, Arbeit und Interaktion. Bemerkungen zu Hegels Jenenser »Philosophie des Geistes«, in: ders., *Technik und Wissenschaft als »Ideologie«*, Frankfurt a.M. 1968, 22; Unselds Paraphrase in ders., *Chronik*, 34.

9 Habermas zit. nach Morten Paul, *Suhrkamp Theorie. Eine Buchreihe im philosophischen Nachkrieg*, Leipzig 2022, 11. Zu Habermas' Bedauern vgl. Unseld, *Chronik*, 70. Zu seinem Status Müller-Doohm, *Habermas*, 208.

Raketenwissenschaft für eine bessere Gesellschaft

1 Strauss zit. nach Jan Eike Dunkhase, Rückzug vom entzauberten Bewußtsein. Karl Löwith fragte nach der Natur der Dinge, in: *Zeitschrift für Ideengeschichte*, 15 (2021) 3, 34. Der Weg von Marx zu Hegel etwa in Habermas, Arbeit und Interaktion.

2 Die »wichtigste Produktivkraft« in Habermas, Wozu noch Philosophie?, 33; alle übrigen Zitate aus ders., Erkenntnis und Interesse.

3 Hans Magnus Enzensberger an Habermas am 30.7.1965. UBA Ffm Na 60, 6; Habermas an Hans Magnus Enzensberger am 6.3.1967. UBA Ffm Na 60, 8; Hans Magnus Enzensberger an Habermas am 13.3.67, ebd. Zu Habermas' mangelnder Patientenerfahrung vgl. ders., *Erkenntnis und Interesse*, Frankfurt a.M. 1968, 10. Zum Freud-Kongress ders., Psychi-

scher Thermidor und die Wiedergeburt einer rebellischen Subjektivität, in: ders., *Philosophisch-politische Profile*, 321.

4 Habermas an Hans Magnus Enzensberger am 17.3.1967. UBA Ffm Na 60, 8; Habermas, Scheinrevolution, 258. Vgl. a. seine kritische Enzensberger-Charakteristik, zit. nach Tobias Amslinger, *Verlagsautorschaft. Enzensberger und Suhrkamp*, Göttingen, 2018, 390 f.

5 Habermas, *Erkenntnis und Interesse*, 282; ders., Dialektik der Rationalisierung, 231.

6 Die Reverenz in ders., *Erkenntnis und Interesse*, 10. Zu *Die Unfähigkeit zu trauern* und zum Verhältnis dieses Buches zu *Erkenntnis und Interesse* vgl. Jureit und Schneider, *Gefühlte Opfer*, 124 ff.

7 *Der Spiegel* und Marcuse zit. nach Müller-Doohm, *Habermas*, 225 f. Die Vorwürfe der Studenten bei Winfried Heidemann, Die Verfolgung und Ermordung der Theorie durch die Praxis, dargestellt von Jürgen Habermas, in: *Frankfurter Schule und Studentenbewegung. Von der Flaschenpost zum Molotowcocktail, 1946–1995, Bd. 2: Dokumente*, Hamburg 1998, 733–35. Die Parallelität der »Lebensläufe« von Habermas und der Bundesrepublik beobachtet auch Max Pensky, Universalism and the situated critic, in: *The Cambridge Companion to Habermas*, hg. v. Stephen K. White, Cambridge 1995, 69.

8 Habermas zit. nach Rolf Wiggershaus, *Jürgen Habermas*, Reinbek 2004, 102. Vgl. Heinz Bude, Starnberg, in: *Zeitschrift für Ideengeschichte*, 15 (2021) 3, 95.

9 Habermas, Wozu noch Philosophie?, 18. Zum Starnberger Institut vgl. Ariane Leendertz, Ungunst des Augenblicks. Das »MPI zur Erforschung der Lebensbedingungen der technisch-industriellen Welt« in Starnberg, in: *Indes. Zeitschrift für Politik und Gesellschaft*, 3 (2014) 1, 105–16.

10 Jürgen Habermas, Geschichte und Evolution, in: ders., *Zur Rekonstruktion des historischen Materialismus*, Frankfurt a.M. 1976, 207; Michael Redepenning (Playboy) zit. nach Philipp Felsch, Das Bunny schaut nach links, in: *Zeitschrift für Ideengeschichte*, 15 (2021) 3, 63. Zu Weizsäcker und der Zukunftsforschung vgl. Elke Seefried, *Zukünfte. Aufstieg und Krise der Zukunftsforschung, 1945–1980*, Oldenburg 2015, insb. 75 ff. und 324 ff.

11 Michael G. Horowitz, Portrait of the Marxist as an Old Trouper, in: *Playboy*, September 1970.

12 Jürgen Habermas, Die Krise des Wohlfahrtsstaates und die Erschöpfung utopischer Energien, in: *Die Neue Unübersichtlichkeit*, 143; Horowitz, Portrait of the Marxist. Zum Niedergang der Zukunftsforschung vgl. Leendertz, Ungunst des Augenblicks.

13 Ralf Dahrendorf an Habermas am 3.11.1966. UBA Ffm Na 60, 7. Dahrendorf greift hier Habermas' Selbstbeschreibung auf. Weizsäcker zit. nach Müller-Doohm, *Habermas*, 275; Habermas zit. nach Wiggershaus, *Habermas*, 98. Zu Habermas als Chef vgl. Müller-Doohm, *Habermas*, 238 f., 268.

Was wir unterstellen müssen

1 Von »freundlichem Zusammenleben« spricht Habermas in Dialektik der Rationalisierung, 203. Die übrigen Zitate aus ders., Vorbereitende Bemerkungen zu einer Theorie der kommunikativen Kompetenz, in: ders. und Niklas Luhmann, *Theorie der Gesellschaft oder Sozialtechnologie – Was leistet die Systemforschung?*, Frankfurt a.M. 1971, 122, 137 f.

2 Habermas, Neuer Strukturwandel, 69; ders., Erkenntnis und Interesse, 1151; ders., Vorbereitende Bemerkungen, 140.

3 Robert Spaemann, Die Utopie der Herrschaftsfreiheit, in: *Merkur*, Nr. 292 (1972), 735, 750.

4 Dahrendorf, Zeitgenosse Habermas, 482; Henrich, Thesen gegen Habermas, 505; Niklas Luhmann, Systemtheoretische Argumentationen, in: Habermas und Luhmann, *Theorie der Gesellschaft oder Sozialtechnologie*, 332, 335. Michel Foucault, Die Ethik der Sorge um sich als Praxis der Freiheit, in: ders., *Schriften in vier Bänden. Dits et Ecrits, Bd. 4*, Frankfurt a. M. 2005, 898 f. Vgl. auch – Luhmann sekundierend – Norbert Bolz, Niklas Luhmann und Jürgen Habermas, 40: »Normalerweise hat man keine Zeit für den Habermas'schen Diskurs.«

5 Habermas zit. nach Andreas Koller, Kontrafaktische Voraussetzungen, in: *Habermas-Handbuch*, hg v. Hauke Brunkhorst u. a., Stuttgart 2009, 338; Habermas, Vorbereitende Bemerkungen, 141.

6 Ders., Krise des Wohlfahrtsstaates, 161; ders., Ein Gespräch über Fragen der politischen Theorie, in: ders., *Die Normalität einer Berliner Republik. Kleine Politische Schriften VIII*, Frankfurt a. M. 1995, 153; Habermas zit. nach Koller, Kontrafaktische Voraussetzungen, 338; Habermas, *Vergangenheit als Zukunft*, 134; Dahrendorf, Zeitgenosse Habermas, 484. »Ich bin mir bewusst, dass ich mit der *Theorie des kommunikativen Handelns* die Profession gerade von diesem Punkt [d. h. von der Annahme einer unseren Interaktionen inhärenten Vernunft, P. F.] nicht habe überzeugen können«, hat Habermas 2020 in einem Interview gesagt. (Moralischer Universalismus in Zeiten politischer Regression, 25) Zur »Entkonkretisierung« der kommunikationstheoretischen Annahmen vgl. Specter, *Habermas*, Kap. 5.

7 Jürgen Habermas, Der Horizont der Moderne verschiebt sich. Einige Motive des Philosophierens im 20. Jahrhundert, in: *Wo*

wir stehen. 30 Beiträge zur Kultur der Moderne, hg. v. Martin Meyer, Zürich 1987, 47. S. z. B. Habermas, Dialektik der Rationalisierung, 193. Vgl. a. Bude, Soziologen der Bundesrepublik, 577: »Das eigentliche Gegenstandsfeld seiner soziologischen Beobachtungen sind die Wochenzeitungen, die Journale des Denkens und die Diskussionsforen, in denen er verfolgt, welche Denkmotive in der Luft liegen.«

8 Zur bundesdeutschen Diskussionskultur vgl. Nina Verheyen, *Diskussionslust. Eine Kulturgeschichte des »besseren Arguments« in Westdeutschland*, Göttingen 2010. S. a. Norbert Elias, *Studien über die Deutschen*, Frankfurt a. M. 1989. Kogon zit. nach https://www.youtube.com/watch?v=8902VYn7MJc&t=85s. Für den Hinweis danke ich Lukas Rathjen.

9 Vier Jungkonservative beim Projektleiter; Theodor W. Adorno, *Nachgelassene Schriften, Bd. IV, 16: Vorlesung über negative Dialektik*, Frankfurt a. M. 2003, 89; Habermas, Dialektik der Rationalisierung, 172; ders., Wozu noch Philosophie?, 24; ders., Apologetische Tendenzen, in: ders., *Eine Art Schadensabwicklung. Kleine Politische Schriften VI*, Frankfurt a. M. 1987, 135.

Der Makel des Mündlichen

1 Ders., Karl Jaspers über Schelling, in: ders., *Philosophisch-politische Profile*, 84. Vgl. Hannah Arendt, Wahrheit und Politik, in: dies., *Wahrheit und Lüge in der Politik. Zwei Essays*, München 2017, 70 ff.

2 Habermas, Nachgeahmte Substantialität, 119.

3 Ders., Dialektik der Rationalisierung, 203; ders., Öffentlicher Raum und politische Öffentlichkeit. »Sentimentalität gegenüber Personen«, kann man schon im *Strukturwandel der Öf-*

fentlichkeit, 262, nachlesen, gehe zwangsläufig mit »Zynismus gegenüber Institutionen« einher. Anders als Hannah Arendt hat Habermas, charismatischen Auftritten gegenüber misstrauisch, in seiner Theorie die private Seite der bürgerlichen Öffentlichkeit betont. Vgl. ebd., 17.

4 Ders., Öffentlicher Raum und politische Öffentlichkeit. Für etwaige Karriereambitionen sei seine Behinderung »nicht gerade eine günstige Voraussetzung« gewesen, beschied Habermas Martin Walser 2002, nachdem der ihm in seinem Schlüsselroman *Tod eines Kritikers* in Gestalt des Professors Wesendonck, eines antifaschistischen Sittenwächters, dessen tadellose Gesinnung aus »braungrundierter Kindheit« hervorgegangen sei, ein maliziöses Porträt gewidmet hatte. Zit. nach Müller-Doohm, *Habermas*, 636 f.

5 Ders., Öffentlicher Raum und politische Öffentlichkeit. Das »leere Papier«, in: ders., Dialektik der Rationalisierung, 207. Habermas an Udi Eichler am 16.4.1973. UBA Ffm Na 60, 19. Zu Habermas' Studienleistungen vgl. Müller-Doohm, *Habermas*, 62. Zu den »Medien-Intellektuellen« – und zu Habermas' früher journalistischer Karriere – Axel Schildt, *Medien-Intellektuelle in der Bundesrepublik*, Göttingen 2020.

6 Habermas, Öffentlicher Raum und politische Öffentlichkeit. Die Unterscheidung von Interaktion und Diskurs, in: ders., Vorbereitende Bemerkungen.

7 Ders., *Strukturwandel der Öffentlichkeit*, 251, vgl. 260 f. Bis heute hebt Habermas die Bedeutung demokratischer Willensbildung »von Lesern« für die Integration moderner Gesellschaften hervor. Ders., Moralischer Universalismus in Zeiten politischer Regression, 27.

Unheimliches Deutschland

1 Vgl. Habermas an Fritz Raddatz am 7.2.1977. UBA Ffm Na 60, 40.

2 Zur westdeutschen »Wiederholungsphobie« vgl. Jureit und Schneider, *Gefühlte Opfer*, 124.

3 Habermas an Alexander Kluge am 21.3.1978. Vorlass Alexander Kluge, Akademie der Künste, Berlin.

4 Dregger und Sontheimer zit. nach Jürgen Habermas, Briefwechsel mit Kurt Sontheimer, in: ders., *Kleine Politische Schriften*, 369 f.; ders., Dialektik der Rationalisierung, 180; ders., Volksjustiz, in: ders., *Kleine Politische Schriften*, 367; ders., Briefwechsel mit Kurt Sontheimer, 368, 400, 384, 379, 400.

5 Habermas, Alt, aber nicht fromm, 184 f.; Ernst Nolte an Habermas am 17.3.1977. UBA Ffm Na 60, 40. Vom »›civil war‹ of the '58ers« spricht etwa Specter, *Habermas*, 8.

6 Habermas, Briefwechsel mit Kurt Sontheimer, 381 f.; ders., Einleitung, in: *Stichworte zur »Geistigen Situation der Zeit«, Bd. 1: Nation und Republik*, hg. v. dems., Frankfurt a.M. 1979, 25; ders., Interview mit Detlef Horster, 517.

7 Vgl. Marie-Luise Scherer, *Ungeheurer Alltag. Geschichten und Reportagen*, Reinbek 1990.

8 Vgl. Alexander Kluge, »Unheimlichkeit der Zeit«. Neue Geschichten, Hefte 1–18, in: ders., *Chronik der Gefühle, Bd. 2: Lebensläufe*, Frankfurt a.M. 2000, 11.

Theorie des Sinnverlusts

1 Habermas, Einleitung, 16; ders., Interview mit Detlef Horster, 525. Zur benötigten Dringlichkeit vgl. ders., Dialektik der Rationalisierung, 180. Zum Versuch, den Konservativen die

Deutungshoheit zu entwinden, ders., Die Moderne – ein unvollendetes Projekt, 450 f.

2 Habermas zit. nach Amslinger, *Verlagsautorschaft*, 390 ff.; Jürgen Habermas, *Theorie des kommunikativen Handelns, Bd. 1: Handlungsrationalität und gesellschaftliche Rationalisierung*, Frankfurt a.M. 1981, 10; ders., Dialektik der Rationalisierung, 184, 178 f.

3 Ebd., 206.

4 Ders., *Theorie des kommunikativen Handelns*, passim. Eine konzise Darstellung der Grundgedanken in ders., *Der philosophische Diskurs der Moderne*, 405 ff.

5 Ders., Dialektik der Rationalisierung, 189. Die Kolonisierungsthese in ders., *Theorie des kommunikativen Handelns, Bd. 2: Zur Kritik der funktionalistischen Vernunft*, Frankfurt a.M. 1981, Teil VI.

Musste das sein?

1 Michael Rutschky, *Mitgeschrieben. Die Sensation des Gewöhnlichen*, Berlin 2015, 122; Michel über Jürgen Habermas. Zum Erscheinen vgl. Müller-Doohm, *Habermas*, 286. Die Auflagenhöhe nach Michel über Jürgen Habermas.

2 Rüdiger Bubner, Rationalität als Lebensform. Zu Jürgen Habermas' »Theorie des kommunikativen Handelns«, in: *Merkur*, Nr. 406 (1982), 342; Jürgen Busche, Sein oder Nichtsein – das ist nicht die Frage. Jürgen Habermas und seine »Theorie des kommunikativen Handelns«, in: *FAZ*, 27. 2. 1982; Hauke Brunkhorst, Anteil der Moral an der Menschwerdung des Affen. Jürgen Habermas' Theorie des kommunikativen Handelns, in: *FR*, 13. 3. 1982.

3 Quentin Skinner, Habermas's Reformation, in: *New York Review of Books*, 7. 10. 1982; Stefan Breuer, Die Depotenzierung

der Kritischen Theorie. Über Jürgen Habermas' »Theorie des kommunikativen Handelns«, in: *Leviathan*, 10 (1982) 1, 132–146. Für eine marxistische Perspektive vgl. etwa Habermas, Dialektik der Rationalisierung, 195 ff.

4 Busche, Sein oder Nichtsein.

5 Skinner, Reformation; Michel über Jürgen Habermas.

6 Busche, Sein oder Nichtsein; Bubner, Rationalität als Lebensform, 343, 346; Widmann in Habermas, Dialektik der Rationalisierung, 206.

7 Rutschky, *Mitgeschrieben*, 136; Hanns-Josef Ortheil, »Königsweg der Individuation«. Philosophie – Literatur – Bildung, in: *Errungenschaften. Eine Kasuistik*, hg. v. Michael Rutschky, Frankfurt a.M. 1982, 241; Michel über Jürgen Habermas.

8 Jaeggi, Puzzlearbeit; Michel über Jürgen Habermas; Habermas, Die Moderne – ein unvollendetes Projekt, 462; Jaeggi, Puzzlearbeit.

9 Die »knappen Ressourcen« etwa in Habermas, *Theorie des kommunikativen Handelns, Bd. 2*, 341. Zur Ähnlichkeit mit der linksalternativen Zivilisationskritik vgl. Michel über Jürgen Habermas.

10 Botho Strauß, *Paare, Passanten*, München 1981, 115; Habermas, Einleitung, 30; Karl Markus Michel, Der Grundwortschatz des wissenschaftlichen Gesamtarbeiters seit der szientifischen Wende, in: *Stichworte zur »Geistigen Situation der Zeit«, Bd. 2: Politik und Kultur*, hg. v. Jürgen Habermas, Frankfurt a.M. 1979, 835.

11 Habermas an Cornelius Castoriadis am 7.7.1982. UBA Ffm Na 60, 73. Der Brief an Unseld zit. nach Müller-Doohm, *Habermas*, 264. Zu Habermas' Rückzug Paul, *Suhrkamp Theorie*, 256.

12 Habermas, Dialektik der Rationalisierung, 201; Jürgen Habermas, Interview mit Gad Freudenthal, 489. Zur westdeutschen

Rezeption von Barthes' *Lust am Text* vgl. etwa Ortheil, »Königsweg der Individuation«, 241.

13 Alle Zitate aus Vier Jungkonservative beim Projektleiter.

14 Michael Rutschky, *Gegen Ende. Tagebuchaufzeichnungen 1996–2009*, Berlin 2019, 258. Zur Theorie des »ästhetisch-expressiven« Handelns vgl. ders., Der Zwischenraum. Stücke zu einer Theorie des Soziotops, in: *Errungenschaften*, hg. v. dems., 391. Zur Rolle von Alkohol und Zigaretten ders., *Wartezeit. Ein Sittenbild*, Köln 1983, 173 ff.

Taxonomie der Gegenaufklärung

1 Jürgen Habermas, Mit dem Pfeil ins Herz der Gegenwart. Zu Foucaults Vorlesung über Kants »Was ist Aufklärung«, in: ders., *Die Neue Unübersichtlichkeit*, 127 f. Zur »breiten Gegenwart« vgl. Hans Ulrich Gumbrecht, *Unsere breite Gegenwart*, Frankfurt a.M. 2016; François Hartog, *Régimes d'historicité. Présentisme et expériences du temps*, Paris 2003.

2 S. ohne Anspruch auf Vollständigkeit Georg Diez und Christopher Roth, *80*81*, 11 Bde., Zürich 2011; Andreas Rödder, *21.0. Eine kurze Geschichte der Gegenwart*, Berlin 2015; Frank Bösch, *Zeitenwende 1979. Als die Welt von heute begann*, München 2019; Philipp Sarasin, *1977. Eine kurze Geschichte der Gegenwart*, Frankfurt a.M. 2021.

3 Habermas, Ein Brief, 394.

4 Ders., Dialektik der Rationalisierung, 203; Der Marsch durch die Institutionen hat auch die CDU erreicht. Der Frankfurter Philosoph und Soziologe Jürgen Habermas im Gespräch mit Rainer Erd, in: *FR*, 11.3.1988; Jürgen Habermas, Meine Jahre mit Helmut Kohl, in: *Die Zeit*, 11.3.1994.

5 Ders., Die Krise des Wohlfahrtsstaates, 143, 147; ders., Ein Interview mit der *New Left Review*, in: ders., *Die Neue Un-*

übersichtlichkeit, 257; ders., Der Marsch durch die Institutionen. Vgl. ders., *Vergangenheit als Zukunft*, 128 f.

6 Joan Didion, Goodbye to All That, in: dies., *Slouching towards Bethlehem*, 225; Hans-Georg Gadamer, Lob der Theorie, in: ders., *Lob der Theorie. Reden und Aufsätze*, Frankfurt a.M. 1983, 26.

7 Habermas, Der Horizont der Moderne, 52; ders., Die Moderne – ein unvollendetes Projekt, 453, 463.

8 Habermas, Briefwechsel mit Kurt Sontheimer, 381; Henrich, Thesen gegen Habermas, 499. Zu »Neo-« vs. »Post-« vgl. Habermas, Der Horizont der Moderne, 47.

9 Ders., Die Moderne – ein unvollendetes Projekt, 463; Vier Jungkonservative beim Projektleiter.

10 Jóhann Árnason an Habermas am 27.7.1971. UBA Ffm Na 60, 15.

11 Lothar Baier, *Französische Zustände. Berichte und Essays*, Frankfurt a.M. 1982, 24. Analog einige Jahre später Diedrich Diederichsen über deutsche »Pop-Theorie«: »In Deutschland wird ein Song/die Haltung einer Band zehn mal so intensiv und zwanzig mal so philosophisch aufgenommen wie a) im Ursprungsland und b) der Song/die Band verdient haben.« (Deutschland 88: Wort auf!, in: *Spex*, 1988, 9, 34) Die Absage an Matthes nach Scholz, Innerdeutsches Frankreich, 66, dessen Lesart dieser und der nächste Abschnitt verpflichtet sind. Zum Import der Franzosen in die Bundesrepublik vgl. Felsch, *Der lange Sommer*. Zur Faszination, die von Foucault ausging, s. Bude, Starnberg, 99.

12 Gerd Bergfleth, Die zynische Aufklärung, in: ders. u.a., *Zur Kritik der palavernden Aufklärung*, München 1984, 181, 188 ff. Zum *Rowohlt Literaturmagazin* und zu Améry Felsch, *Der lange Sommer*, 114 ff.

13 Habermas an Paul Veyne am 25.6.1981. UBA Ffm Na 60, 70;

Eribon, *Michel Foucault und seine Zeitgenossen*, 289. Habermas' Kontrastierung von Ironie und Ernsthaftigkeit bei James Miller, *The Passion of Michel Foucault*, New York 1993, 339, der eine deutlich günstigere Schilderung der Begegnung gibt.

14 Foucault zit. nach Eribon, *Foucault und seine Zeitgenossen*, 290; Habermas an Michel Foucault am 23.8.1983. UBA Ffm Na 60, 82. Die Entgegensetzung von »universellem« und »spezifischem« Intellektuellen etwa in Michel Foucault, Wahrheit und Macht, in: ders., *Dispositive der Macht. Über Sexualität, Wissen und Wahrheit*, Berlin 1978, 46 f.

Distanz und Thymos

1 Sloterdijk zit. nach Müller-Doohm, *Habermas*, 419. Zur exklusiven Zielsetzung von Habermas' öffentlichem Engagement vgl. Max Pensky, Jürgen Habermas and the Antinomies of the Intellectual, in: *Habermas. A Critical Reader*, hg. v. Peter Dews, Oxford 1999, 211–37.

2 Jaeggi, Puzzlearbeit; Jürgen Habermas, Vorwort, in: ders., *Die Neue Unübersichtlichkeit*, 7. Christoph Möllers hat beobachtet, dass der Einsatz rhetorischer Mittel in Habermas' Publizistik von seinen theoretischen Überlegungen nicht gedeckt wird: ders., Ach, Ästhetik!, in: *Zeitschrift für Ideengeschichte*, 15 (2021) 3, 83 ff. Zu Habermas' »Nebenjob«-Rhetorik Pensky, Antinomies of the Intellectual, 216. Den Hinweis auf den Begriff der »Rollenprosa« verdanke ich Christian Marchlewitz.

3 Habermas, Dialektik der Rationalisierung, 205. Schon seine Heidegger-Kritik leitete Habermas 1953 mit den Worten ein: »Der Philosoph Martin Heidegger beschäftigt uns hier nicht als Philosoph, sondern in seiner politischen Ausstrahlung, in seiner Wirkung nicht auf die interne Diskussion der Gelehrten,

sondern auf die Willensbildung entzündbarer und begeisterungsfähiger Studenten.« (Ders., Zur Veröffentlichung von Vorlesungen, 65)

4 Ders., *Der philosophische Diskurs der Moderne*, 390.

5 Ders., Dialektik der Rationalisierung, 205. Zur mangelnden Rollenkonsistenz auch Möllers, Ach, Ästhetik!, 83 ff.

6 Habermas, Interview mit Detlef Horster, 518; Jaeggi, Puzzlearbeit.

J'accuse

1 Dass Habermas den Historikerstreit »vom Zaun gebrochen und gewonnen« habe, ist eine Formulierung von Peter Glotz – zit. nach Jörg Lau, Öffentlichkeit und Beharrung. 65 und immer noch im Ring: Jürgen Habermas, Kommunikationsphilosoph und Historikerstreiter, hat morgen Geburtstag, in: *taz*, 17.6.1994; Jürgen Habermas, Heinrich Heine und die Rolle des Intellektuellen in Deutschland, in: ders., *Eine Art Schadensabwicklung*, 50.

2 Ernst Nolte, Vergangenheit, die nicht vergehen will, in: *FAZ*, 6.6.1986; Nolte zit. nach Klaus Pokatzky, Saul Friedländer: Pavel, Paul, Shaul. Erfahrungen mit der deutschen Verdrängung: Ein Historiker aus Tel Aviv in Berlin, in: *Die Zeit*, 16.5.1986.

3 So z.B. Guido Sprügel, Der Katechet des Unsinns, in: *Jungle World*, 10.2.2022; Habermas, Apologetische Tendenzen, 133. In Anlehnung an die »Natophilosophie«, von der Habermas hier spricht, war bald auch von »Nato-Historikern« die Rede. S. etwa Thomas Nipperdey, Wozu Geschichte gut ist, in: *Militärgeschichtliche Zeitschrift*, 41 (1987) 1, 7. Das Zitat zum Kontinuitätsbruch aus einem späteren Text: Jürgen Habermas, Nochmals: Zur Identität der Deutschen. Ein einig Volk von

aufgebrachten Wirtschaftsbürgern?, in: ders., *Die nachholende Revolution. Kleine Politische Schriften VII*, Frankfurt a.M. 1990, 219 f.; ders., Apologetische Tendenzen, 135.

4 Als vorzüglicher Überblick Ulrich Herbert, Der Historikerstreit. Politische, wissenschaftliche, biographische Aspekte, in: *Zeitgeschichte als Streitgeschichte. Große Kontroversen nach 1945*, hg. v. Martin Sabrow u.a., München 2003, 94–113. S.a. Raul Hilberg, *Die Vernichtung der europäischen Juden*, ergänzte Neuausgabe, Frankfurt a.M. 2023, insbesondere das Vorwort von René Schlott und das Nachwort von Christian Seeger.

5 Herbert, Der Historikerstreit, 105 f.; Habermas, Der Marsch durch die Institutionen; ders., Alt, aber nicht fromm, 188. Zum Ausgang des Streits vgl. etwa Susan Neiman, Wie die beiden Historikerstreite zusammenhängen, in: *Historiker streiten. Gewalt und Holocaust – Die Debatte*, hg. v. ders. und Michael Wildt, Berlin 2022, 7. Noltes Fernsehauftritte in der Dokumentation von Andreas Christoph Schmidt *Ernst Nolte – ein deutscher Streitfall*, Deutschland 2013.

6 Dirk Moses, Der Katechismus der Deutschen. https://geschichtedergegenwart.ch/der-katechismus-der-deutschen; Omri Boehm, Macht den Mund auf! Deutschland braucht eine mündigere öffentliche Diskussion über Israel – im Geiste der Aufklärung, in: *Die Zeit*, 21. 10. 2015. S.a. die Beiträge in Neiman und Wildt, *Historiker streiten*.

7 Jürgen Habermas u.a., Grundsätze der Solidarität. Eine Stellungnahme. https://www.normativeorders.net/2023/grundsatze-der-solidaritat/. Als Kritik s. etwa https://www.theguardian.com/world/2023/nov/22/the-principle-of-human-dignity-must-apply-to-all-people. Das Verhältnis von deutscher Erinnerungspolitik und multikultureller Gesellschaft problematisierte schon Pensky, Antinomies of the Intellectual,

230. Vgl. a. Per Leo, *Tränen ohne Trauer. Nach der Erinnerungskultur*, Stuttgart 2021.

8 Ernst Tugendhat an Habermas am 12.7.1986. UBA Ffm Na 60, 109.

9 Jürgen Habermas, Statt eines Vorworts, in: Saul Friedländer u.a., *Verbrechen ohne Namen. Anmerkungen zum neuen Streit über den Holocaust*, München 2022. S.a. Michael Wildts kritische Rezension in: HSoz-Kult, 13.05.2022.

10 Wolfgang Mommsen an Habermas am 18.11.1986. UBA Ffm Na 60, 106; Hans-Ulrich Wehler an Habermas am 1.9.1986. UBA Ffm Na 60, 109; Martin Broszat an Habermas am 8.10.1986. UBA Ffm Na 60, 102. Zur Lage der deutschen Geschichtswissenschaft in den frühen 1980ern vgl. Charles S. Maier, *The Unmasterable Past. History, Holocaust, and German National Identity*, Cambridge, Mass. 1988, 38 f.

11 Klaus Hildebrand, Das Zeitalter der Tyrannen. Eine Entgegnung auf Jürgen Habermas, in: *»Historikerstreit«. Die Dokumentation der Kontroverse um die Einzigartigkeit der nationalsozialistischen Judenvernichtung*, München 1988, 86; Thomas Nipperdey, Unter der Herrschaft des Verdachts. Wissenschaftliche Aussagen dürfen nicht an ihrer politischen Funktion gemessen werden, in: ebd., 218; Imanuel Geiss, *Die Habermas-Kontroverse. Ein deutscher Streit*, Berlin 1988, 176; Habermas, Apologetische Tendenzen, 145. Zu dem Schluss, dass Habermas im Historikerstreit seinen Kampf gegen die vermeintlichen Feinde der Moderne fortsetzte, kommt auch Maier, *The Unmasterable Past*, 40.

12 Habermas, Die Krise des Wohlfahrtsstaates, 154.

13 Ders., Die neue Intimität zwischen Kultur und Politik, in: ders., *Die nachholende Revolution*, 10; Christoph Türcke, Darüber schweigen sie alle. Tabu und Antinomie in der neuen Debatte über das Dritte Reich, in: *Merkur*, Nr. 463/64 (1987),

770; Herbert, Historikerstreit, 97. Zum Wechsel vom Paradigma der Gesellschaft zur Kultur vgl. Jürgen Kaube, Geschichtspatriotismus. Über einige Ähnlichkeiten der Gegner im Historikerstreit, in: *Singuläres Auschwitz? Ernst Nolte, Jürgen Habermas und 25 Jahre »Historikerstreit«*, hg. v. Mathias Brodkorb, Banzkow 2011, 120.

14 Jürgen Habermas, Keine Normalisierung der Vergangenheit, in: ders., *Eine Art Schadensabwicklung*, 13.

Zurück aus der Zukunft

1 Ders., Zur Veröffentlichung von Vorlesungen, 72; ders., Über den moralischen Notstand in der Bundesrepublik, in: ders., *Philosophisch-politische Profile*, 96, 98; Norbert Frei, Deutsche Vergangenheit und postkoloniale Katechese, in: Friedländer u.a., *Verbrechen ohne Namen*, 42. Müller-Doohm, *Habermas*, 177, zufolge hat Habermas während seiner ersten Frankfurter Professur in den 1960er-Jahren auch keine Lehrveranstaltung »zum Problemkomplex ›Faschismus‹« abgehalten.

2 Von der BRD als »reinem Zukunftsprojekt« spricht Christian Geulen, Bundesrepublikanismus. Überlegungen zur Vorgeschichte der Gegenwart, in: *Merkur*, Nr. 893 (2023), 22; Hermann Lübbe, Der Nationalsozialismus im deutschen Nachkriegsbewusstsein, in: *Historische Zeitschrift*, 236 (1983), 579–99; »Konkretionsvermeidung« nach Herbert, Historikerstreit, 101. Zu Habermas vgl. Widmann, Wahrheit und Gesellschaft; zu den Achtundsechzigern Schmidt, *Israel und die Geister von '68*.

3 Reinhart Koselleck, Wozu noch Historie?, in: *Historische Zeitschrift*, 212 (1971), 1, 14; Wolfgang Mommsen, *Die Geschichtswissenschaft jenseits des Historismus*, Düsseldorf

1971, 41, 27. Zur Bedeutung der Fischer-Kontroverse und zum Paradigmenwechsel in der westdeutschen Geschichtsschreibung vgl. Richard J. Evans, *In Hitler's Shadow. West German Historians and the Attempt to Escape from the Nazi Past*, New York 1989, 113 f.

4 Habermas, Geschichte und Evolution, 204, 249 f. Zum beschränkten Horizont der Bielefelder Gesellschaftsgeschichte vgl. ders., *Theorie des kommunikativen Handelns, Bd.* 2, 551.

5 Ders., Können komplexe Gesellschaften eine vernünftige Identität ausbilden?, in: ders., *Zur Rekonstruktion des historischen Materialismus*, 106, 117, 119 ff.

6 Gustav Seibt, Die Formen der Historie. Zu einer »Theorie der modernen Geschichtsschreibung«, in: *Merkur*, Nr. 463/64 (1987), 903; Mommsen, Jenseits des Historismus, 30. Als guter Überblick Fernando Esposito (Hg.), *Zeitenwandel. Transformationen geschichtlicher Zeitlichkeit nach dem Boom*, Göttingen 2017.

7 Golo Mann, Die alte und die neue Historie, in: *Tendenzwende. Zur geistigen Situation in der Bundesrepublik*, hg. v. Clemens Podewils, Stuttgart 1975, 58. Habermas' Einschätzung in *Kollektive Erinnerungsprozesse in Beziehung zur NS-Zeit*, unveröffentlichtes Transkript einer Tagung am 14. und 15. Februar 1986, Wissenschaftskolleg zu Berlin, Bibliothek.

8 Schmid zit. nach Iring Fetscher, Die Suche nach der nationalen Identität, in: *Stichworte zur »Geistigen Situation der Zeit«, Bd. 1*, hg. v. Jürgen Habermas, 121. Karl Heinz Bohrer, Deutschland – noch eine geistige Möglichkeit. Bemerkungen zu einem nationalen Tabu, in: *FAZ*, 28.4.1979.

9 Walser, *Tagebücher 1974–1978*, 423; ders., *Schreiben und Leben. Tagebücher 1979–1981*, Reinbek 2015, 51; ders., Händedruck mit Gespenstern, in: *Stichworte zur »Geistigen Situation der Zeit«, Bd. 1*, hg. v. Jürgen Habermas, 44, 48, 50.

10 Ders., *Tagebücher 1979–1981*, 229 f.

11 Ebd., 226–30. Der Abend aus Habermas' Sicht in Jürgen Habermas, Begegnungen mit Gershom Scholem, in: *Münchner Beiträge zur jüdischen Geschichte und Kultur*, 1 (2007) 2, 9.

12 Walser, Händedruck mit Gespenstern, 44; Scholem, Juden und Deutsche, 46; Martin Walser, Erfahrungen beim Verfassen einer Sonntagsrede. https://hdms.bsz-bw.de/frontdoor/deliver/index/docId/440/file/walserRede.pdf

13 Ralf Dahrendorf, Zur politischen Kultur der Bundesrepublik, in: *Merkur*, Nr. 455 (1987), 71; Richard von Weizsäcker, Rede zum 40. Jahrestag des Kriegsendes am 8. Mai 1985. https://www.bundespraesident.de/SharedDocs/Reden/DE/Richard-von-Weizsaecker/Reden/1985/05/19850508_Rede.html. Diese Deutung von Weizsäckers Rede bei Dirk Moses, Deutschlands Erinnerungskultur und der »Terror der Geschichte«, in: *Historiker streiten*, hg. v. Neiman und Wildt, 226.

14 Wiesel zit. nach Herbert, Historikerstreit, 97; Habermas, Keine Normalisierung der Vergangenheit, 11 f.

Geschichte und Gedächtnis

1 Saul Friedländer an Habermas am 26.11.1985. UBA Ffm Na 60, 104. Zur Tagung im Wissenschaftskolleg vgl. ders., *Wohin die Erinnerung führt. Mein Leben*, München 2016, 238 ff., sowie das bereits zitierte Transkript der Veranstaltung *Kollektive Erinnerungsprozesse in Beziehung zur NS-Zeit.*

2 Zur Stuttgarter Tagung vgl. Magnus Brechtken, Raul Hilberg, der Begriff Holocaust und die Konferenzen von San José bis Stuttgart, in: *Raul Hilberg und die Holocaust-Historiographie*, hg. v. René Schlott, Göttingen 2019, 63 ff.

3 Dieses und die folgenden Zitate aus *Kollektive Erinnerungsprozesse in Beziehung zur NS-Zeit.*

4 Zu Wapnewski vgl. https://www.deutschlandfunk.de/die-geister-die-man-rief-100.html

5 Habermas an Saul Friedländer am 7.4.1986. UBA Ffm Na 60, 104. Die Berliner Episoden nach Pokatzky, Friedländer: Pavel, Paul, Shaul; Friedländer, *Wohin die Erinnerung führt*, 240 ff.

Die Stunde der postnationalen Empfindung

1 Jürgen Habermas, Zur Identität der Deutschen, 206; Winkler zit. nach *Kollektive Erinnerungsprozesse in Beziehung zur NS-Zeit*. Zu Habermas' Zurückhaltung vgl. ders., *Die nachholende Revolution*, 177; zu seiner früheren Haltung zur deutschen Einheit ders., *Vergangenheit als Zukunft*, 64.

2 Ders., zit. nach Hans-Christoph Rauh, *Philosophie aus einer abgeschlossenen Welt. Zur Geschichte der DDR-Philosophie und ihrer Institutionen*, Berlin 2017, 53. Die Rekapitulation seines Verhältnisses zur DDR in Habermas, *Vergangenheit als Zukunft*, 47. Biermann zit. nach einer E-Mail vom 19.11.2023. Für die Schilderung des überfüllten Hörsaals in Halle danke ich Ralf Eichberg, Naumburg. Andreas Maercker an Habermas am 15.1.1986. UBA Ffm Na 60, 106; Habermas an Andreas Maercker am 16.4.1986, ebd. Zu Habermas' Buchsendung äußert sich Maercker auf seiner Homepage: http://www.maercker-website.ch/images/data/Polit_phil_Exzerpte_jungen_Mannes_150508.pdf

3 Habermas, *Vergangenheit als Zukunft*, 48 f.

4 Bohrer, *Jetzt*, 287. In Bohrers Autobiografie, in der Habermas als »der Philosoph« eine prominente Rolle spielt, auch die Schilderung ihrer Freundschaft.

5 Habermas, *Einleitung*, 34; Karl Heinz Bohrer an Habermas am 12.7.1986. UBA Ffm Na 60, 102. Bohrers BRD-Serie bestand aus den Artikeln Die Unschuld an die Macht! Eine

politische Typologie. 1. Folge: Die Schaden vom Volke wenden, in: *Merkur*, Nr. 425 (1984), 342–46; 2. Folge: Die Zombies, in: ebd., Nr. 427 (1984), 587–91; 3. Folge: Die guten Hirten, in: ebd., Nr. 431 (1985), 74–78. Noch davor: ders., Die Ästhetik des Staates, in: ebd., Nr. 423 (1984), 1–15.

6 Bohrer, Warum wir keine Nation sind. Die Schilderung von Habermas' Sechzigstem und Bohrers überraschender Wahl in *Jetzt*, 301 f., 315 f.

7 Bohrer, Warum wir keine Nation sind. Zu Habermas' Frankfurter Adresse vgl. ders., *Jetzt*, 12.

8 Bohrer, Warum wir keine Nation sind; Habermas, Zur Identität der Deutschen, 219; Karl Heinz Bohrer, Die Ästhetik des Staates revisited, in: *Merkur*, Nr. 689/90 (2006), 750; Gustav Seibt, Zyklus von Erniedrigung und Überhebung. Norbert Elias' »Studien über die Deutschen«, *Merkur*, Nr. 494 (1990), 334.

9 Jürgen Habermas, Die Stunde der nationalen Empfindung. Republikanische Gesinnung oder Nationalbewußtsein?, in: ders., *Die nachholende Revolution*, 163; Jan Philipp Reemtsma, Erinnerung vergemeinschaften. Ein kurzes Gespräch über Nachteile der Geschichtsschreibung, in: *Mittelweg 36*, 15 (2006) 3, 30; Habermas, Wozu noch Philosophie?, 24. Habermas' Apologie der späten Bundesrepublik etwa in ders., *Vergangenheit als Zukunft*, 77. Zur Ausbreitung der postnationalen Mentalität ders., Zur Identität der Deutschen, 209 f. Zur Konjunktur der »Politikverdrossenheit« vgl. Ulrich Herbert, *Geschichte Deutschlands im 20. Jahrhundert*, München 2014, 989.

10 Bohrer, *Jetzt*, 316; ders. an Habermas am 30. 12. 1989, 1. 2. und 29. 5. 1990. UBA Ffm Na 60, 143; Habermas an Karl Heinz Bohrer am 15. 10. 1990, ebd.

11 Ders., Zur Identität der Deutschen, 217; ders., *Vergangenheit*

als Zukunft, 56; ders., Nachholende Revolution und linker Revisionsbedarf. Was heißt Sozialismus heute?, in: ders., *Die nachholende Revolution*, 181. Zur Bedeutung der Wiedervereinigung für Habermas' Theorie vgl. Specter, *Habermas*, Kap. 5. S.a. Jens Hacke, Wir-Gefühle. Repräsentationsformen kollektiver Identität bei Jürgen Habermas, in: *Mittelweg 36*, 17 (2008) 6, 12–32.

12 Habermas zit. nach Christa Wolf, *Auf dem Weg nach Tabou. Texte 1990–1994*, Köln 1994, 141, 145; Habermas, *Vergangenheit als Zukunft*, 78.

13 Wolf, *Auf dem Weg nach Tabou*, 145; Friedrich Dieckmann, Weder Wunsch- noch Schreckvorstellung. Zur Frage der deutschen Staatseinheit, in: *Merkur*, Nr. 494 (1990), 337 f. Vgl. ders., Die Deutschen und die Nation, in: ebd., Nr. 509 (1991), 656.

14 Habermas, Die Stunde der nationalen Empfindung, 163. Vgl. ders., 1989 im Schatten von 1945. Zur Normalität einer künftigen Berliner Republik, in: ders., *Die Normalität einer Berliner Republik*, 167–88. Die These der kollektiven Kränkung der Osteuropäer bei Ivan Krastev und Stephen Holmes, *The Light that Failed. A Reckoning*, London 2019.

Primat der Weltinnenpolitik

1 Habermas, Interview mit Detlef Horster, 523. Zur Einstellung des jungen Habermas zu Europa vgl. Müller-Doohm, *Habermas*, 472 f. Zu den Beschränkungen der Habermas'schen Zeitdiagnostik vgl. Jürgen Kaube, Die geistige Situation der Zeit. Über einige Merkmale von Gegenwartsdiagnosen, in: *»Wahrheit ist, was uns verbindet«. Karl Jaspers' Kunst zu philosophieren*, hg. v. Reinhard Schulz u. a., Göttingen 2008, 379–90.

2 Habermas, Ein avantgardistischer Spürsinn für Relevanzen,

85; ders., Ein Gespräch über Fragen der politischen Theorie, 163.

3 Ders., Ist die Herausbildung einer europäischen Identität nötig, und ist sie möglich?, in: ders., *Der gespaltene Westen. Kleine Politische Schriften X*, Frankfurt a.M. 2004, 81; ders., *Zur Verfassung Europas. Ein Essay*, Frankfurt a.M. 2011, 109 f.

4 Hans-Georg Gadamer an Habermas am 14.8.1972. UBA Ffm Na 60, 16; Habermas, Geschichtsbewußtsein und posttraditionale Identität, 161.

5 Zur rekursiven Natur kollektiver Identitätsbildung vgl. etwa Jürgen Habermas, Braucht Europa eine Verfassung?, in: *Die Zeit*, 28.6.2001.

6 Jan Philipp Reemtsma, Auf den Friedenspreisträger 2001. Eine Laudatio. https://www.friedenspreis-des-deutschen-buchhandels.de/alle-preistraeger-seit-1950/2000-2009/juergen-habermas; Habermas, *Vergangenheit als Zukunft*, 62; ders., *Faktizität und Geltung. Beiträge zur Diskurstheorie des Rechts und des demokratischen Rechtsstaats*, Frankfurt a.M. 1994, 13.

7 Ders., Ein avantgardistischer Spürsinn für Relevanzen, 85; ders., *Zur Verfassung Europas*, 40; ders., Staatsbürgerschaft und nationale Identität, in: ders., *Faktizität und Geltung*, 651; ders., Ist die Herausbildung einer europäischen Identität nötig?, 81; Perry Anderson, After the Event, in: *New Left Review*, 73 (2012), 52. Zur »Geschlossenheit« des Westens im Ukrainekrieg vgl. Peter Neumann, Seine Sorge. Warum Jürgen Habermas noch immer in den Kategorien der Welt vor 1989 denkt, in: *Die Zeit*, 23.2.2023.

8 Otfried Höffe zit. nach Habermas, *Faktizität und Geltung*, 10; Jürgen Habermas, Schlusswort, in: *50 Jahre Grundgesetz – 35 Jahre Theodor-Heuss-Stiftung. Auf dem Wege zu einer demokratischen Bürgergesellschaft*, Stuttgart 1999, 37; N.N.,

Habermas als Popstar, in: *FAZ*, 14. 10. 2001; Jan Ross, Hegel der Bundesrepublik, in: *Die Zeit*, 11. 10. 2001. Zu Habermas' Verhältnis zu Fischer vgl. Habermas an Joschka Fischer am 12. 2. 1986. UBA Ffm Na 60, 104, sowie Fischer, Gründungsfigur des demokratischen Deutschland, 49. Zu den Grünen generell s. Habermas, *Vergangenheit als Zukunft*, 121.

9 »Ab und an lese ich auch Comics.« Olaf Scholz im Interview, in: *SZ*, 28. 7. 2023.

Vom Krieg

1 Habermas, Krieg und Empörung, in: *SZ*, 28. 4. 2022. Vgl. ders., Ein Plädoyer für Verhandlungen, in: ebd., 15. 2. 2023.

2 Timothy Snyder, Gegen Habermas' Ukraine-Thesen. Deutsche Verantwortung, in: *FAZ*, 24. 6. 2022; Joachim Krause, Eskalationsphobie – eine deutsche Krankheit, in: ebd., 7. 2. 2023; Simon Strauss, Hart verteidigte Illusionen. Der Chef-Kritiker der bundesrepublikanischen Öffentlichkeit sieht seine Felle davonschwimmen, in: ebd., 30. 4. 2022; Melnyk zit. nach N. N., Habermas plädiert für schnelle Verhandlungen, in: *SZ*, 15. 2. 2023; Christian Geyer, Habermas, in: *FAZ*, 16. 2. 2023. Den Neologismus »Nationalpazifismus« habe ich zwar nicht gedruckt gesehen, aber zum ersten Mal während der Debatte um Habermas' ersten Artikel gehört.

3 Habermas, Interview mit Detlef Horster, 513; ders., Wider die Logik des Krieges. Ein Plädoyer für Zurückhaltung, aber nicht gegenüber Israel, in: *Die Zeit*, 15. 2. 1991; der Kommentar zu Enzensberger in ders., *Vergangenheit als Zukunft*, 25; ders., *Krieg und Empörung*. Habermas' Apologie des zivilen Ungehorsams in ders., Ziviler Ungehorsam – Testfall für den demokratischen Rechtsstaat, in: ders., *Die Neue Unübersichtlichkeit*, 79–99. Ein Überblick über Habermas' Haltung zu

militärischen Interventionen in Müller-Doohm, *Habermas*, 373–85.

4 Der Leserbrief zit. nach ebd., 376. Jürgen Habermas, Bestialität und Humanität. Ein Krieg an der Grenze zwischen Recht und Moral, in: *Die Zeit*, 29.4.1999. Die »fehlende Polizeistreitmacht« in ders., *Vergangenheit als Zukunft*, 19.

5 Ders., Bestialität und Humanität; die »Weltinnenpolitik« in ders., *Vergangenheit als Zukunft*, 32.

6 Merkel und Simon zit. nach Müller-Doohm, *Habermas*, 379; Handke zit. nach Thomas Blanke, Recht und Moral im Kosovo-Krieg. Eine Auseinandersetzung mit Jürgen Habermas, in: *Kritische Justiz*, 32 (1999) 3, 412.

7 Jürgen Habermas, Was bedeutet der Denkmalsturz?, in: ders., *Der gespaltene Westen*, 34, 36.

8 Ders., Fundamentalismus und Terror, in: ebd., 11.

9 Ders., Der 15. Februar – oder: Was die Europäer verbindet, in: ebd., 44; ders., Was bedeutet der Denkmalsturz?, 35; ders., Kernmacht Europa? Nachfragen, in: ebd., 54.

10 Ders., Ein Interview über Krieg und Frieden, in: ebd., 108.

11 Ders., Ein Plädoyer für Verhandlungen; ders., Bestialität und Humanität; Europe's Mistake. Interview with Jürgen Habermas, in: *Granta. The Magazine of New Writing*, Nr. 165: Deutschland (2023), 183 (Jürgen Habermas war so freundlich, mir die unpublizierte deutschsprachige Originalversion zur Verfügung zu stellen.); Habermas, Krieg und Empörung.

12 Ders., Europe's Mistake, 182; Strauss zit. nach Harald Bluhm, Ein politischer Denkzettel aus Chicago. Leo Strauss liest die Leviten, in: *Zeitschrift für Ideengeschichte*, 15 (2021) 3, 29.

Der Denker der universellen Provinz

1 Rainald Goetz, Absoluter Idealismus. Bericht, in: *Zeitschrift für Ideengeschichte*, 17 (2023) 1, 12; Boris Pistorius zit. nach https://www.zdf.de/nachrichten/politik/neitzel-zeitenwende-pistorius-interview-berlin-direkt-100.html

2 »Auflösung des amerikanischen Parteiensystems« in Europe's Mistake, 185. In unserem Gespräch äußerte sich Habermas in gleicher Weise. Zum Abstieg des Westens zuletzt Moritz Rudolph, Tocqueville global. Das Phantom des schrecklichen Westens, in: *Merkur*, Nr. 893 (2023), 84–91.

3 Europa als »global einflussreicher Akteur«, die überhandnehmende »Vergangenheit« und die Verteidigung des »Idealismus« in Europe's Mistake, 182, 185.

Literaturverzeichnis

Theodor W. Adorno, *Minima Moralia. Reflexionen aus dem beschädigten Leben*, Frankfurt a.M. 1962.

Theodor W. Adorno, *Nachgelassene Schriften, Bd. IV, 16: Vorlesung über negative Dialektik*, Frankfurt a.M. 2003.

Tobias Amslinger, *Verlagsautorschaft. Enzensberger und Suhrkamp*, Göttingen, 2018.

Perry Anderson, After the Event, in: *New Left Review*, 73 (2012), 49–61.

Hannah Arendt, Wahrheit und Politik, in: dies., *Wahrheit und Lüge in der Politik. Zwei Essays*, München 2017, 44–92.

Lothar Baier, *Französische Zustände. Berichte und Essays*, Frankfurt a.M. 1982.

Gerd Bergfleth, Die zynische Aufklärung, in: ders. u.a., *Zur Kritik der palavernden Aufklärung*, München 1984, 180–97.

Thomas Blanke, Recht und Moral im Kosovo-Krieg. Eine Auseinandersetzung mit Jürgen Habermas, in: *Kritische Justiz*, 32 (1999) 3, 410–25.

Harald Bluhm, Ein politischer Denkzettel aus Chicago. Leo Strauss liest die Leviten, in: *Zeitschrift für Ideengeschichte*, 15 (2021) 3, 28–30.

Omri Boehm, Macht den Mund auf! Deutschland braucht eine mündigere öffentliche Diskussion über Israel – im Geiste der Aufklärung, in: *Die Zeit*, 21. 10. 2015.

Frank Bösch, *Zeitenwende 1979. Als die Welt von heute begann*, München 2019.

Karl Heinz Bohrer, Deutschland – noch eine geistige Möglichkeit. Bemerkungen zu einem nationalen Tabu, in: *FAZ*, 28.4.1979.

Karl Heinz Bohrer, Die Ästhetik des Staates, in: *Merkur*, Nr.423 (1984), 1–15.

Karl Heinz Bohrer, Die Unschuld an die Macht! Eine politische Typologie. 1.Folge: Die Schaden vom Volke wenden, in: *Merkur*, Nr.425 (1984), 342–46.

Karl Heinz Bohrer, Die Unschuld an die Macht! 2.Folge: Die Zombies, in: *Merkur*, Nr.427 (1984), 587–91.

Karl Heinz Bohrer, Die Unschuld an die Macht! 3.Folge: Die guten Hirten, in: *Merkur*, Nr.431 (1985), 74–78.

Karl Heinz Bohrer, Warum wir keine Nation sind. Warum wir eine werden sollten, in: *FAZ*, 13.1.1990.

Karl Heinz Bohrer, 1968: Die Phantasie an die Macht? Studentenbewegung – Walter Benjamin – Surrealismus, in: *Merkur*, Nr.585 (1997), 1069–80.

Karl Heinz Bohrer, Die Ästhetik des Staates revisited, in: *Merkur*, Nr.689/90 (2006), 749–57.

Karl Heinz Bohrer, *Jetzt. Geschichte meines Abenteuers mit der Phantasie*, Frankfurt a.M. 2017.

Norbert Bolz, Niklas Luhmann und Jürgen Habermas. Eine Phantomdebatte, in: *Luhmann Lektüren*, hg. v. Wolfram Burckhardt, Berlin 2010, 34–52.

Magnus Brechtken, Raul Hilberg, der Begriff Holocaust und die Konferenzen von San José bis Stuttgart, in: *Raul Hilberg und die Holocaust-Historiographie*, hg. v. René Schlott, Göttingen 2019, 47–70.

Stefan Breuer, Die Depotenzierung der Kritischen Theorie. Über Jürgen Habermas' »Theorie des kommunikativen Handelns«, in: *Leviathan*, 10 (1982) 1, 132–46.

Hauke Brunkhorst, Anteil der Moral an der Menschwerdung des

Affen. Jürgen Habermas' Theorie des kommunikativen Handelns, in: *FR*, 13.3.1982.

Rüdiger Bubner, Rationalität als Lebensform. Zu Jürgen Habermas' »Theorie des kommunikativen Handelns«, in: *Merkur*, Nr. 406 (1982), 341–55.

Heinz Bude, Die Soziologen der Bundesrepublik, in: *Merkur*, 520 (1992), 569–80.

Heinz Bude, Starnberg, in: *Zeitschrift für Ideengeschichte*, 15 (2021) 3, 92–99.

Jan Bürger, Grüße vom Zaungast. Max Frisch nähert sich im Schatten der Revolte, in: ebd., 40–43.

Jürgen Busche, Sein oder Nichtsein – das ist nicht die Frage. Jürgen Habermas und seine »Theorie des kommunikativen Handelns«, in: *FAZ*, 27.2.1982.

Alexander Cammann, Augenblicke der Liebe. Der Philosoph und die Literaten, in: *Zeitschrift für Ideengeschichte*, 15 (2021) 3, 86–91.

Lucia Corchia u.a. (Hg.), *Habermas global. Wirkungsgeschichte eines Werks*, Frankfurt a.M. 2019.

Rachel Cusk, *Outline*, London 2014.

Ralf Dahrendorf, Zur politischen Kultur der Bundesrepublik, in: *Merkur*, Nr. 455 (1987), 68–72.

Ralf Dahrendorf, Zeitgenosse Habermas. Jürgen Habermas zum sechzigsten Geburtstag, in: *Merkur*, Nr. 484 (1989), 478–87.

Gilles Deleuze, Nomaden-Denken, in: *Die einsame Insel. Texte und Gespräche von 1953 bis 1974*, Frankfurt a.M. 2003, 366–80.

Isaac Deutscher, *Der nichtjüdische Jude*, Berlin 2013.

Joan Didion, Slouching Towards Bethlehem, in: dies., *Slouching Towards Bethlehem. Essays*, New York 2008, 84–128.

Joan Didion, Goodbye to All That, in: ebd., 225–38.

Friedrich Dieckmann, Weder Wunsch- noch Schreckvorstellung.

Zur Frage der deutschen Staatseinheit, in: *Merkur*, Nr. 494 (1990), 335–40.

Friedrich Dieckmann, Die Deutschen und die Nation, in: *Merkur*, Nr. 509 (1991), 649–59.

Diedrich Diederichsen, Deutschland 88: Wort auf!, in: *Spex*, 1988, 9, 34 f.

Georg Diez und Christopher Roth, *80*81*, 11 Bde., Zürich 2011.

Jan Eike Dunkhase, Rückzug vom entzauberten Bewußtsein. Karl Löwith fragte nach der Natur der Dinge, in: *Zeitschrift für Ideengeschichte*, 15 (2021) 3, 30–34.

Ein anderes Land. Jüdisch in der DDR. Katalog zur gleichnamigen Ausstellung im Jüdischen Museum Berlin, Berlin 2023.

Norbert Elias, *Studien über die Deutschen*, Frankfurt a. M. 1989.

Hans Magnus Enzensberger, Bildung als Konsumgut. Analyse der Taschenbuch-Produktion, in: ders., *Einzelheiten*, Frankfurt a. M. 1962, 110–36.

Hans Magnus Enzensberger, *Tumult*, Berlin 2014.

Didier Eribon, *Foucault und seine Zeitgenossen*, Grafrath 2015.

Fernando Esposito (Hg.), *Zeitenwandel. Transformationen geschichtlicher Zeitlichkeit nach dem Boom*, Göttingen 2017.

Richard J. Evans, *In Hitler's Shadow. West German Historians and the Attempt to Escape from the Nazi Past*, New York 1989.

Philipp Felsch, *Der lange Sommer der Theorie. Geschichte einer Revolte, 1960–1990*, München 2015.

Philipp Felsch, Das Bunny schaut nach links, in: *Zeitschrift für Ideengeschichte*, 15 (2021) 3, 61–63.

Iring Fetscher, Die Suche nach der nationalen Identität, in: *Stichworte zur »Geistigen Situation der Zeit«, Bd. 1*, hg. v. Jürgen Habermas, 115–31.

Joschka Fischer, Gründungsfigur des demokratischen Deutschland, in: *Über Habermas. Gespräche mit Zeitgenossen*, hg. v. Michael Funken, Darmstadt 2008, 45–57.

Michel Foucault, Wahrheit und Macht, in: ders., *Dispositive der Macht. Über Sexualität, Wissen und Wahrheit*, Berlin 1978, 21–54.

Michel Foucault, Die Ethik der Sorge um sich als Praxis der Freiheit, in: ders., *Schriften in vier Bänden. Dits et Ecrits, Bd.*4, Frankfurt a.M. 2005, 875–902.

Norbert Frei, Deutsche Vergangenheit und postkoloniale Katechese, in: Saul Friedländer u.a., *Verbrechen ohne Namen. Anmerkungen zum neuen Streit über den Holocaust*, München 2022, 33–51.

Saul Friedländer, *Wohin die Erinnerung führt. Mein Leben*, München 2016.

Hans-Georg Gadamer, Lob der Theorie, in: ders., *Lob der Theorie. Reden und Aufsätze*, Frankfurt a.M. 1983, 26–50.

Imanuel Geiss, *Die Habermas-Kontroverse. Ein deutscher Streit*, Berlin 1988.

Christian Geulen, Bundesrepublikanismus. Überlegungen zur Vorgeschichte der Gegenwart, in: *Merkur*, Nr. 893 (2023), 19–33.

Christian Geyer, Habermas, in: *FAZ*, 16.2.2023.

Rainald Goetz, Absoluter Idealismus. Bericht, in: *Zeitschrift für Ideengeschichte*, 17 (2023) 1, 5–16.

Hans Ulrich Gumbrecht, *Unsere breite Gegenwart*, Frankfurt a.M. 2016.

Jürgen Habermas, Im Lichte Heideggers, in: *FAZ*, 12.7.1952.

Jürgen Habermas, Philosophie ist Risiko, in: *FAZ*, 19.6.1954.

Jürgen Habermas, Chemische Ferien vom Ich. Huxleys Umgang mit Meskalin, in: *FAZ*, 11.12.1954.

Jürgen Habermas, Die Dialektik der Rationalisierung. Vom Pauperismus in Produktion und Konsum, in: *Merkur*, Nr. 78 (1954), 710–24.

Jürgen Habermas, *Das Absolute und die Geschichte. Von der*

Zwiespältigkeit in Schellings Denken, unveröffentlichte Inauguraldissertation, Bonn 1954.

Jürgen Habermas, Erkenntnis und Interesse, in: *Merkur*, Nr. 213 (1965), 1139–53.

Jürgen Habermas, *Erkenntnis und Interesse*, Frankfurt a.M. 1968.

Jürgen Habermas, Arbeit und Interaktion. Bemerkungen zu Hegels Jenenser »Philosophie des Geistes«, in: ders., *Technik und Wissenschaft als »Ideologie«*, Frankfurt a.M. 1968, 9–47.

Jürgen Habermas, Bedingungen für eine Revolutionierung spätkapitalistischer Gesellschaftssysteme, in: Ernst Bloch u.a., *Marx und die Revolution*, Frankfurt a.M. 1970, 24–44.

Jürgen Habermas, Vorbereitende Bemerkungen zu einer Theorie der kommunikativen Kompetenz, in: ders. und Niklas Luhmann, *Theorie der Gesellschaft oder Sozialtechnologie – Was leistet die Systemforschung?* Frankfurt a.M. 1971, 101–41.

Jürgen Habermas, Können komplexe Gesellschaften eine vernünftige Identität ausbilden?, in: ders., *Zur Rekonstruktion des historischen Materialismus*, Frankfurt a.M. 1976, 92–126.

Jürgen Habermas, Geschichte und Evolution, in: ebd., 200–59.

Jürgen Habermas, Die klassische Lehre von der Politik in ihrem Verhältnis zur Sozialphilosophie, in: ders., *Theorie und Praxis. Sozialphilosophische Studien*, Frankfurt a.M. 1978, 48–88.

Jürgen Habermas, Vorwort, in: ders., *Politik, Kunst, Religion. Essays über zeitgenössische Philosophen*, Stuttgart 1978, 3–10.

Jürgen Habermas, Einleitung, in: *Stichworte zur »Geistigen Situation der Zeit«, Bd. 1: Nation und Republik*, hg. v. dems., Frankfurt a.M. 1979, 7–35.

Vier Jungkonservative beim Projektleiter der Moderne, in: *die tageszeitung*, 3. und 21. 10. 1980.

Jürgen Habermas, *Theorie des kommunikativen Handelns,* 2 Bde., Frankfurt a.M. 1981.

Jürgen Habermas, Die Scheinrevolution und ihre Kinder, in: ders.,

Kleine Politische Schriften (I–IV), Frankfurt a.M. 1981, 249–60.

Jürgen Habermas, Volksjustiz, in: ebd., 364–67.

Jürgen Habermas, Briefwechsel mit Kurt Sontheimer, in: ebd., 367–406.

Jürgen Habermas, Die Moderne – ein unvollendetes Projekt, in: ebd., 444–64.

Jürgen Habermas, Interview mit Gad Freudenthal, in: ebd., 467–90.

Jürgen Habermas, Interview mit Detlef Horster und Willem van Reijen, in: ebd., 511–32.

Jürgen Habermas, Die Philosophie als Platzhalter und Interpret, in: ders., *Moralbewußtsein und kommunikatives Handeln*, Frankfurt a.M. 1983, 9–28.

Jürgen Habermas, Ziviler Ungehorsam – Testfall für den demokratischen Rechtsstaat, in: ders., *Die Neue Unübersichtlichkeit, Kleine Politische Schriften V*, Frankfurt a.M. 1985, 79–99.

Jürgen Habermas, Mit dem Pfeil ins Herz der Gegenwart. Zu Foucaults Vorlesung über Kants *Was ist Aufklärung*, in: ebd., 126–31.

Jürgen Habermas, Die Krise des Wohlfahrtsstaates und die Erschöpfung utopischer Energien, in: ebd., 141–63.

Jürgen Habermas, Dialektik der Rationalisierung, in: ebd., 167–208.

Jürgen Habermas, Ein Interview mit der *New Left Review*, in: ebd., 213–57.

Jürgen Habermas, Wozu noch Philosophie?, in: *Philosophisch-politische Profile*, Frankfurt a.M. 1987, 15–37.

Jürgen Habermas, Zur Veröffentlichung von Vorlesungen aus dem Jahre 1935, in: ebd., 65–72.

Jürgen Habermas, Der deutsche Idealismus der jüdischen Philosophen, in: ebd., 39–64.

Jürgen Habermas, Karl Jaspers über Schelling, in: ebd., 82–87.
Jürgen Habermas, Über den moralischen Notstand in der Bundesrepublik, in: ebd., 96–100.
Jürgen Habermas, Nachgeahmte Substantialität, in: ebd., 107–26.
Jürgen Habermas, Psychischer Thermidor und die Wiedergeburt einer rebellischen Subjektivität, in: ebd., 319–35.
Jürgen Habermas, Die verkleidete Tora, in: ebd., 377–91.
Jürgen Habermas, Der Horizont der Moderne verschiebt sich. Einige Motive des Philosophierens im 20. Jahrhundert, in: *Wo wir stehen. 30 Beiträge zur Kultur der Moderne*, hg. v. Martin Meyer, Zürich 1987, 46–52.
Jürgen Habermas, Heinrich Heine und die Rolle des Intellektuellen in Deutschland, in: ders., *Eine Art Schadensabwicklung, Kleine Politische Schriften VI*, Frankfurt a.M. 1987, 25–54.
Jürgen Habermas, Apologetische Tendenzen, in: ebd., 120–36.
Jürgen Habermas, Geschichtsbewußtsein und posttraditionale Identität. Die Westorientierung der Bundesrepublik, in: ebd., 161–79.
Der Marsch durch die Institutionen hat auch die CDU erreicht. Der Frankfurter Philosoph und Soziologe Jürgen Habermas im Gespräch mit Rainer Erd, in: *Frankfurter Rundschau*, 11.3.1988.
»Martin Heidegger? Nazi, sicher ein Nazi!« Ein Gespräch mit Jürgen Habermas, in: *Die Heidegger-Kontroverse*, hg. v. Jürg Altwegg, Frankfurt a.M. 1988, 172–75.
Jürgen Habermas, Ein Brief, in: *Kritische Theorie und Kultur*, hg. v. Rainer Erd u.a., Frankfurt a.M. 1989, 391–94.
Jürgen Habermas, Die neue Intimität zwischen Kultur und Politik, in: ders., *Die nachholende Revolution, Kleine Politische Schriften VII*, Frankfurt a.M. 1990, 9–17.
Jürgen Habermas, Über Titel, Texte und Termine oder wie man den Zeitgeist reflektiert, in: ebd., 48–50.
Jürgen Habermas, Die Stunde der nationalen Empfindung. Repu-

blikanische Gesinnung oder Nationalbewußtsein?, in: ebd., 157–66.
Jürgen Habermas, Nachholende Revolution und linker Revisionsbedarf. Was heißt Sozialismus heute?, in: ebd., 179–204.
Jürgen Habermas, Nochmals: Zur Identität der Deutschen. Ein einig Volk von aufgebrachten Wirtschaftsbürgern? in: ebd., 205–24.
Jürgen Habermas, *Vergangenheit als Zukunft*, Zürich 1991.
Jürgen Habermas, Wider die Logik des Krieges. Ein Plädoyer für Zurückhaltung, aber nicht gegenüber Israel, in: *Die Zeit*, 15.2.1991.
Jürgen Habermas, Philosophie und Wissenschaft als Literatur?, in: ders., *Nachmetaphysisches Denken. Philosophische Aufsätze*, Frankfurt a.M. 1992, 242–63.
Jürgen Habermas, Meine Jahre mit Helmut Kohl, in: *Die Zeit*, 11.3.1994.
Jürgen Habermas, *Faktizität und Geltung. Beiträge zur Diskurstheorie des Rechts und des demokratischen Rechtsstaats*, Frankfurt a.M. 1994.
Jürgen Habermas, Staatsbürgerschaft und nationale Identität, in: ebd., 632–60.
Jürgen Habermas, 1989 im Schatten von 1945. Zur Normalität einer künftigen Berliner Republik, in: ders., *Die Normalität einer Berliner Republik, Kleine Politische Schriften VIII*, Frankfurt a.M. 1995, 65–76.
Jürgen Habermas, Ein Gespräch über Fragen der politischen Theorie, in: ebd., 135–64.
Jürgen Habermas, *Strukturwandel der Öffentlichkeit. Untersuchungen zu einer Kategorie der bürgerlichen Gesellschaft*, Frankfurt a.M. 1996.
Jürgen Habermas, *Der philosophische Diskurs der Moderne. Zwölf Vorlesungen*, Frankfurt a.M. 1996.

Jürgen Habermas, Bestialität und Humanität. Ein Krieg an der Grenze zwischen Recht und Moral, in: *Die Zeit*, 29.4.1999.

Jürgen Habermas, Schlusswort, in: *50 Jahre Grundgesetz – 35 Jahre Theodor-Heuss-Stiftung. Auf dem Wege zu einer demokratischen Bürgergesellschaft*, Stuttgart 1999, 36–40.

Jürgen Habermas, Braucht Europa eine Verfassung?, in: *Die Zeit*, 28.6.2001.

Jürgen Habermas, Öffentlicher Raum und politische Öffentlichkeit, in: *Neue Zürcher Zeitung*, 11.12.2004.

Jürgen Habermas, Fundamentalismus und Terror, in: ders., *Der gespaltene Westen. Kleine Politische Schriften X*, Frankfurt a.M. 2004, 11–31.

Jürgen Habermas, Was bedeutet der Denkmalsturz?, in: ebd., 32–40.

Jürgen Habermas, Der 15. Februar – oder: Was die Europäer verbindet, in: ebd., 43–51.

Jürgen Habermas, Kernmacht Europa? Nachfragen, in: ebd., 52–58.

Jürgen Habermas, Ist die Herausbildung einer europäischen Identität nötig, und ist sie möglich?, in: ebd., 68–82.

Jürgen Habermas, Ein Interview über Krieg und Frieden, in: ebd., 85–110.

Jürgen Habermas, Begegnungen mit Gershom Scholem, in: *Münchner Beiträge zur jüdischen Geschichte und Kultur*, (2007) 2, 9–18.

Jürgen Habermas, Ein avantgardistischer Spürsinn für Relevanzen. Die Rolle der Intellektuellen und die Sache Europas, in: ders., *Ach, Europa. Kleine Politische Schriften XI*, Frankfurt a.M. 2008, 77–87.

Jürgen Habermas, Ich bin alt, aber nicht fromm geworden, in: *Über Habermas. Gespräche mit Zeitgenossen*, hg. v. Michael Funken, Darmstadt 2008, 181–90.

Jürgen Habermas, Die Liebe zur Freiheit, in: *FAZ*, 18.6.2009.

Jürgen Habermas, *Zur Verfassung Europas. Ein Essay*, Frankfurt a.M. 2011.

Jürgen Habermas, *Auch eine Geschichte der Philosophie, Bd. 1: Die okzidentale Konstellation von Glauben und Wissen*, Berlin 2019.

Moralischer Universalismus in Zeiten politischer Regression. Jürgen Habermas im Gespräch über die Gegenwart und sein Lebenswerk, in: *Leviathan*, 48 (2020) 1, 7–28.

Jürgen Habermas, *Ein neuer Strukturwandel der Öffentlichkeit und die deliberative Politik*, Berlin 2022.

Jürgen Habermas, Statt eines Vorworts, in: Saul Friedländer u.a., *Verbrechen ohne Namen. Anmerkungen zum neuen Streit über den Holocaust*, München 2022, 8–13.

Jürgen Habermas, Krieg und Empörung, in: *SZ*, 28.4.2022.

Jürgen Habermas, Ein Plädoyer für Verhandlungen, in: *SZ*, 15.2.2023.

Jürgen Habermas u.a., Grundsätze der Solidarität. Eine Stellungnahme. https://www.normativeorders.net/2023/grundsatze-der-solidaritat/

Europe's Mistake. Interview with Jürgen Habermas, in: *Granta. The Magazine of New Writing*, Nr. 165: Deutschland (2023), 177–85.

Lutz Hachmeister, *Heideggers Testament. Der Philosoph, der SPIEGEL und die SS*, Berlin 2015.

Jens Hacke, Wir-Gefühle. Repräsentationsformen kollektiver Identität bei Jürgen Habermas, in: *Mittelweg 36*, (2008) 6, 12–32.

François Hartog, *Régimes d'historicité. Présentisme et expériences du temps*, Paris 2003.

Winfried Heidemann, Die Verfolgung und Ermordung der Theorie durch die Praxis, dargestellt von Jürgen Habermas, in: *Frankfurter Schule und Studentenbewegung. Von der Flaschenpost zum Molotowcocktail, 1946–1995, Bd. 2: Dokumente*, Hamburg 1998, 733–35.

Dieter Henrich, Was ist Metaphysik, was Moderne? Thesen gegen Habermas, in: *Merkur*, Nr. 448 (1986), 495–508.

Dieter Henrich, *Ins Denken ziehen. Eine philosophische Autobiographie*, München 2021.

Ulrich Herbert, Der Historikerstreit. Politische, wissenschaftliche, biographische Aspekte, in: *Zeitgeschichte als Streitgeschichte. Große Kontroversen nach 1945*, hg. v. Martin Sabrow u. a., München 2003, 94–113.

Ulrich Herbert, *Geschichte Deutschlands im 20. Jahrhundert*, München 2014.

Raul Hilberg, *Die Vernichtung der europäischen Juden*, ergänzte Neuausgabe, Frankfurt a. M. 2023.

Klaus Hildebrand, Das Zeitalter der Tyrannen. Eine Entgegnung auf Jürgen Habermas, in: *»Historikerstreit«. Die Dokumentation der Kontroverse um die Einzigartigkeit der nationalsozialistischen Judenvernichtung*, München 1988, 84–92.

Michael G. Horowitz, Portrait of the Marxist as an Old Trouper, in: *Playboy*, September 1970.

Axel Honneth, Adorno und Habermas. Zur kommunikationstheoretischen Wende kritischer Sozialphilosophie, in: *Merkur*, Nr. 374 (1979), 648–65.

Peter Iden, Alles Linke auf seine Kappe. Ein Gespräch mit Jürgen Habermas – aus Anlaß seiner Auszeichnung mit dem Adorno-Preis, in: *Frankfurter Rundschau*, 11. 9. 1980.

Florian Illies, Jahrgang 1929, in: *Die Zeit*, 12. 3. 2009.

Lorenz Jäger, *Walter Benjamin. Das Leben eines Unvollendeten*, Berlin 2017.

Urs Jaeggi, Versöhnung als Puzzlearbeit. Nachdenken über Jürgen Habermas: »Theorie des kommunikativen Handelns«, in: *Die Zeit*, 2. 4. 1982.

Ulrike Jureit und Christian Schneider, *Gefühlte Opfer. Illusionen der Vergangenheitsbewältigung*, Stuttgart 2010.

Jürgen Kaube, Geschichtspatriotismus. Über einige Ähnlichkeiten der Gegner im Historikerstreit, in: *Singuläres Auschwitz? Ernst Nolte, Jürgen Habermas und 25 Jahre »Historikerstreit«*, hg. v. Mathias Brodkorb, Banzkow 2011, 115–20.

Jozef Keulartz, *Die verkehrte Welt des Jürgen Habermas*, Hamburg 1995.

Alexander Kluge, »Unheimlichkeit der Zeit«. Neue Geschichten, Hefte 1–18, in: ders., *Chronik der Gefühle, Bd. 2: Lebensläufe*, Frankfurt a. M. 2000, 9–453.

Andreas Koch, Einfamilienhaussoziologie. https://www.waahr.de/texte/einfamilienhaussoziologie

Andreas Koller, Kontrafaktische Voraussetzungen, in: *Habermas-Handbuch*, hg v. Hauke Brunkhorst u. a., Stuttgart 2009, 338–43.

Reinhart Koselleck, Wozu noch Historie?, in: *Historische Zeitschrift*, 212 (1971), 1–18.

Ivan Krastev und Stephen Holmes, *The Light that Failed. A Reckoning*, London 2019.

Joachim Krause, Eskalationsphobie – eine deutsche Krankheit, in: *FAZ*, 7. 2. 2023.

Jörg Lau, Öffentlichkeit und Beharrung. 65 und immer noch im Ring: Jürgen Habermas, Kommunikationsphilosoph und Historikerstreiter, hat morgen Geburtstag, in: *taz*, 17. 6. 1994.

Ariane Leendertz, Ungunst des Augenblicks. Das »MPI zur Erforschung der Lebensbedingungen der technisch-industriellen Welt« in Starnberg, in: *Indes. Zeitschrift für Politik und Gesellschaft*, 3 (2014) 1, 105–16.

Per Leo, *Tränen ohne Trauer. Nach der Erinnerungskultur*, Stuttgart 2021.

Hermann Lübbe, Der Nationalsozialismus im deutschen Nachkriegsbewusstsein, in: *Historische Zeitschrift*, 236 (1983), 579–99.

Niklas Luhmann, Systemtheoretische Argumentationen, in: Jürgen Habermas und ders., *Theorie der Gesellschaft oder Sozialtechnologie – Was leistet die Systemforschung?* Frankfurt a.M. 1971, 291–405.

Niklas Luhmann, *Soziale Systeme. Grundriß einer allgemeinen Theorie*, Frankfurt a.M. 1994.

Niklas Maak, Die absolute Form und die Geschichte. Betrachtungen zum Haus Habermas, in: *Zeitschrift für Ideengeschichte*, 15 (2021) 3, 101–14.

Charles S. Maier, *The Unmasterable Past. History, Holocaust, and German National Identity*, Cambridge, Mass. 1988.

Golo Mann, Die alte und die neue Historie, in: *Tendenzwende. Zur geistigen Situation in der Bundesrepublik*, hg. v. Clemens Podewils, Stuttgart 1975, 41–58.

Karl Markus Michel, Der Grundwortschatz des wissenschaftlichen Gesamtarbeiters seit der szientifischen Wende, in: *Stichworte zur »Geistigen Situation der Zeit«, Bd. 2: Politik und Kultur*, hg. v. Jürgen Habermas, Frankfurt a.M. 1979, 817–41.

Karl Markus Michel über Jürgen Habermas' »Theorie des kommunikativen Handelns«, in: *Der Spiegel*, 21.3.1982.

Odo Marquard, *Schwierigkeiten mit der Geschichtsphilosophie*, Frankfurt a.M. 1973.

James Miller, *The Passion of Michel Foucault*, New York 1993.

Christoph Möllers, Ach, Ästhetik!, in: *Zeitschrift für Ideengeschichte*, 15 (2021) 3, 81–85.

Wolfgang Mommsen, *Die Geschichtswissenschaft jenseits des Historismus*, Düsseldorf 1971.

Dirk Moses, *German Intellectuals and the Nazi Past*, Cambridge 2007.

Dirk Moses, Der Katechismus der Deutschen. https://geschichtedergegenwart.ch/der-katechismus-der-deutschen.

Dirk Moses, Deutschlands Erinnerungskultur und der »Terror der Geschichte«, in: *Historiker streiten. Gewalt und Holocaust – Die Debatte*, hg. v. Susan Neiman und Michael Wildt, Berlin 2022, 199–242.

Stefan Müller-Doohm, *Jürgen Habermas. Eine Biographie*, Frankfurt a.M. 2014.

N.N., Verschwiegene Enteignung. Wer erfand die Wendung von der »Gnade der späten Geburt«?, in: *Der Spiegel*, 14.9.1986.

N.N., Habermas als Popstar, in: *FAZ*, 14.10.2001.

N.N., Habermas plädiert für schnelle Verhandlungen, *SZ*, 15.2.2023.

Susan Neiman und Michael Wildt (Hg.), *Historiker streiten. Gewalt und Holocaust – Die Debatte*, Berlin 2022.

Susan Neiman, Wie die beiden Historikerstreite zusammenhängen, in: ebd., 7–18.

Peter Neumann, Seine Sorge. Warum Jürgen Habermas noch immer in den Kategorien der Welt vor 1989 denkt, in: *Die Zeit*, 23.2.2023.

Thomas Nipperdey, Wozu Geschichte gut ist, in: *Militärgeschichtliche Zeitschrift*, 41 (1987) 1, 7–13.

Thomas Nipperdey, Unter der Herrschaft des Verdachts. Wissenschaftliche Aussagen dürfen nicht an ihrer politischen Funktion gemessen werden, in: *»Historikerstreit«. Die Dokumentation der Kontroverse um die Einzigartigkeit der nationalsozialistischen Judenvernichtung*, München 1988, 215–19.

Ernst Nolte, Vergangenheit, die nicht vergehen will, in: *FAZ*, 6.6.1986.

Hanns-Josef Ortheil, »Königsweg der Individuation«. Philosophie – Literatur – Bildung, in: *Errungenschaften. Eine Kasuistik*, hg. v. Michael Rutschky, Frankfurt a.M. 1982, 203–43.

Morten Paul, *Suhrkamp Theorie. Eine Buchreihe im philosophischen Nachkrieg*, Leipzig 2022.

Max Pensky, Universalism and the situated critic, in: *The Cambridge Companion to Habermas*, hg. v. Stephen K. White, Cambridge 1995, 67–94.

Max Pensky, Jürgen Habermas and the Antinomies of the Intellectual, in: *Habermas. A Critical Reader*, hg. v. Peter Dews, Oxford 1999, 211–37.

Klaus Pokatzky, Saul Friedländer: Pavel, Paul, Shaul. Erfahrungen mit der deutschen Verdrängung: Ein Historiker aus Tel Aviv in Berlin, in: *Die Zeit*, 16. 5. 1986.

Till van Rahden, Die Gummersbacher Schule. Hans-Ulrich Wehler inszeniert eine Debatte, in: *Zeitschrift für Ideengeschichte*, 15 (2021) 3, 6–10.

Hans-Christoph Rauh, *Philosophie aus einer abgeschlossenen Welt. Zur Geschichte der DDR-Philosophie und ihrer Institutionen*, Berlin 2017.

Ulrich Raulff, Akute Zeichen fiebriger Dekonstruktion. Die Frankfurter Schule und ihre Gegenspieler in Paris: Eine Verkennungsgeschichte aus gegebenem Anlass, in: *SZ*, 21. 9. 2001.

Jan Philipp Reemtsma, Auf den Friedenspreisträger 2001. Eine Laudatio. https://www.friedenspreis-des-deutschen-buchhandels.de/alle-preistraeger-seit-1950/2000-2009/juergen-habermas

Jan Philipp Reemtsma, Erinnerung vergemeinschaften. Ein kurzes Gespräch über Nachteile der Geschichtsschreibung, in: *Mittelweg 36*, (2006) 3, 29–36.

Andreas Rödder, *21.0. Eine kurze Geschichte der Gegenwart*, Berlin 2015.

Jan Ross, Hegel der Bundesrepublik, in: *Die Zeit*, 11. 10. 2001.

Moritz Rudolph, Tocqueville global. Das Phantom des schrecklichen Westens, in: *Merkur*, Nr. 893 (2023), 84–91.

Michael Rutschky, Der Zwischenraum. Stücke zu einer Theorie des Soziotops, in: *Errungenschaften. Eine Kasuistik*, hg. v. dems., Frankfurt a.M. 1982, 378–406.

Michael Rutschky, *Wartezeit. Ein Sittenbild*, Köln 1983.

Michael Rutschky, *Mitgeschrieben. Die Sensation des Gewöhnlichen*, Berlin 2015.

Michael Rutschky, *Gegen Ende. Tagebuchaufzeichnungen 1996–2009*, Berlin 2019.

Philipp Sarasin, *1977. Eine kurze Geschichte der Gegenwart*, Frankfurt a.M. 2021.

Marie-Luise Scherer, *Ungeheurer Alltag. Geschichten und Reportagen*, Reinbek 1990.

Axel Schildt, *Medien-Intellektuelle in der Bundesrepublik*, Göttingen 2020.

Christoph Schmidt, *Israel und die Geister von ’68. Eine Phänomenologie*, Göttingen 2018.

Gershom Scholem, Juden und Deutsche, in: ders., *Judaica II*, Frankfurt a.M. 1970, 47–54.

Danilo Scholz, Innerdeutsches Frankreich, in: *Zeitschrift für Ideengeschichte*, 15 (2021) 3, 66–69.

»Ab und an lese ich auch Comics.« Olaf Scholz im Interview, in: *SZ*, 28.7.2023.

Elke Seefried, *Zukünfte. Aufstieg und Krise der Zukunftsforschung, 1945–1980*, Oldenburg 2015.

Gustav Seibt, Die Formen der Historie. Zu einer »Theorie der modernen Geschichtsschreibung«, in: *Merkur*, Nr. 463/64 (1987), 903–7.

Gustav Seibt, Zyklus von Erniedrigung und Überhebung. Norbert Elias’ »Studien über die Deutschen«, *Merkur*, Nr. 494 (1990), 330–34.

Quentin Skinner, Habermas’s Reformation, in: *New York Review of Books*, 7.10.1982.

Timothy Snyder, Gegen Habermas' Ukraine-Thesen. Deutsche Verantwortung, in: *FAZ*, 24. 6. 2022.

Robert Spaemann, Die Utopie der Herrschaftsfreiheit, in: *Merkur*, Nr. 292 (1972), 735–52.

Jörg Später, Der Verlorene. George Lichtheim findet ein offenes Ohr, in: *Zeitschrift für Ideengeschichte*, 15 (2021) 3, 34–38.

Matthew Specter, *Habermas. An Intellectual Biography*, Cambridge 2011.

Guido Sprügel, Der Katechet des Unsinns, in: *Jungle World*, 10. 2. 2022.

Botho Strauß, *Paare, Passanten*, München 1981.

Simon Strauß, Hart verteidigte Illusionen. Der Chef-Kritiker der bundesrepublikanischen Öffentlichkeit sieht seine Felle davonschwimmen, in: *FAZ*, 30. 4. 2022.

Christoph Türcke, Darüber schweigen sie alle. Tabu und Antinomie in der neuen Debatte über das Dritte Reich, in: *Merkur*, Nr. 463/64 (1987), 762–72.

Siegfried Unseld, *Chronik 1970*, Frankfurt a. M. 2010.

Nina Verheyen, *Diskussionslust. Eine Kulturgeschichte des »besseren Arguments« in Westdeutschland*, Göttingen 2010.

Martin Walser, Händedruck mit Gespenstern, in: *Stichworte zur »Geistigen Situation der Zeit«, Bd. 1*, hg. v. Jürgen Habermas, Frankfurt a. M. 1979, 39–50.

Martin Walser, Erfahrungen beim Verfassen einer Sonntagsrede. https://hdms.bsz-bw.de/frontdoor/deliver/index/docId/440/file/walserRede.pdf

Martin Walser, *Leben und Schreiben. Tagebücher 1974–1978*, Reinbek 2012.

Martin Walser, *Schreiben und Leben. Tagebücher 1979–1981*, Reinbek 2015.

Andy Warhol und Pat Hackett, *POPism. The Warhol Sixties*, New York 1980.

Richard von Weizsäcker, Rede zum 40. Jahrestag des Kriegsendes am 8. Mai 1985. https://www.bundespraesident.de/SharedDocs/Reden/DE/Richard-von-Weizsaecker/Reden/1985/05/19850508_Rede.html

Arno Widmann, Wahrheit und Gesellschaft, in: *FR*, 26. 1. 2019.

Rolf Wiggershaus, *Jürgen Habermas*, Reinbek 2004.

Michael Wildt, Rezension von: Saul Friedländer u. a., *Verbrechen ohne Namen. Anmerkungen zum neuen Streit über den Holocaust*, München 2022, in: *HSoz-Kult*, 13.05.2022.

Susann Witt-Stahl, Linksfaschismus. Erich Fried versucht einen Bundesgenossen gegen sich selbst zu gewinnen, in: *Zeitschrift für Ideengeschichte*, 15 (2021) 3, 43–45.

Christa Wolf, *Auf dem Weg nach Tabou. Texte 1990–1994*, Köln 1994.

Tom Wolfe, Radical Chic. That Party at Lenny's, in: *New York Magazine*, 8. 6. 1970, 26–55.

Roman Yos, *Der junge Habermas. Eine ideengeschichtliche Untersuchung seines Denkens 1952–1962*, Frankfurt a. M. 2019.

Lea Ypi, *Frei. Erwachsenwerden am Ende der Geschichte*, Frankfurt a. M. 2021.

Personenregister

Adenauer, Konrad 21, 165, 168
Adorno, Gretel 27
Adorno, Theodor W. 7, 9, 16, 26f., 29, 31–33, 37, 39, 41f., 47, 50f., 56, 75, 89, 94, 104, 111, 116, 136, 151
Ali, Muhammad 66
Améry, Jean 115
Anderson, Perry 172f.
Arendt, Hannah 7, 31, 45, 48, 77, 81
Aristoteles 111, 139
Árnason, Jóhann 114
Auden, Wystan Hugh 45
Austin, John Langshaw 74
Awerbuch, Marianne 147

Baader, Andreas 84
Bachmann, Josef 52
Baerbock, Annalena 184
Baier, Lothar 115
Balzac, Honoré de 26
Barthes, Roland 36, 104
Bataille, Georges 113–116
Bell, Daniel 45
Benjamin, Walter 27, 104
Benn, Gottfried 113
Bergfleth, Gerd 116
Bettelheim, Bruno 45
Biden, Joseph »Joe« 183, 187
Bierhoff, Oliver 8
Biermann, Wolf 10, 157
Birnbaum, Norman 147
Bloch, Ernst 29, 31, 144, 188
Boehm, Omri 128
Böhme, Jacob 24
Bohrer, Karl Heinz 13, 115f., 141, 158–163
Böll, Heinrich 86
Bolz, Norbert 13
Brecht, Bert 157
Brentano, Margherita von 147, 150
Broszat, Martin 132
Brumlik, Micha 147, 150f.
Brunkhorst, Hauke 97
Bubner, Rüdiger 97, 99
Bude, Heinz 35, 55, 64, 121
Busch, Günther 40

Busche, Jürgen 97–99
Bush, George W. 169, 180

Castoriadis, Cornelius 103
Cusk, Rachel 14 f., 100

Dahrendorf, Ralf 19, 21, 26, 71, 74, 145
Deleuze, Gilles 12, 121
Derrida, Jacques 10, 113, 121, 182, 188
Deutscher, Isaac 30
Didion, Joan 46, 110
Dieckmann, Friedrich 165 f.
Diner, Dan 147
Dregger, Alfred 86
Dutschke, Rudi 51 f.
Dworkin, Ronald 15

Eco, Umberto 10
Ensslin, Gudrun 84
Enzensberger, Hans Magnus 19, 35, 41, 46, 60 f., 81, 103, 177, 185
Eribon, Didier 116 f.

Fassbinder, Liselotte 85
Fassbinder, Rainer Werner 84 f., 155
Fest, Joachim 86
Fiedler, Leslie 66
Fischer, Fritz 132
Fischer, Joseph »Joschka« 14, 50, 53, 173, 180
Foucault, Michel 7, 12, 16, 72, 78, 104, 107, 113, 115–118, 121
Franco, Francisco 86
Frei, Norbert 136
Freud, Sigmund 28 f., 60, 62
Fried, Erich 51
Friedländer, Saul 124, 147–149, 153–155
Frisch, Max 42
Fruhtrunk, Günter 9
Funkenstein, Amos 147, 152

Gabriel, Sigmar 174
Gadamer, Hans-Georg 74, 111, 170
Gaus, Günter 19
Gehlen, Arnold 12, 37, 54, 59, 78
Geiss, Imanuel 132
Goethe, Johann Wolfgang von 158
Goetz, Rainald 186
Goldmann, Lucien 44, 114
Guattari, Félix 121
Gutenberg, Johannes 66

Habermas, Ernst 9, 38
Habermas, Grete 9
Habermas, Judith 27

Habermas, Rebekka 27, 46 f.
Habermas, Tilmann 27, 46 f.
Habermas, Ute 10, 46–48, 147, 156–158, 187 f.
Hamm, Peter 142
Hamm-Brücher, Hildegard 173
Handke, Peter 47 f., 180
Harnack, Adolf von 64
Hegel, Georg Wilhelm Friedrich 12, 38, 53, 58, 73 f., 125, 130, 138, 152, 172, 174, 176
Heidegger, Elfride 25
Heidegger, Martin 11, 22–26, 34 f., 39, 58, 64, 75, 78, 98, 113, 135
Heine, Heinrich 123
Heinemann, Gustav 21
Henrich, Dieter 40, 50, 71, 113
Herbert, Ulrich 126, 134
Herzog, Werner 117
Heuss, Theodor 173
Hilberg, Raul 126
Hildebrand, Klaus 131 f.
Hillgruber, Andreas 131, 141
Hitler, Adolf 124, 126, 141, 145, 154, 177
Hobbes, Thomas 38
Hofmann, Gunter 41
Honneth, Axel 32
Horkheimer, Max 26 f., 29, 51, 63, 75
Humboldt, Wilhelm von 38
Husserl, Edmund 39

Illies, Florian 20

Jaeggi, Urs 35, 54, 100 f., 122
Jaspers, Karl 74, 135
Jauß, Hans Robert 51
Johnson, Uwe 45
Juhnke, Harald 19
Jünger, Ernst 116
Jungk, Robert 65

Kafka, Franz 28 f.
Kant, Immanuel 73, 173, 176, 178
Keynes, John Maynard 66, 95
King, Martin Luther 47
Klemm, Barbara 11
Kluge, Alexander 85, 89, 95, 117
Kogon, Eugen 75
Kohl, Helmut 12, 109, 125 f., 145, 153, 159, 162, 164, 173, 177
Koselleck, Reinhart 137, 147
Kracauer, Siegfried 37
Krahl, Hans-Jürgen 52
Kreisky, Bruno 168

Lanzmann, Claude 151, 154
Leibniz, Gottfried Wilhelm 173
Lennon, John 66
Löwenthal, Leo 45
Löwith, Karl 29, 58
Lübbe, Hermann 136
Luhmann, Niklas 11, 13, 71, 74, 82, 94, 101, 104, 138
Luria, Isaak 24, 27
Luther, Martin 97, 157

Macron, Emmanuel 187
Malcolm X 66
Mann, Golo 140
Marcuse, Herbert 10, 26, 63, 66 f., 143, 171
Marquard, Odo 54
Marx, Karl 28 f., 31, 52 f., 56, 58, 69, 73, 94 f., 97
Matthes, Axel 15, 114
McLuhan, Marshall 66
Melnyk, Andrij 176
Mendelssohn, Moses 27
Merkel, Angela 109
Merkel, Reinhard 179
Meyer, Joachim-Ernst 147
Meyersohn, Rolf 45–47
Michel, Karl Markus 14, 37, 40, 57, 96, 99 f., 103
Mitscherlich, Alexander 46, 62
Mitscherlich, Margarete 46, 62
Mommsen, Wolfgang 131, 137, 140, 147 f., 150
Moses, Dirk 30, 127 f., 130
Müller, Heiner 19

Negt, Oskar 51, 54
Netanjahu, Benjamin 128
Niethammer, Lutz 147
Nietzsche, Friedrich 77, 104, 113, 136
Nipperdey, Thomas 132, 140
Nolte, Ernst 86 f., 124 f., 127, 131, 141, 154 f., 159, 188
Nora, Pierre 158

Obama, Barack 182
Ohnesorg, Benno 45, 51
Oppenheimer, Robert 65
Ortheil, Hanns-Josef 100
Osama bin Laden 180

Paeschke, Hans 42, 163
Parsons, Talcott 91, 94
Pistorius, Boris 186
Platon 111
Plessner, Helmuth 29, 38
Proust, Marcel 11
Putin, Wladimir 172, 175 f., 183

Raddatz, Fritz J. 84
Ramseger, Georg 43
Raspe, Jan-Carl 84
Raulff, Ulrich 12
Reagan, Ronald 125, 145
Reemtsma, Jan Philipp 162, 171
Reisch, Linda 158
Ridgway, Matthew 145
Ritter, Joachim 113
Rosenstock-Huessy, Eugen 144
Rothacker, Erich 59
Rousseau, Jean-Jacques 71
Rumsfeld, Donald 180, 182
Rutschky, Michael 96, 100, 106

Saddam Hussein 177, 180
Scheel, Walter 85
Schelling, Friedrich Wilhelm Joseph 23, 58
Scherer, Marie-Luise 88
Schleyer, Hanns Martin 84 f.
Schlöndorff, Volker 84, 117
Schmid, Thomas 141
Schmitt, Carl 55, 113
Schneider, Christian 26
Scholem, Gershom 26–30, 143 f., 147 f., 188
Scholl, Hans 146
Scholl, Sophie 146
Scholz, Olaf 174 f., 186
Schrader, Lutz 179
Seibt, Gustav 140, 161
Selenskyj, Wolodymyr 176
Simmel, Georg 27
Simon, Dieter 179
Skinner, Quentin 97 f.
Sloterdijk, Peter 10, 34
Snyder, Timothy 176
Sölle, Dorothee 19
Sombart, Nicolaus 147
Sontheimer, Kurt 86–88
Spaemann, Robert 71, 73, 86, 113
Stamer, Gerhard 53
Steinhoff, Johannes 145
Steinmeier, Frank-Walter 174
Stier, Walter 151
Strauß, Botho 102, 166
Strauß, Franz Josef 86
Strauss, Leo 58, 184
Stürmer, Michael 131
Süssmuth, Rita 109, 162
Syberberg, Hans-Jürgen 141

Taubes, Jacob 13, 25, 38, 40, 43, 51, 55, 147
Trump, Donald 7, 182, 186
Tugendhat, Ernst 129 f.
Türcke, Christoph 133

Unseld, Siegfried 13, 39 f., 42, 47, 55–57, 91, 96, 103, 143

Veyne, Paul 116

Wallenstein (Albrecht Wenzel Eusebius von Waldstein) 140
Walser, Katharina »Käthe« 144
Walser, Martin 11, 20, 34, 56, 81, 141–143, 159, 185
Wapnewski, Peter 149 f.
Warhol, Andy 46–48
Weber, Max 91, 94
Wehler, Hans-Ulrich 33, 131, 138, 141
Weizmann, Chaim 124
Weizsäcker, Carl Friedrich von 64 f., 67, 179
Weizsäcker, Richard von 145
Widmann, Arno 49, 99
Wiesel, Eli 146
Winkler, Heinrich August 147, 152, 156
Wittgenstein, Ludwig 77
Wolf, Christa 19, 147, 164 f.

Yeats, William Butler 47
Ypi, Lea 20

Zimmermann, Eduard 19, 88